논 어

논어

일승 역주

이서원

차 례

화이부동 · 7

제 1 편　학이(學而)　· 14
제 2 편　위정(爲政)　· 28
제 3 편　팔일(八佾)　· 48
제 4 편　이인(里仁)　· 68
제 5 편　공야장(公冶長)　· 86
제 6 편　옹야(雍也)　· 112
제 7 편　술이(述而)　· 134
제 8 편　태백(泰伯)　· 158
제 9 편　자한(子罕)　· 174
제10편　향당(鄕黨)　· 202

제11편　선진(先進)　· 224
제12편　안연(顔淵)　· 250
제13편　자로(子路)　· 276
제14편　헌문(憲問)　· 302
제15편　위령공(衛靈公)　· 336
제16편　계씨(季氏)　· 360
제17편　양화(陽貨)　· 382
제18편　미자(微子)　· 408
제19편　자장(子張)　· 424
제20편　요왈(堯曰)　· 448

[부록]　· 461
Ⅰ. 공자의 일생　· 463
Ⅱ.《논어》라는 책　· 470
Ⅲ.《논어》의 시대배경 · 472
Ⅳ. 주요 용어　· 481

일러두기

1. 참고한 책:
    2014.5.　　양방웅, 이서원, 《대학 • 초간 오행》
    2015.2.　　김학주, 서울대학교 출판문화원, 《논어》
    2016.8.　　동양고전연구회, 민음사, 《논어》
    2018.4.　　박한식, 강국진. 부키. 《선을 넘어 생각한다》
    1980.12.　　毛子水, 臺灣商務印書館, 《論語今註今譯》
    2001.12.　　中國 安徽人民出版社, 《論語》
    2003.1.　　中國 曁南大学出版社, 《論語》

2. 부록의 표와 일부 사진은 한성백제박물관에서 펴낸 《산동, 공자와 그의 고향》에서 인용

화이부동

《논어》의 주인공 공자 孔子 B.C.552~B.C.479는, 16개국이 난립하던 춘추시대 유가 儒家학파 창시자입니다. 공자는 백성들이 살만한 세상을 고대사에서 찾아보았습니다.

전설로 알려진 황제 黃帝 그리고 요 堯와 순 舜이 부락연맹체 수령으로서 다스리던 사회를 '대동 大同'이라 불렀습니다. 대동사회 때는 토담 집에 옹기종기 모여 살았습니다. 사람이 사람답게 살기위해 필요한 것은 모두 천하위공 天下爲公 즉, 공용 公用이었습니다. 국가·계급의 간섭이 없었으며, 윤리가 통하는 사회였습니다. 어린이는 건강히 자라고 젊은이는 일하며, 여자는 적시에 짝을 만나 가정의 중심이 되고, 홀로 살거나 몸이 불편한 사람은 이웃의 보살핌을 받으며, 노인은 편히 생을 마칠 수가 있는 세상이었습니다. 〈제20편 요왈〉

기원전 2070년 수령 우 禹가 부락연맹들을 규합하여 하 夏왕조를 건국하고 국왕으로 등장하면서 대동시대가 마감됩니다. 그런 후 상 商을 거쳐 서주 西周시대가 열립니다. 서주시대 다음 동주 東周시대는 춘추시대와 전국시대로 나눕니다. 이 시기에는 철제농기구가 만들어져 농업생산력이 비약적으로 발전하는 한편, 철제무기도 만들어 이웃 나라들과 자주 전쟁을 일으킵니다. 공자가 살았던 춘추 만기에는, 주왕실의 권위가 붕괴되고 종법宗法질서가 무너지면서 혼란기로 접어듭니다.

*⟨商: B.C.1600~B.C.1046, 西周: B.C.1046~B.C.770, 춘추시대:B.C.770~B.C.476⟩

종법질서란 맏아들에게 권력을 넘겨주어 가족과 나라의 질서를 유지하는 제도를 말합니다. 주나라에선 맏아들이 천자天子가 되고, 다른 아들은 지방으로 내려가 제후諸侯가 됩니다. 제후국에선 맏아들이 제후가 되고 다른 아들은 먼 곳으로 내려가 대부大夫가 됩니다. 이런 질서가 무너지고, 힘 있는 자의 침탈과 흡수합병이 시작됩니다. 사회는 혼란에 빠지고 백성은 고달파졌습니다. 공자는 전쟁이 없는 평화로운 '천하평天下平' 세상을 꿈꾸었습니다.

그 꿈을 실현할 수 있는 방법을 덕으로 다스리는 왕도정치王道政治에서 찾았습니다. 그건 지도층 인사들이, 수신修身을 통하여 인仁의 품성을 함양하고, 예禮의 모습을 갖추어야 실현될 수 있다고 보았습니다. 仁은 이웃을 내 몸같이 사랑하는 '애인愛人'의 마음입니다. 仁은 사랑의 힘이며, 유약柔弱함을 귀히 여겨 어루만져주고 포용하는 평화의 바람입니다.

공자는 仁을 확산하는 방법으로 화이부동 和而不同 을 강조하였습니다. 〈13-23〉

和는 내적으로 해화 諧和: 和諧 함이고, 同은 외적으로 모습이 같아지는 것이며;

和는 이웃과 어우러져 내는 화음이고, 同은 부화뇌동하여 내는 소리이며;

和는 이웃을 존중하는 공존의 논리이고, 同은 이웃을 지배하려는 힘의 논리입니다.

다시 말해, 공자의 꿈은 화이부동으로 천하평을 이루자는 것입니다.

공자는 평화공존을 이념의 원리로 삼아 제자들과 함께 제후국 지도자들을 만나러 돌아다녔습니다. 그러나 그의 꿈은 받아들여지지 않았습니다. 그 까닭은 힘센 나라일수록 자국의 이익만을 앞세워, 약한 나라를 지배하려는 패권 覇權 주의 풍토가 만연해진 때였기 때문입니다. 공자는 그의 꿈을 실현하는 것이 불가능함을 깨닫고 68세가 되던 해, 14년 만에 고향으로 돌아와서 학사 学舍 를 세우고 젊은이들 교육에 치중합니다.

앞에서 언급한 애인 愛人 의 '人'은, 그 당시에는 귀족을 지칭하는 말이었습니다. 귀족이란 '사 士' 계급이상의 지배계층 백관 百官 들입니다. 본래 백관은 모계 母系 에 따른 성 姓 이 있었는데, 이들이 백성 百姓 입니다. 士는 백관

중에서 가장 낮은 전사 ^{戰士} 계급의 사관 ^{士官} 이었습니다.

그리고 농 ^{農} · 공 ^{工} · 상 ^{商} 에 종사하는 피지배계층 사람들을 '서민 ^{庶民}'이라고 불렀습니다. 서민은 성이 없었지요. '서 ^{庶}'는 많다는 '중 ^{衆}'의 뜻이므로, 서민은 곧 중민 ^{衆民} 이요 민중 ^{民衆} 입니다. 서민보다 낮은 층에 '민 ^{民}'이라는 노예가 있었습니다. 民은 길러지고 부려지는 가축과 같은 존재로써, 귀족의 소유물이었습니다. 그래서 귀족이 목민 ^{牧民} 하고 사민 ^{使民} 한 것입니다. ⟨1-5⟩ ⟨8-9⟩전국시대를 지나면서 귀족 · 서민 · 노예의 구분이 모호해지면서, 이들을 모두 백성이라고 불렀습니다.

공자는 여성주의자인 노자 ^{老子} 와는 달리, 남성주의자였습니다. 공자는 귀족자제 중에서도 남자만을 교육대상으로 삼았습니다. 드물게 서민 출신도 있었지만, 여자와 노예는 없었습니다. 훗날 남성우월의식에서 삼강오륜 ^{三綱五倫} 이 나오고 유교문화가 발흥된 것입니다. 이점이 기독교문화와 비슷합니다. *남성우월의식: male chauvinist 메일쇼비니스트.

공자는 "귀신 ^{鬼神} 은 공경하되 멀리하라.⟨6-22⟩"고 하였습니다. '귀신'이란 유령이 아니라 《초간본 노자》에 나오는 천지 ^{天地} · 음양 ^{陰陽} 기운의 주체를 가리킨다고 봅니다. 공자는 우주의 궁극적 존재로서의 신 $^{神: 太一, God}$ 을 부정하지 않으면서도, 신의 섭리는 간과하였습니다. 신의 섭리를 강조하는 기독

교와 다릅니다.

공자는 고전 古典 을 열심히 공부하여 선인 先人 들이 쌓은 지혜를 얻은 사람이지, 초인적 선지자 先知者 가 아닙니다.〈7-20〉그래서 옛 현인들과 자신이 겪은 경험을 강조합니다.〈2-11〉이 점이 신의 속성을 지니고 태어났다는 예수와 다릅니다.

공자는 학생 제자 들 학습태도에도 지대한 관심을 기울였습니다.「학생은 항상 '왜 如何 Why '라는 의문을 제기해야한다. 그리고 의문이 생기면 속으로만 어물거리지 말고, 애써 표현해야한다」고 하였습니다. 그리고 〈이미 일어난 일들의 발생 원인을 살펴서 그 일에서 얻은 교훈을 기초로 삼아 참신한 아이디어를 찾아내라〉고, '온고이지신 溫故而知新 '을 강조합니다. 오늘날 우리학생들에게 들려주고 싶은 금언 金言 입니다. *〈2-10, 2-11, 7-8, 11-4, 15-16, 19-6.〉

공자는 '어떤 현상이든 관찰하여 발생한 원인을 찾아보라[溫故]'고 진취적인 학습태도를 말했는데, 공맹철학을 공부한다는 청 淸 과 조선의 주자학 성리학 자들은 이를 '옛것을 잘 익히라[溫古]'는 퇴행적인 뜻으로 해석하였습니다. 옛날 제사지내던 관습이나 예법에 속박당하여 새로운 사고의 분출구를 막아버린 것입니다. 나라의 지도층 인사들은 구태의연한 사고방식과 관념론에 빠져 사물의 운동과 변화원리를 탐구하여 개발하는 기술혁신을 소홀히 합니다. 그 결과 산업화가 늦어져 나라가 통째로 서구열강과 일제의 과학문명에 참패를 당합니다.

중국은 문화대혁명 1966~1976 때 유교가 낡은 풍속을 부추긴다고 하여 홍위병들이 공자묘 대성문 大成門 현판을 부수는 등 난동을 부리기도 했습니다. 그러나 지금은 다릅니다. "중국특색의 사회주의" 맥락이 시대흐름에 따라 변하고 있습니다. 생산수단 중에서도 토지를 제외한 공장·기업 등 많은 부분이 사유화되고 있습니다. 중학교 학생들에게 《논어》를 가르치고, 가정과 사회에서 유교적 윤리를 중시하며 공자를 존숭 尊崇 합니다. 중국 교육부는 전 세계에 중국문화 보급을 위해 공자학원 孔子學院 설립을 지원하고 있습니다.

미국 조지아대학 박한식 교수는 「지금의 중국체제는 사실상 유교식 사회주의」라고 합니다. 북한 고위급 망명자인 황장엽과 원광대학교 이재봉 교수는 「북한도 정통 사회주의를 따르지 않고, 민족주의와 유교사상을 접합한 민족적 유교사회주의 체제를 유지해왔다」고 합니다. 우리나라에도 공자가 꿈꾼 '천하평' 세상의 구현을 위한 화이부동 담론이 일고 있습니다.

박 교수는 「남북이 서로를 악마 evil 나 적 enemy 으로 보지 않고, 이질성을 포용하고 해화諧和.和諧를 추구하는 변증법적 통일을 모색해야 한다. 그리고 정전협정을 종전선언이나 평화협정으로 대체하여야한다」고 역설합니다. 시카고 대학 부르스 커밍스 교수도 「만일 미국이 평화협정 체결 요구에 응한다면 북핵문제는 빠르게 해결될 것」이라고 합니다. 그리고 이 교수는 「남북이 적대관계를 풀고 자유롭게 오고갈 수 있는 통일通一에서 점차적으로 통일統一로 나가야하며, '한반도 중립화'를 추구해야한다.」고 강조합니다.

그동안 남북정상이 합의한 공동선언문은 물론, 교수들 주장 모두 공자의 화이부동을 이념으로 삼고 있습니다. 그 이념은 주권 사이에서 성립되는 원리입니다. 당당하게 화이부동 정신을 살릴 수 있는 새날이 어서 오길 염원합니다.

2020. 1. 일 승

《논어》첫 편은《대학》에서 말하는 〈격물치지格物致知와 수신修身〉에 관하여 언급하고 있다. 사람노릇하기위해서 가장 중요한 첫걸음은, 배워서 지식을 얻어야하고, 얻은 지식은 몸에 익혀야 하고, 익힌 지식으로부터 지혜를 얻는 학습學習 과정이다.

1. 학습하는 즐거움: 1장 맨 처음에 명문 "學而時習之, 不亦說乎!"가 나온다. 학습은 지식을 습득하는데만 목적이 있는 게 아니다. 학습하는 과정에서 체험을 통하여 얻어지는 즐거움이 더 크다는 말이다. 어린 새가 날개에 깃털이 나오면, 수시로 날개 치는 짓을 자주해서 몸에 익혀야지만, 어느 날 창공으로 날아오를 수 있는 지혜가 생긴다. '習'자는 그러한 모습을 그린 형성문자다. 習은 〈羽+白〉인데, 白은 自를 간소하게 줄인 글자이니, 習자는 〈羽+自〉이다. 몸에 익히는 연습은 남이 해주는 것이 아니라, 스스로[自] 해야 한다는 뜻이다. 배운 지식을 수시로 몸에 익히고, 쌓아온 지식으로부터 실천하는 지혜를 얻는다면 이 얼마나 즐겁겠는가? 그 기쁨이란, 어린 새가 세상에 태어나서 처음으로 창공을 날아오를 때의 환희일 것이다.

2. 학습하는 방법: 단순히 암기하는 지식이 아니라, 반성식反省式으로 깨닫는 지혜를 강조한다. 부단히 반성하고 생각하면서 깨달아가는 방식인 것이다. 배운 것을 절차탁마切磋琢磨해서 윤을 내고, 이것으로부터 다른 것을 유추하여 깨닫는 "告諸往而知來者고제왕이지래자"인 것이다15장.

3. 지식: 책으로부터 얻는 지식과 경험을 통해서 얻는 지식이 있다. 지식은 칼과 같은 것이다. 선량한 의사가 환자의 치유를 위하여 칼을 쓰면 선善한 칼이 되지만, 강도가 사람을 해치려고 칼을 들면 불선不善한 칼이 되는 것이다. 지식은 어떤 목적으로 쓰느냐에 따라 달라진다는 말이다. 그래서 학습은 수신修身과 병행해야하는 것이다.

제1편 학이(學而)

1-1　子曰:

"學而時習之, 不亦說乎!

有朋自遠方來, 不亦樂乎!

人不知而不慍, 不亦君子乎!"

1-2　有子曰:

"其爲人也孝弟而好犯上者, 鮮矣;

不好犯上而好作亂者, 未之有也.

君子務本; 本立而道生.

孝弟也者, 其爲仁之本與!"

- 子자: 존칭어. 여기에서는 주로 '공자'를 지칭하고 있다. 공자는 노나라에서 한 때 大夫대부를 지냈으므로, 제자들은 그를 '子' 또는 '夫子'라고 불렀다.
- 習습: 習에는 온습溫習과 실습實習의 두 가지 뜻이 있다. 溫習은 책에서 배운 것을 기억하기 위해 복습하는 것이고, 實習은 배운 것을 몸에 익히도록 실행하는 것이다. 習은 본래 어린 새가 스스로 날개 짓을 몸에 익혀 날아오르는 것을 뜻한다. 〈習=羽+白. 白은 自와 통용〉
- 亦역: 참으로. 매우. 글의 앞에 두어 강조하는 의미의 어수조사語首助詞.
- 說열: 기쁘다. '悅열'자와 같다.
- 樂락: 즐겁다. 〈'좋아하다'는 뜻은 '요': 樂山樂水요산요수. 노래는 '악': 音樂음악〉
- 慍온: 원망. 화
- 朋붕: 붕우朋友. '朋'은 '봉鳳'자와 통한다. 붕우는 도道 이념가 통하는 고상한 벗이다. 그래서 만나면 반가움을 느끼는 벗이 붕우이다. 이를 〈상우尙友, 지음知音 또는 동지同志〉라고도 부른다. '친구親舊'는 오래 사귀어 아는 사이의 평범한 벗[友]이다.
- 自자: ~으로부터
- 人인: 사람.

1-1 공자께서 말씀하셨다:

"배운 것을 시의적절 時宜適切 익혀 실천한다면, 참으로 기쁜 일이 아닐까!

벗[朋友]이 멀리서 찾아온다면, 참으로 즐거운 일이 아닐까!

사람들[人]이 알아주지 않아도 원망하지 않는다면,

참으로 군자다운 일이 아닐까!"

1-2 유자가 말하였다:

"부모에게 효도하고 형을 존경하는 사람이, 윗사람에게 무례한 짓을 하는 사람은 드물어; 윗사람에게 무례한 짓을 하지 않는 사람이 혼란을 일으키려고 하는 사람을 본 적이 없다.

군자는 근본에 충실하여야 하는 것이니; 근본이 서면 道가 생겨나는 법이다.

'효제 孝弟'가 仁의 근본인 것이야!"

춘추시대에는 '사람'을 〈인人과 민民과 노예奴隸〉의 세 종류로 구분하였다. 人은 지배계층 사람이고, 民은 피지배계층의 사람이며, 民보다 낮은 계층에 노예가 있었다. 人은 군주로부터 士사까지의 상류층 사람으로 '귀족'이다. 民은 농업·공업·상업의 생산업에 종사하는 사람으로 '平民평민'이라 불렸다. 그리고 노예는 가축처럼 귀족의 소유물이었다. 그래서 주인이 죽으면, 가축과 함께 노예도 묻는 순장殉葬제도가 있었던 것이다.

공자의 제자 중에 평민 출신은 몇 명 있었지만, 그건 예외적이다. 노예와 여자는 한 명도 없었다. 공자 말씀은 대부분 귀족들의 윤리질서에 관한 내용이다. 그래서《논어》를 귀족의 학문, 귀족 중에서도 상류 지식인인 군자를 위한 학문이라고 하는 것이다.

- 有子유자: 공자의 제자. 성은 有유, 이름은 若약. 有若유약.
- 孝弟효제: 부모에게 효도하고 형을 존경함. 弟는 흔히 '悌제'자로 쓴다.
- 鮮선: 드물다. 少.
- 作亂작란: 무례한 짓을 하다. 혼란을 일으키다.
- 道도: 사람으로서 지켜야할 도리. 윤리.
- 與여: 어조사.

1-3 子曰:

"巧言, 令色, 鮮矣仁!"

1-4 曾子曰:

"吾日三省吾身:

爲人謀而不忠乎?

與朋友交而不信乎?

傳, 不習乎?"

1-5 子曰:

"道千乘之國:

敬事而信;

節用而愛人;

使民以時."

1-6 子曰:

"弟子, 入則孝;

出則弟;

謹而信;

汎愛衆而親仁:

行有餘力, 則以學文."

- 巧言교언: 듣기 좋게 하는 말.
- 令色영색: 보기 좋게 꾸며진 얼굴 표정.
- 曾子증자: 공자의 제자. 이름은 '증삼曾參'. 효행이 지극하다.
- 傳전: 전수傳授하다. 여기에서는 '習'의 뜻이다.
- 道: 다스리다[治]. 인도引導하다. 관리하다.
- 千乘之國: 제후국. 큰 나라.

1-3 공자:

"말을 교묘히 하고, 얼굴빛이 어색한 자 중에 仁한 사람은 드물어!"

1-4 증자:

"나는 나를 돌아보며 매일 다음 세 가지를 반성한다.
1. 남을 위해 일을 함에 있어 정성을 다하지 않았는가?
2. 붕우朋友와 사귐에 있어 신의를 잃지 않았는가?
3. 배운 것 중에서 익히지 않은 것이 있는가?

1-5 공자:

"나라를 관리함에 있어서는:
1. 국사를 신중히 처리하고 신뢰를 지키며;
2. 물자를 절약하고 신하를 사랑하며;
3. 백성을 부림에 있어서는 철에 맞게 하여야한다."

1-6 공자:

"젊은이들은, 가정에 들어오면 부모에게 효도하고;
밖에 나가면 윗사람을 존경하여야하며;
일을 함에 있어, 정성을 다하고 신의가 있어야하며;
널리 민중을 사랑하고 인자仁者와 친근해야한다.
이렇게 행하고도 여력餘力이 있으면, 고전을 학습해야한다."

- 人: 상층의 귀족士이상의 지배계층 사람.
- 民: 하층의 생산계층 사람. 평민과 노예. ※춘추시대에는 人과 民의 구분이 분명하였으나 전국 시대에는 이들의 구분이 모호해진다.
- 人民인민과 國民국민: 헌법에 나오는 기본권의 주체를 1919년 대한민국 임시정부 헌법에는 '人民'으로 표기하였다. '人民'이라는 용어는 《시경》등 고전에 흔하게 나온다. 그런데, 1949년 제헌헌법에서 이를 일제 용어인 '國民'으로 바꾸었다.〈11-25〉
- 弟子: 제자. 젊은이.
- 文: 고전古典. 범汎. '泛'과 같다. 널리

1-7　子夏曰:
　　"賢賢易色;
　　事父母, 能竭其力;
　　事君, 能致其身;
　　與朋友交, 言而有信.
　　雖曰「未學」, 吾必謂之「學矣」!"

1-8　子曰:
　　"君子不重則不威;
　　 學則不固.
　　 主忠信;
　　 无友不如己者;
　　 過則勿憚改."

1-9　曾子曰:
　　"愼終, 追遠;
　　 民德歸厚矣!"

- 子夏자하: 공자의 제자. 이름은 '복상卜商'.
- 賢賢현현: 현인을 현인으로 존중하다. 앞의 '賢'자는 동사, 뒤의 '賢'자는 명사.
- 易色이색: 여색女色을 멀리하다. '易이'는 경시하다. '易역'은 바꾼다는 뜻.
- 竭갈: 힘을 다하다.
- 致치: 바치다.

1-7 자하:

"현인을 현인으로 존중하고, 여색女色을 멀리하여야하며;

부모를 모심에 있어, 진심진력盡心盡力하여야하며;

군주를 섬김에 있어, 헌신獻身하여야하며;

붕우를 사귐에 있어, 말에 신의가 있어야한다.

이렇게 하는 사람이 설령 배우지 못하였다할지라도,

나는 그를 진정으로 배운 사람이라고 말할 것이다."

1-8 공자:

"군자가 중후하지 않으면, 위엄을 갖추지 못한 것이고;

배운 지식도 견고하지 않게 된다.

충신忠信을 중시하고;

자기보다 못한 자를 벗하지 말 것이며;

잘못을 저질렀다면, 바로 고치는 것을 꺼려하지 말아야한다."

1-9 증자:

"신중하게 부모 상喪을 치르고 선조를 추념하면;

백성은 덕이 더욱 돈후해질 것이야!"

- 无: '無'자와 같다. 이 책에서는 無를 '无'로 통일하여 쓴다. '毋'의 뜻. ~하지 마라不要.
- 不如己者불여기자: 자기보다 못한 사람.
- 勿憚改물탄개: 고치는 것을 꺼려하지 마라. 憚탄: 꺼리다.
- 愼終신종: 상喪을 신중히 치르다.
- 追遠추원: 선조를 추념追念하다. 조상에 대한 제사를 지내다.

1-10　子禽問于子貢曰:

"夫子至于是邦也,

必聞其政:

求之與? 抑與之與?"

子貢曰:

"夫子溫・良・恭・儉・讓以得之;

夫子求之也,

其諸異乎人之求之與!"

1-11　子曰:

"父在, 觀其志;

父沒, 觀其行;

三年無改于父之道, 可謂孝矣."

- 子禽자금: 공자의 제자. 이름은 '진항陳亢'.
- 子貢자공: 공자의 제자. 이름은 '단목사端木賜'.
- 夫子부자: 공자의 제자들이 스승공자을 부를 때의 존칭어.
- 抑억: 그렇지 않으면.
- 與之여지: 그것을 알려주다.
- 其諸기저: 의문의 어조사

1-10 자금이 자공에게 물었다.
"선생님께서는 어떤 나라에 가시면,
반드시 그 나라 정치에 관해서 들으십니다.
이는 스스로 듣고자 하신 것입니까?
아니면 다른 사람이 알려준 것입니까?"

자공이 대답하였다.
"선생님께서는 〈온화・선량・공경・검소・겸양〉한 품성을 지니셨습니다.
그래서 자연스럽게 들을 수 있었던 것입니다.
설령 선생님께서 그런 정치이야기를 스스로 듣고 싶어 들었어도,
그 방법이 다른 사람들과는 다르지요!"

1-11 공자:
"아버님이 살아계실 때는 그 분의 뜻을 잘 살펴야하고;
돌아가신 다음에는 그 분의 행적을 잘 살펴야한다.

만일 돌아가시고 3년이 지나도록, 아버님의 뜻과 행적으로 보여준 도덕
규범에 어긋남이 없으면, 가히 효성스럽다고 말할 수 있느니라!"

- 異乎이호: ~과는 다르다. '乎'는 '于'와 같다.
- 其기: 아버지를 가리킨다.
- 三年: 부모상을 치르는 기간이 3년〈양화 21〉. 여기에서는 일정기간이 아니라 '몇 해가 지나도 록'의 뜻이다.
- 于우: '於어'자와 같다. 이 책에서는 '於'자를 '于'자로 통일하여 쓴다.

1-12 有子曰:
"禮之用, 和爲貴.
先王之道斯爲美;
小大由之.
有所不行, 知和而和;
不以禮節之, 亦不可行也."

1-13 有子曰:
"信近于義, 言可復也;
恭近于禮, 遠恥辱也.
因不失其親, 亦可宗也."

1-14 子曰:
"君子食无求飽, 居无求安;
敏于事而愼于言;
就有道而正焉:
可謂好学也已."

- 和화: 감정이 잘 조화된 '해화諧和'의 뜻. 적당適當.
- 斯사: 이것. '和'를 가리킨다.
- 禮節예절: 禮에 관한 규정・형식・제도
- 復복: 실천하다.

1-12 유자:

"禮를 행함에 있어서는, 화해和諧가 귀중하다.

옛날 왕들도 이것[화해]을 근본으로 삼았으며;

작은 일이든 큰일이든 모두 화해를 중시하였다.

만일 불통不通되는 부분이 있으면,

화해가 무엇인지를 알고 화해에서 해답을 찾아야지;

禮를 주장하지 말아야한다. 禮를 강조하면 더욱 불통이 된다."

〈*禮의 근본은 仁이고, 仁의 바탕은 '해화諧和'라는 말이다.〉

1-13 유자:

"약속이 의義에 맞으면, 그 말을 실천할 수가 있고;

공경함이 예禮에 맞으면, 치욕을 면할 수가 있다.

친근한 사람을 잃지 않으려면, 이렇게 본질을 파악하면 된다."

1-14 공자:

"군자는 먹는데 배부름을 추구하지 않고,

거처함에 안락함을 추구하지 않으며;

일에는 민첩하고 말에는 신중하며;

道를 아는 사람을 가까이 하고, 자기의 잘못을 시정是正한다면;

바로 학문을 좋아하는 사람의 자세라고 말할 수가 있다.

- 因인: 의지하다依靠.
- 宗종: 본질主.
- 正정: 시정是正하다. 바로잡다.

1-15 子貢曰:

"貧而无諂; 富而无驕: 何如?"

子曰:"可也. 未若貧而樂, 富而好禮者也."

子貢曰:"詩云:「如切如磋, 如琢如磨.」其斯之謂與!"
子曰:"賜也, 始可與言詩已矣! 告諸往而知來者."

1-16 子曰:

"不患人之不己知; 患不知人也."

- 諂첨: 아첨하다.
- 切磋琢磨절차탁마: 옥돌을 자르고[切], 줄로 쓸고[磋], 끌로 쪼고[琢] 갈아서[磨] 빛을 내다.《시경詩經》〈위풍〉에 나오는 명구다. 옥을 갈고 닦아서 빛을 내듯이 부지런히 학문과 덕행을 닦는다는 뜻이다.

1-15 자공:

"가난해도 아첨 阿諂 하지 않고, 부유해도 교만하지 않다면 어떻겠습니까?"

공자: "괜찮아. 그러나 가난하면서도 즐겁게 살고,
부유하면서 또한 예의 禮儀 를 숭상하는 사람보다는 못하지."

자공: "《시경》에서 '절차탁마 切磋琢磨' 라고 하였는데,
바로 이를 두고 한 말이 아닐까요?"

공자: "단목사 端木賜 야. 이제 너와《시경》을 논할 수 있게 되었구나!
한 가지를 알려주니까 유추해서 세 가지를 아는구나!
〈이를 '거일반삼 擧一反三' 이라 한다.〉"

1-16 공자:

"남이 나를 알아주지 않는 것을 걱정하지 말고;
내가 남을 알지 못하는 것을 걱정해야한다."

- 往왕: 지난 일. 아는 것
- 來래: 미래의 일. 모르는 것
- 賜사: 자공. 이름은 端木賜단목사

제2편은 치국治國의 방법에 대하여 언급하고 있다. 공자의 정치사상은 무위无爲로써의 치국을 주장하는 도가道家의 자연自然주의 사상과 법령法令으로써 치국을 주장하는 법가法家의 법치法治주의와도 다르다. 공자는 덕치德治, 즉 이덕치국以德治國을 주장한다. 그리고 德의 핵심덕목으로 인의仁義와 예禮를 강조하고 있다.

어떻게 덕치를 할 수 있는가? 덕치는 맨 먼저 인재人才, 즉 정직正直한 사람을 등용하는 데에서 출발한다19장. 다음으로는 군주로부터 관직에 종사하는 모든 공직자들이 생각함에 사욕私慾이나 편견偏見과 같은 사악邪惡함이 없도록 관리하여야한다. 이를 '사무사思無邪'라 한다2장. 관리하는 방법은 군주와 고위 공직자들이 모범을 보여주면 된다. 위에서 일어나는 정풍整風의 바람은 반드시 아래쪽으로 불어가기 마련이다.

여기에서 주의 깊게 새겨볼만한 내용은, 개인의 성장과정을 나이에 따라 단계별로 나눠 서술한 부분이다4장. 〈15살: 학습學習 ⇒ 30살: 자립自立 ⇒ 40살: 미혹迷惑 ⇒ 50살: 지천명知天命 ⇒ 60살: 이순耳順 ⇒ 70살: 불유구不踰矩〉의 6단계를 3단계로 대별해보면:

1단계. 30살에는 독립하는 단계청년단계: 학습과정을 거쳐 가정을 이루고 독립해야한다.
2단계. 40살에는 주인이 되는 단계중년단계: 자기 인생의 주인이 되어 자기의 길을 가야한다.
3단계. 50살에는 인생을 완숙시키는 단계노년단계: 50세가 넘으면 자기 인생의 결실이 맺히도록 정리해야 한다.

제2편 위정(爲政)

2-1 子曰:
"爲政以德, 譬如北辰;
居其所而衆星共之."

2-2 子曰:
"詩三百篇, 一言以蔽之,
曰:「思无邪!」"

2-3 子曰:
"道之以政; 齊之以刑:
民免而无恥.

道之以德; 齊之以禮:
有恥且格."

- 爲政以德위정이덕: 덕으로써 정치하는 것. 곧 '덕정德政'을 뜻한다.
- 北辰북신: 북극성.
- 共공: 껴안다. 두 손으로 받들다. '拱'자와 통한다.
- 《詩》:《시경詩經》. 여기에 수록된 시는 모두 305편이다.
- 蔽폐: 개괄하다.
- 思无邪사무사: 사조思潮에 사악邪惡함이 없다. 순정純正하다. 성誠.《시경》〈노송魯頌〉에 나온다.

2-1 공자:

"덕정德政이란, 마치 북극성은 자기 위치를 지키고 있는데;
수많은 별들이 그를 안고 돌아가는 모습과 같은 것이다."

2-2 공자:

"《시경》3백수의 맥락을 한마디로 말하면,
'사상이 순정純正함'이야!"

2-3 공자:

"법치法治로써 통치방향을 정하고 형벌로써 다스리면:
백성은 잠시 범죄를 저지르지 않지만 수치심이 없어지고;

덕치德治로써 통치방향을 정하고 예절로써 다스리면:
수치심도 생겨나고 순정純正해진다."

- 道도: 인도하다.
- 政정: 법령으로 통치하다.
- 齊제: 형벌.
- 无恥무치: 염치가 없다. 부끄러움을 모른다. *후안무치厚顔無恥
- 格격: 바르게 되다正.

2-4　子曰:
"吾,
十有五而志于学;
三十而立;
四十而不惑;
五十而知天命;
六十而耳順;
七十而從心所欲, 不逾矩."

2-5　孟懿子問孝. 子曰:
"无違."

樊遲御, 子告之曰:
"孟孫問孝于我, 我對曰'无違'."

樊遲曰:"何謂也?"
子曰:"生, 事之以禮; 死, 葬之以禮, 祭之以禮."

- 不惑불혹: 미혹迷惑되지 않다. 사리판단을 하게 되었다.
- 耳順이순: 자연에서 들려오는 소리가 모두 서로 어울리다. 젊어서는 인간들의 목소리만을 들으며 살아오다가, 50대 이르러 하늘의 소리가 들리기 시작하였고, 60대가 되어서부터 자연의 화음을 들었다는 말이다. 물소리, 바람소리, 새소리 등 모두가 서로 인연이 되어 나오는 소리라는 말이다.

2-4 공자:
"나는,
15살에 학습學習에 뜻을 두었고;
30살에 자립自立하였고;
40살에 미혹迷惑되지 않게 되었고[不惑];
50살에 '하늘의 뜻'을 알게 되었고[知天命];
60살에는 들리는 것 모두, 서로 관통됨을 알았고[耳順];
70살에 이르러서는 마음 내키는 일 모두,
자연의 순리에 어긋나지 않았다[從心所慾不踰矩]."

2-5 맹의자가 효孝에 관하여 물으니, 공자가:
"禮를 어기지 않는 것"이라 답하셨다.

어느 날 번지가 수레를 몰고 왔는데, 공자께서 그에게:
"맹손이 나에게 孝에 관하여 묻기에 '어기지 않는 것'이라 답하였네."

번지가 "무슨 뜻입니까?"라고 묻자,
공자가 "부모님이 살아계실 때 禮로써 섬기고,
돌아가시면 禮로써 장례 치르고,
그리고 제사를 禮로써 지내는 것이다."라고 말씀하셨다.

- 逾矩유구: 법도 • 정도를 벗어나다. 자연의 순리를 어기다. 逾는 踰와 같다.
- 孟懿子맹의자: 노나라의 대부大夫.
- 樊遲번지: 공자의 제자. 이름은 번수樊須.
- 御어: 수레를 모는 것.
- 孟孫맹손: 맹의자 호칭.

2-6 孟武伯問孝. 子曰:
"父母, 唯其疾之憂."

2-7 子游問孝. 子曰:
"今之孝者, 是謂能養.

至于犬馬, 皆能有養;
不敬, 何以別乎!"

2-8 子夏問孝. 子曰:
"色難!
有事, 弟子服其勞; 有酒食, 先生饌:
曾是以爲孝乎!"

- 孟武伯맹무백: 맹의자의 아들.
- 唯其疾之憂유기질지우: '唯憂其子之疾'를 강조한 말. 자식이 건강하게 잘사는 것이 효도라는 뜻.
- 子游자유: 공자의 제자. 이름은 '언언言偃'.

2-6 맹무백이 孝에 관하여 물으니, 공자가 말씀하셨다.
"부모는 오로지 그 자식이 아플까만을 걱정하신다."

2-7 자유가 孝에 관하여 물으니, 공자가 말씀하셨다.
"요즘 효자라는 사람을 보면, 부모를 잘 공양供養하는 것으로만 생각한다.

개와 말도 모두 공양하고 있으니;
만일 존경尊敬하는 마음을 가지지 않는다면,
개와 말을 공양하는 것과 무엇이 다르냐!"

2-8 자하가 孝에 관하여 물으니, 공자가 답한다.
"부모님에게 언제나 온화한 얼굴빛을 보인다는 것은 어려운 일이야!
일이 있으면 자제들이 일을 덜어드리고;
술과 음식이 있으면 어른이 먼저 드시게 한다고 해서:
이런 것만으로 孝라 할 수가 있겠느냐!"

- **色難**색난: 온화한 얼굴빛을 지니는 것이 孝임을 강조하는 말이다.
- **先生**선생: 연장자. 남편.
- **曾是**증시: 곧. 바로.

2-9 子曰:
"吾與回言終日; 不違, 如愚.
退而省其私, 亦足以發.
回也不愚!"

2-10 子曰:
"視其所以;
觀其所由;
察其所安:
人焉廋哉! 人焉廋哉!"

2-11 子曰:
"溫故而知新,
可以爲師矣."

- 回회 : 顔回안회. 顔淵안연 이라고도 부름. 공자가 가장 사랑하는 제자. 요절했다.
- 不違불위 : 이의를 제기하지 않다. 순종하다.
- 焉언 : 어찌. 어떻게
- 廋수 : 숨기다.

2-9 공자:

"내가 안회에게 온종일 강의했는데;

이의를 제기하지 않기에 우둔한 사람인줄 알았어.

돌아간 후 그의 사생활을 관찰해보니,

내가 강의한 내용을 아주 잘 실천하고 있었지.

안회는 우둔한 사람이 아니었어!"

2-10 공자가 어떤 사람의 행위를 보고:

왜 그렇게 했는지 이유[所以]와

어떻게 그렇게 했는지 방법[所由]을 살펴보고,

그렇게 한 때의 심정[所安]을 관찰해본다면,

어느 사람이든 무엇을 숨기고 행할 수 있겠는가!

숨길 것이 무엇이 있겠는가!"

2-11 공자:

경험에서 교훈을 찾아내고 이를 기초로 삼아 새로운 것을 알게 되면,

스승이 될 수 있을 것이다. ⟨※ 옛 것을 잘 익히어 새로운 것을 알게 되면, 스승이 될 수가 있을 것이다.⟩

- 溫온: 찾다[尋], 실마리를 찾아내다[尋繹 심역].*주희는 '尋繹'으로 해석하였다.
- 故고: 이유. 원인. 이미 일어난 일에서 얻은 교훈⟨所学已得之事也⟩.
- 新신: 과거의 경험을 기초로 삼아 새로운 것을 발견하거나 깨달아 아는 것.

2-12　子曰:
"君子不器."

2-13　子貢問君子. 子曰:
"先行其言而后從之."

2-14　子曰:
"君子周而不比;
小人比而不周."

- 器기: 그릇. 그릇은 용도와 담는 양이 정해져있고, 담겨진 것은 정체되어있다. 군자의 생각은 흐르는 물과 같이 열려있고 동적이어야 한다.
- 周주: 사적 이해관계를 초월하여 친해지는 것
- 比비: 사적 이해관계에 따른 파벌. 편당을 이루는 것.

2-12 공자:

"군자는 그릇과 같은 것이 아니다."

2-13 자공이 군자에 관하여 물으니 공자께서 말씀하셨다.

"자기가 하고 싶은 것을 먼저 실천하고,

그런 다음에 말하는 사람을 군자라고 한다."

2-14 공자:

"군자는 두루 화친和親하되 파벌을 짓지 아니하나;

소인은 파벌을 잘 짓되 두루 화친하지 못한다."

※ 周와 比의 개념: 이 두자는 모두 친밀하다는 뜻.
〈義·公利〉를 위해 가까워짐은 周자를 쓰고, 〈不義·私利〉를 위해 가까워짐은 比자를 썼다. 〈영조가 1742년 당쟁의 폐해를 막기 위해 탕평비를 세우고, 그 비에 새긴 글: "周而弗比乃君子之公心 比而弗周寔小人之私意"

2-15 子曰:
"学而不思則罔;
思而不学則殆."

2-16 子曰:
"攻乎異端, 斯害也已!"

2-17 子曰:
"由! 誨汝知之乎?
知之爲知之;
不知爲不知;
是知也."

- 罔망: 미혹迷惑. 멍청하다.
- 殆태: 위태危殆하다.
- 攻공: 돌이나 금속을 다듬다. 연마하다. 治. 여기에서는 〈비판. 공격〉의 뜻이다.
- 異端이단: 공자의 견해에 반하는 주장이나 학설.
- 害해: 화해禍害. 재난. 불행
- 已이: 소제消除하다. 그치다[止].

※攻을 '공부工夫하다'로, 已를 '~뿐'으로 본 해석: "이단을 공부하면 해가 될 뿐이다."

2-15 공자:

"배우기만하고 생각하지 않으면 미혹迷惑에 빠지고;

생각만하고 배우지 않으면 위태롭다."

2-16 공자:

"이단異端을 비판하면, 곧 재난을 막을 수 있는 것이야!"

2-17 공자:

"유자로야! 너에게 '知'란 무엇인지 가르쳐 줄까?

'아는 것을 안다.'라고 하고;

'모르는 것을 모른다.'라고 말하는 것이;

곧 '知'라는 것이다."

- 由유: 공자의 제자. 자로子路. 이름은 중유仲由.
- 誨회: 가르치다.
- 女여: 너. '汝[你]'와 같다.
- 知지: 안다는 것. 앎.

※《백서본.갑》: "知不知,上; 不知不知,病."〈무엇을 모르는지를 알면 최상이고, 무엇을 모르는지를 모르면 병이다.〉

2-18 子張学干祿. 子曰:
"多聞闕疑; 愼言其餘: 則寡尤.

多見闕殆; 愼行其餘: 則寡悔.

言寡尤; 行寡悔: 祿在其中矣!"

2-19 哀公問曰:
"何爲則民服?"

孔子對曰:
"擧直錯諸枉, 則民服;
擧枉錯諸直, 則民不服."

- 子張자장: 공자의 제자. 이름은 전손사顓孫師.
- 干간: 구求하다. 추구하다.
- 祿록: 봉급. 급료.
- 闕궐: '缺결'과 같다. 보류하다.
- 尤우: 착오. 과실. 寡尤과우: 착오를 줄이다.
- 哀公애공: 노나라 군주재위: BC 494~466

2-18 자장이 공자에게 관리가 되어 봉급을 받을 수 있는 방법을 물었다.
공자가 말하길:
"1. 다른 사람의 의견을 많이 듣고,
의심이 드는 부분은 마음에 담아두어라;
그리고 이해가는 부분을 조심스럽게 말하면: 착오를 줄일 것이다.

2. 다른 사람이 어떻게 실행하는지를 많이 보고,
위태로운 부분은 보류해두어라; 실천이 가능한 부분은 열심히 실행하면: 후회를 줄일 것이다.

3. 말함에 착오를 줄이고; 실행함에 후회할 부분을 줄이면:
관리가 되어 받을 봉급은 그 안에 있는 것이야!

2-19 애공이 묻고 공자가 답한다.
"어떻게 하면 백성이 따르게 할 수 있습니까?"

"정직한 사람을 뽑아 사악한 사람의 위에 두면 백성이 따르고;
사악한 사람을 뽑아 정직한 사람의 위에 두면 백성이 따르지 않습니다."

- 對曰대왈: 윗사람의 질문에 대답할 때 쓰는 존칭어.
- 擧거: 선발하다.
- 直직: 정직한 사람
- 錯착: 두다. 놓다. '措조'와 같다.
- 諸저: 어조사.
- 枉왕: 사악邪惡한 사람

2-20 季康子問:
"使民敬, 忠以勸, 如之何?"

子曰:
"臨之以莊, 則敬, 孝慈, 則忠;
舉善而教不能, 則勸."

2-21 或謂孔子曰:
"子奚不爲政?"

子曰:
"書云:「孝乎! 惟孝; 友于兄弟, 施于有政.」,
是亦爲政, 奚其爲爲政?"

- 季康子계강자: 노나라 대부. 군주를 능가하는 무도한 세도가.
- 臨之임지: 백성을 대하다.
- 舉善거선: 선한 사람을 천거하다. 인재를 등용하다.

2-20 계강자가 묻고 공자가 답한다.
"백성이 나를 공경하고, 나에게 충성하면서도 권면勸勉하게 하려면
어떻게 해야 합니까?"

"당신이 백성을 장중莊重하게 대하면, 백성이 당신을 존경할 것이고;
당신이 노인을 효순孝順하게 대하고 백성을 사랑하면,
백성이 당신에게 충성할 것이며;
인재人才를 등용하고 능력이 모자라는 사람을 가르쳐 주면,
백성은 부지런히 일하지요."

2-21 어떤 사람이 묻고 공자가 답한다.
"선생님께서는 왜 정치를 하지 않습니까?"
《상서尚書》를 보면:「효도하라! 오로지 부모에게 효도하고;
형제 우애友愛하는 감정이 널리 확충해나가도록 하는 것이 정치다.」라고
하였소.
이런 것이 정치라는 것이야. 어찌 꼭 그것[관직]을 해야지만 정치를 한다
고 말할 수 있겠소?"

- 教不能교불능: 불능무능인 사람을 가르치다.
- 勸권: 부지런히 일하다. 격려하다. 勸勉권면.
- 奚해: 어찌. 왜. 의문사 '何하'와 같다.

2-22 子曰:

"人而無信, 不知其可也.

大車無輗; 小車無軏:

其何以行之哉!"

2-23 子張問:

"十世可知也?"

子曰:

"殷因與夏禮, 所損益, 可知也;

周因于殷禮, 所損益, 可知也;

其或繼周者, 雖百世, 可知也."

2-24 子曰:

"非其鬼而祭之, 諂也.

見義不爲, 无勇也."

- 輗예 · 軏월: 소나 말이 끌도록 수레에 연결하는 나무로 만든 장치.
- 因인: 인습因襲하다. 답습하다. 예전의 풍습에 따르다.
- 損益손익: 덜어내고 보탠 것.

2-22 공자:
"사람으로서 신의信義가 없다면, 어찌 사람 노릇하겠는가.
큰 수레에 예輗가 없거나; 작은 수레에 월軏이 없다면:
어떻게 소가 수레를 끌 수 있겠는가!"

2-23 자장이 묻고 공자가 답한다.
"10대 이후의 세상일을 알 수 있을까요?"

"은殷나라는 하夏나라의 예의제도가 조금 바뀐 것이니, 알 수 있고;
주周나라는 은나라의 예의제도가 조금 바뀌어 계승된 것이니,
알 수 있는 것이고;
그 누가 주나라의 예의제도를 비록 100대를 계승해간다고 해도,
문화의 골격[예의제도]은 변하지 않을 터이니 곧 알 수 있는 것이야."

2-24 공자:
"만일 자기가 모셔야할 혼령이 아닌데도 제사를 지내는 것은 아첨이고,
의로운 것을 보고도 행하지 않는 것은 용기가 없는 것이다."

- 其或기혹: 그 누가. 어떤 나라가.
- 諂첨: 아첨阿諂하다.

제3편은 예禮의 형식과 내용에 관해서 논한다.

무녀舞女 8명을 1행으로 하여 추는 춤을 일일一佾이라 한다. 팔일八佾은 천자가 거행하는 큰 행사 때, 8행으로 춤을 추는 것이니, 무녀가 무려 64명이 나온다. 제후는 육일六佾이고, 대부는 사일四佾이다. 공자께서 계평자가 팔일무八佾舞를 추게 하였다고 꾸짖은 것이다1장. 대부에 불과한데도 무례하게도 천자가 거행하는 행사를 치렀다는 것이다.

禮의 근본은 외적 형식보다는 내재적 정신에 있으며3장. 4장, 이는 仁을 그 바탕으로 한다. 8장에 나오는 '회사후소繪事后素'는 이를 그림에 비유하여 설명한 유명한 성어다. 「그림 그리는 일은 흰색 바탕이 있은 후, 그 위에 그리는 것」이라는 뜻이다. 이처럼, 禮는 심령心靈이 맑은 인仁을 바탕으로 하고, 그 위에 나타내어지는 행위인 것이다. 만일 심령이 불순하다면, 겉으로 나타내어지는 예의禮儀가 아무리 현란할지라도, 그건 사람을 속이는 술수에 불과할 뿐이라는 말이다.

공자는 상商과 주周나라 때의 예악禮樂제도가 무너지고 있는 현실을 보고, 안타까워하는 심정을 여러 곳에 표명하고 있다2장. 6장. 10장. 그리고 예제禮制를 공부하고 전통을 보존하기 위해 심혈을 기울이는 공자의 모습을 볼 수 있다9장. 12장.

제3편

팔일
(八佾)

繪事後素

論語句 그림을 깨끗한 바탕에 그려야 하듯이
禮는 仁에서 우러나와야 합니다 建林

[회사후소 繪事后素 3-8]

3-1 孔子謂季氏八佾舞于庭:
"是可忍也, 孰不可忍也!"

3-2 三家者以雍徹. 子曰:
"相維辟公, 天子穆穆.
奚取于三家之堂!"

3-3 子曰:
"人而不仁, 如禮何!
人而不仁, 如樂何!"

- 季氏계씨: 노나라 3가家의 세도가 중의 하나. 대부 계손季孫. 이름은 계평자季平子.
- 八佾팔일: 8명이 한 줄로 추는 것이 일일一佾이므로, 팔일八佾은 8명씩 8행으로 추는 춤. 천자의 행사 때 팔일의 춤을 추고, 제후는 육일六佾, 대부는 사일四佾이다.
- 三家삼가: 노나라의 계손季孫, 맹손孟孫, 숙손叔孫 3씨의 집. 공자 때의 세도가.
- 雍옹:《시경》《주송周頌》의 편명. 천자가 제사를 끝낼 때 불리는 노래

3-1 공자께서, 계씨가 정원에서 '팔일八佾'의 춤을 추게 하는 것을 보고, 말씀하셨다:
"이런 무례한 짓을 참고 보아 넘긴다면, 참고 보아 넘길 수 없는 것이 무엇이 있겠는가?"

3-2 세 대부 집안에서 제사를 끝내며 '옹雍'이라는 노래가 나오자,
공자께서 무례함을 꾸짖었다.

"사방의 제후들이 모인 자리에서 천자가 엄숙하게 제사를 끝낼 때 부르는 노래인데, 어찌 세 대부 집 묘당廟堂에서 이런 노래가 나오는가!"

3-3 공자:
"사람으로서 불인不仁하다면, 예의禮儀가 무슨 필요가 있는가!
사람으로서 불인不仁하다면, 음악은 무슨 필요가 있는가!"

- 撤철: 제사가 끝나고 제기를 치우는 것. '徹철'과 같다.
- 相維상유: 相은 돕다. 維는 어조사.
- 辟公벽공: 제후
- 穆穆목목: 엄숙하고 의젓한 모습.

3-4　林放問禮之本, 子曰:
　　"大哉 問!
　　禮, 與其奢也, 寧儉;
　　喪, 與其易也, 寧戚."

3-5　子曰:
　　"夷狄之有君,
　　不如諸夏之无也."

3-6　季氏旅于泰山.
　　子謂冉有曰:"汝弗能救與?"
　　對曰:"不能."
　　子曰:"嗚呼! 曾謂泰山, 不若林放乎!"

- 林放임방: 노나라 사람.
- 易이: 예의 형식. 애통해하는 마음 없이, 예의 절차에 따라 일사분란하게 진행됨.
- 戚척: 슬퍼하다. '慼척'과 같다.
- 夷狄이적: 한족漢族이 부른 변방 소수민족에 대한 호칭
- 夷이: 중원 동쪽에 사는 소수민족
- 狄적: 중원 북쪽에 사는 소수민족
- 亡무: 無무와 같다. 無는 '无'자로 통일하여 쓴다.

3-4 임방林放이라는 사람이 예의의 본질이 무엇인지를 묻자, 공자가 답하길:
"중요한 질문이구나!
禮는, 사치스런 것보다는 검소해야하고;
상례喪禮에서는 형식보다는 애석哀惜한 마음을 가져야한다."

3-5 공자:
"이적夷狄의 나라는 비록 그들에게 군주가 있다고 하여도,
군주가 없는 중원中原지방의 제후국보다 못하다."

3-6 계씨가 태산에서 제사를 지내려고 준비하고 있었다.
공자가 염유에게: "자네는 왜 말리지 못하는가?"
염유: "저는 못합니다."

공자: "아아! 설마 태산신령이 임방林放보다 예의禮儀를 몰라서, 비례非禮의 제사를 받아 주리라고 생각하느냐?"

- 諸夏제하: 제후 각국.
- 季氏계씨: 노나라 세도가인 季孫氏계손씨.
- 旅려: 산천山川의 신령께 지내는 제사.
- 泰山태산: 산동성에 있는 산. 여기에서는 천자와 제후국의 왕만이 제사를 지낼 수 있었다.
- 冉有염유: 공자의 제자 염구冉求. 자는 자유子有. 계씨 밑에서 가신家臣으로 재직.
- 救구: 막다止. 말리다.
- 曾謂증위: 설마~라고 생각하느냐?

3-7 子曰:

"君子无所争. 必也射乎!

揖讓而升, 下而飮,

其争也君子."

3-8 子夏問曰:

"「巧笑倩兮, 美目盼兮, 素以爲絢兮.」何謂也?"

子曰:"繪事后素."

曰:"禮后乎?"

子曰:"起予者商也, 始可以言 詩已矣."

- 揖讓읍양: 두 손을 맞잡아 얼굴 앞으로 올리고 공손히 허리 굽혀 인사하는 예.
- 升승: 활 쏘는 당堂에 오르다.
- 앞 2구 "巧美倩兮, 美目盼兮"는 《시경》〈위풍・석인〉에 나오는데, 3구인 "素以爲絢兮"는 전하지 않는다.
- 倩천: 보조개. 소엽笑靨. 주와酒窩.
- 盼반: 흰자와 검은자가 분명한 눈동자.
- 絢현: 무늬. 그림.

3-7 공자:
"군자는 다툴 일이 없으나, 불가피한 경우에는 활쏘기로 가르지!
읍양하고 사당射堂에 오르며, 시합이 끝나면 내려와 서로 경주敬酒를 마신다.
이런 식의 다툼이 바로 군자다운 다툼인 것이다."

3-8 자하: 「고운 미소에 보조개 피고, 흰자위 선명한 예쁜 눈동자, 흰 바탕에
그려진 아름다운 그림이로구나.」라고 한 3구의 시는 무슨 뜻입니까?"

공자: "「그림은 흰색 바탕 위에 그리는 것」이라는 뜻이다."
자하: "禮는 仁의 바탕 위에서 이뤄진다는 말씀입니까?"

공자: "나를 일깨워주는 사람이 너 상商 자하이로구나. 이제 함께 《시詩》를
논할 수 있겠다."

- 繪事后素회사후소: 비단에 흰색을 먼저 칠하여 바탕을 마련한 다음에[素先], 그림은 그 후에 그린다[繪事后]. 〈素先, 繪事后〉가 〈繪事后, 素先〉으로 도치, 다시 '先'자가 생략되어 〈繪事后素〉가 된 것이다. ※정현鄭玄은 「그림은 먼저 채색한 다음에, 끝에 흰 칠로 사이를 메우며 마무리 짓는다.」로 거꾸로 해석하였다.
- 禮后예후: 仁이라는 맑은 성품이 있고난 다음에, 禮라는 모습을 갖춘다는 〈仁先, 禮后〉의 뜻.
- 起予기여: 나를 일으키다. 나를 깨우치다.

3-9　子曰:
　　"夏禮, 吾能言之, 杞不足徵也;
　　殷禮, 吾能言之, 宋不足徵也.
　　文獻不足故也.
　　足, 則吾能徵之矣."

3-10　子曰:
　　"禘, 自旣灌而往者,
　　吾不欲觀之矣."

3-11　或問禘之說. 子曰:
　　"不知也. 知其說者之于天下也,
　　其如示諸斯乎?" 指其掌.

- 杞기: 주나라 무왕이 상나라 주紂 왕을 멸한 다음, 하나라 우禹 왕의 후손에게 봉지를 주어 기국 杞國을 세웠다.
- 徵징: 증명하다. 征정.
- 宋송: 주周 무왕이 은나라 탕湯 왕의 후손에게 봉지를 주어 세운 나라. 지금의 상구 商丘 부근이다.

※ 나라가 망하면서 예제禮制가 제대로 전승되지 않았음을 설명하는 말이다.

3-9 공자:

"하夏나라 예에 관해서는 설명할 수 있으나,
기杞나라에 관해서는 설명이 어렵고;
殷나라 예에 관해서는 설명할 수 있으나,
송宋나라에 관해서는 설명이 어렵다.
이는 문헌이 부족하기 때문이다.
만일 문헌만 충분하다면, 기·송나라에 대해서도 설명할 수 있을 것이다.

3-10 공자:

"체제禘祭를 지냄에 있어, 술을 땅에 뿌리며 강신降神을 비는데,
이는 예제에 어긋나므로, 나는 다시 가보고 싶지 않다."

3-11 어떤 사람이 체제禘祭에 관하여 묻자, 공자가:

"알지 못해요. 만일 체제의 의미를 아는 사람은 마치 이것을 보듯 천하 대사大事를 알 것이오!"라고 말하면서, 자기의 손바닥을 가리켰다.

- 禘체: 체제禘祭. 천자가 시조와 조상을 모시고 지내는 큰 제사.
- 灌관: 제사를 시작할 때 술을 땅에 뿌리며 강신降神을 비는 절차.
- 示시: '視시'와 같다.

3-12　祭如在, 祭神如神在.
　　　子曰:"吾不與祭, 如不祭."

3-13　王孫賈問曰:
　　　"「與其媚于奧, 寧媚于灶也.」
　　　何谓也?"
　　　子曰:
　　　"不然. 獲罪于天, 无所禱也."

3-14　子曰:
　　　"周監于二代. 郁郁乎文哉!
　　　吾從周."

- 與여: 참여하다의 뜻.
- 王孫賈왕손가: 위衛나라 대부.
- 與其…寧여기…녕: …하느니 보다는 차라리…이 좋다.
- 媚미: 섬기다. 아첨하다.
- 奧오: 집안의 서남쪽 모서리.
- 灶조: '竈조'와 같다. 부뚜막. 오에는 오신奧神이 있고, 조에는 조신灶神이 있다고 보았다. 조신

3-12 조상께 제사를 지내는 때에는 조상이 앞에 생존해 계시는 것처럼 하고, 신께 제사를 지내는 때에는 신이 앞에 있는 듯이 한다.

공자: "만일 내가 제사에 직접 참여하지 않는다면, 제사를 지내지 않는 것과 같은 것이다."

3-13 왕손가가 공자에게 묻는다.
"「오신奧神을 섬기는 것보다는 조신竈神을 섬기는 것이 좋다.」라는 말이 무슨 뜻입니까?"

공자: "그런 말은 옳지 않아요. 하늘에 죄를 지으면, 빌 곳이 없게 되오."

3-14 공자:
"주周나라 예제禮制는 하夏・상商 두 나라를 본받았는데, 예제문화가 얼마나 찬란하였는가! 나는 주나라 예제를 찬양한다."

을 조왕竈王이라 불렀다.
※ 옛날에 오신과 조신에게 제사지내는 토속신앙이 있었다. 그래서 집안 서남쪽에는 단을 만들어 향을 피우고, 부뚜막에는 정한수靜閑水 맑은 물 한 그릇을 올려놓았다. 공자는 이런 토속신앙을 비판하였다.
• 監감: 비춰보다. 비교하다. '鑑감'자와 같다.

3-15　子入太廟, 每事問. 或曰:
"孰謂鄹人之子知禮乎?
入太廟, 每事問!"
子聞之曰: "是禮也!"

3-16　子曰:
"射不主皮; 爲力不同科. 古之道也."

3-17　子貢欲去告朔之餼羊,
子曰: "賜也, 爾愛其羊; 我愛其禮!"

3-18　子曰:
"事君盡禮, 人以爲諂也."

- **太廟**태묘: 주공周公의 사당. 시조를 모신 묘.
- **鄹人之子**추인지자: 추鄹 땅에 살았던 숙량흘叔梁紇의 아들이라는 뜻으로, '공자'를 가리킨다.
- ※공자가 의식의 진행 절차를 하나하나 묻고 가르치는 겸허한 태도가 예절이라는 것이다.
- **不主皮**부주피: 과녁을 뚫기에 주력하지 않는다. 과녁은 수피獸皮로 만든 것과 포布로 만든 것이 있다. 활쏘기는 약하게라도 과녁을 맞히기만 하면 된다는 뜻이다. 활쏘기는 과녁을 맞히는 기량을 겨루는 일보다도 예절, 즉 사례射禮를 중요시하였다.
- **同科**동과: 동등同等하다.

3-15   공자가 태묘太廟에 들어가 매사 일의 사정을 물었다. 어떤 사람이 말했다.
"추인鄹人의 아들이 추묘에 들어가 매사 일의 사정을 묻는데, 누가 저 사람이 예절을 안다고 했느냐?"
공자가 이 말을 듣고 말하길: "그게 바로 예절이다!"

3-16   공자:
"활쏘기는 과녁을 맞혀 뚫는데 주력하지 않는데, 사람마다 힘쓰는 정도가 다르기 때문이다.   이것이 고대의 사례射禮 활쏘기예절이다."

3-17   자공이 곡삭지례告朔之禮를 지낼 때 양을 바치지 않으려고 하자, 공자가 말하길:
"사賜 자공야, 너는 양을 불쌍히 여기는데, 그 보다는 예제禮制가 중요한 것이야!"

3-18   공자:
"군주를 섬김에 예禮를 다하는 것을, 사람들은 아첨으로 여긴다."

- 告朔곡삭: 옛날에 '告'자를 '梏곡'자로 발음했다. '朔'이란 음력으로 매월 초하루를 말한다. 천자가 매년 초겨울에 다음 해 달력을 제후에게 반포하는 것을 '告朔'이라한다. 제후는 이를 조묘祖廟에 보관해두었다가 월삭月朔 매월 초하루에 양을 제물로 바치는 제祭를 지낸 다음 달력을 꺼내보는데, 이를 '告朔之禮곡삭지례'라 한다.
- 餼羊희양: 희생으로 바치는 살아있는 양.
- 爾이: 너. 그대.

3-19 定公問:
"君使臣, 臣事君, 如之何?"
孔子對曰:
"君使臣以禮; 臣事君以忠."

3-20 子曰:
"關雎, 樂而不淫, 哀而不傷."

3-21 哀公問社于宰我, 宰我對曰:
"夏后氏以松; 殷人以柏; 周人以栗.
曰:「使民戰栗.」"

子聞之曰:
"成事不說; 遂事不諫; 既往不咎."

- 定公정공: 노나라 군주. 이름은 송宋. 공자가 정공 9년공자 52세부터 12년공자 55세 사이에, 사공司空 토지과 사구司寇 형벌로서 4년간 재직하였다.
- 關雎관저:《시경》첫 편에 나오는 시詩.
- 淫음: 음란하다.
- 哀公애공: 노나라 군주.
- 社사: 토지신土地神을 모시는 곳. 여기에 토지신을 대신하여 나무로 위패位牌를 만들어 두었다. 목재 위패에게 제사를 지냈다.

3-19 노나라 군주 정공定公이 묻고, 공자가 답한다.
정공: "군주가 신하를 부리고, 신하가 군주를 섬김에 어찌 해야 합니까?"
공자: "군주는 신하에게 예禮로써 대하고, 신하는 군주에게 충심忠心으로 섬기면 됩니다."

3-20 공자:
"《시경》〈관저關雎〉는 즐거우면서도 방탕하지 않고, 슬프면서도 마음에 상처를 주지 않는다."

3-21 애공哀公이 재아에게 사社에 모실 패위牌位를 무슨 나무로 만드는가를 묻고, 재아가 답한다.
"하대夏代에는 소나무[松]를 사용하였고; 은나라 사람은 잣나무[柏]를 사용하였으며; 주나라 사람은 밤나무[栗]를 사용하였습니다. 이런 나무들은 백성들로 하여금 두려움을 느끼게 합니다."

이 말을 듣고 공자가 말하길:
"이미 완성된 일은 논의하지 말고; 끝난 일은 간諫하지 말며; 지난 일은 탓하지 말아야한다."

- 宰我재아: 공자의 제자. 이름은 여予.
- 戰栗전율: 두려워하다. '전율戰慄'과 같다.
- 遂事수사: 다 끝난 일.
- 咎구: 탓하다. 책망하다.

3-22 子曰:

"管仲之器小哉!"

或曰:"管仲儉乎?"

曰:"管氏有三歸; 官事不攝: 焉得儉!"

"然則管仲知禮乎?"

曰:

"邦君樹塞門, 管氏亦樹塞門;

邦君爲兩君之好, 有反坫, 管氏亦有反坫:

管氏而知禮, 孰不知禮!"

3-23 子語魯太師樂, 曰:

"樂其可知也:

始作, 翕如也; 從之, 純如也;

皦如也, 繹如也; 以成."

- 管仲관중: 제齊나라 대부. 이름은 이오夷吾. 유능한 재상이지만 분수에 넘치는 짓을 하였다.
- 器기: 器量기량: 도량度量.
- 三歸삼귀: 3곳에 보관하는 재물 창고. ※다양한 견해가 있다.
- 攝섭: 겸직. '兼겸'의 뜻.
- 樹塞門수색문: 문 앞을 가리는 나무 또는 토담
- 反坫반점: 빈 술잔을 올려놓는 토대土臺.
- 大師대사: 악관樂官의 최고 책임자.

3-22 공자:
"관중의 기량器量은 정말 작아!"
어떤 사람이 물었다. "관중은 검소했습니까?"

공자: "관중은 돈을 쌓아두는 창고가 있고, 수하의 관리들은 모두 겸직하지 않았는데, 어찌 검소하다하겠는가?"

"그렇다면 관중은 예禮를 알았습니까?"
공자:
"군주는 궁전 대문 앞에 조벽照壁 가림 벽을 설치하고 또 외국 군주를 초대하여 연회 후에 빈 술잔을 올려놓는 반점反坫을 만들어 두었는데, 관중도 이런 것들을 설치하였으니 관중이 예절을 안다고 한다면, 예절을 모르는 사람이 누가 있겠는가?"

3-23 공자가 음악 연주를 관장하는 노나라 태사太師에게 말하였다.
"내가 아는 음악 연주는:
시작하는 때에는 합주合奏로 전개되는데; 모든 음이 화음을 이뤄야하고; 소리가 맑게; 계속 이어나가야; 음악이 완성되는 것이다."

- 翕흡: 여러 음이 일제히 나오다. 翕은 合의 뜻.
- 從종: 전개되다.
- 純순: 화음을 이루다.
- 皦교: 明. 맑다. 밝다.
- 繹역: 이어가다.
- 成성: 완성.

3-24 儀封人請見, 曰:
"君子之至于斯也, 吾未嘗不得見也."

從者見之. 出曰:
"二三子, 何患于喪乎!
天下无道也久矣; 天將以夫子爲木鐸."

3-25 子謂《韶》:
"盡美矣; 又盡善也."

謂《武》:
"盡美矣, 未盡善也."

3-26 子曰:
"居上不寬;
爲禮不敬;
臨喪不哀:
吾何以觀之哉!"

- 儀의: 위衛나라 마을 이름.
- 封人봉인: 봉지封地의 경계를 관장하는 관리.
- 未嘗미상: ~한 일이 없다.
- 二三子이삼자: 여러분.
- 喪상: 관직을 잃는 것.

3-24　의儀의 관리가 공자님 만나 뵙기를 요청하며 말하길:
"군자가 이곳에 오시면, 만나 뵙지 아니한 분이 없었습니다."

수행원이 안내하자 공자를 뵙고 난 다음에 관리가 말하길:
"여러분은 선생님이 관직을 잃은 것에 대하여 어찌하여 걱정하십니까!
천하가 무도无道한 세상이 된지 오래 되었습니다. 하늘은 선생님을 어둔
세상 일깨우는 목탁으로 삼으신 것입니다."

3-25　공자가 음악에 관해서 평하길:
"소韶라는 음악은 진선진미盡善盡美하다.
그러나 무武라는 음악은 진미盡美하나, 진선盡善하지 못하다."

3-26　공자:
"고위직에 있는 사람이 아랫사람에게 너그럽게 대하지 못하고;
예禮를 행함에 공경하는 마음을 가지지 않고;
상喪을 당하여 슬퍼하는 마음을 가지지 않는다면:
그런 사람을 어떻게 보아주어야하겠는가!"

- 木鐸목탁: 나무로 만든 요령搖鈴. 관리가 시정을 널리 알릴 때 목탁을 흔들며 다녔다.
- 韶소: 순舜임금의 음악.
- 武무: 주周 무武왕의 음악. 무력으로 주紂를 징벌한 것을 찬미한 음악.
- 盡진: 최고의 수준에 달하다.

본편은《논어》의 강령으로 볼 수 있는 중요한 내용이다.

1. 충서忠恕원칙: '충서'는 공자의 인학仁學사상을 관통하는 핵심요소다. 충서의 본질은 상대의 마음을 헤아려 이해하려는 것이고, 그 바탕은 仁이다.

   그래서 인자仁者는 "자기도 서고 싶지만, 남부터 먼저 서게 해주고; 자기도 뜻을 이루고 싶지만, 남부터 먼저 뜻을 이루게 해준다."고 하였다 6편 30장.

2. 의리義利의 변辯: "군자는 의義: 公利에 밝고, 소인은 이利: 私利에 밝다.16장"고 하였다. 이는 유가사상의 기본적 명제이다.

3. 조문도朝聞道, 석사가의夕死可矣: "아침에 道를 들어 이해한다면, 저녁에 죽어도 좋다.8장"고 한 말은 道의 개념이 간단치 않음을 뜻한다. 공자가 말하는 道는 "인간관계에서 지켜져야 하는 도리 • 길"이라는 보편적인 뜻이지만; 노자가 말하는 道는 "우주의 질서를 관장하는 근본원리로써 우주의 혼 • 신령神靈"이라는 형이상形而上의 너른 개념이다. 공자가 이해하기 어렵다고 말한 道란, 바로 노자가 말한 道를 가리키는 말이다.

4.군자의 풍모風貌를 잘 묘사하고 있다.10장.11장.16장.24장

4-1 子曰:

"里仁爲美.

擇不處仁, 焉得知!"

4-2 子曰:

"不仁者;

不可以久處約, 不可以長處樂.

仁者, 安仁;

知者, 利仁."

4-3 子曰:

"唯仁者能好人, 能惡人."

4-4 子曰:

"苟志于仁矣, 无惡也."

- 里이: 사람이 사는 작은 동네.
- 約약: 빈궁한.
- 利仁이인: 仁을 이롭게 여기다.

4-1 공자:

"사람이 仁한 마을에 거주할 수 있다면 아주 좋은 일이다.
거처를 선택함에 있어, 仁한 곳을 선택하지 않는다면 어찌 지혜롭다고
하겠는가!"

4-2 공자:

"不仁한 사람은; 빈궁貧窮한 상태로 오래 지내지 못하고, 안락한 상태로
도 오래 지내지 못한다.
仁한 사람은 仁에 안주하고; 지혜로운 사람은 仁을 선용善用한다."

4-3 공자:

"오직 仁한 사람만이 사람을 사랑할 수도 있고, 사람을 증오할 수도 있다."

4-4 공자:

"만일 仁에 뜻을 둔다면, 악행惡行이 없어질 것이다."

※ 不仁한 사람은 빈궁하면 못된 짓을 저지르고, 안락해지면 사치하고 음일淫逸해지지만, 그러나
仁한 사람은 빈궁해도 슬퍼하지 않고 바르게 산다.
• 苟구: 만일. 진실로.

4-5 子曰:

"富與貴, 是人之所欲也;
不以其道得之, 不處也.

貧與賤, 是人之所惡也;
不以其道得之, 不去也.

君子去仁, 惡乎成名?
君子无終食之間違仁, 造次必于是, 顚沛必于是."

4-6 子曰:

"我未見好仁者, 惡不仁者.

好仁者, 无以尙之;
惡不仁者, 其爲仁矣,
不使不仁者加乎其身.

有能一日用力于仁矣乎?
我未見力不足者!
蓋有之矣; 我未之見也."

- 惡오: 어찌. 어떻게.
- 終食之間종식지간: 밥을 먹는 사이. 짧은 시간. 〈工夫공부: 시간. 틈.〉
- 造次조차: 촉박하다. 다급하다.

4-5 공자:

"부귀富貴는 사람들이 얻고 싶은 것이지만;
정당한 수단이 아니라면 누리지 말아야한다.

빈천貧賤함은 사람들이 싫어하는 것이지만;
정당한 수단으로 면하지 못한다면 벗어나지 말아야한다.

군자가 仁을 버린다면 어찌 군자라고 부를 수 있겠는가?
군자는 밥 먹는 때에도 仁을 어기는 일이 없고, 다급한 순간에도 반드시
이렇게 하고, 넘어지는 순간에도 반드시 이렇게 한다〈언제나仁을 어기는 일이 없다〉."

4-6 공자:

"나는 아직 仁을 좋아하는 사람과 不仁을 미워하는 사람을 보지 못했다.

仁을 좋아하는 사람은 더할 나위가 없고;
不仁을 미워하는 사람은 仁을 행함에 있어,
不仁한 일들이 자기의 신상에 범접하지 못할 것이다.

하루만이라도 仁한 일에 힘을 쓸 수 있는가?
나는 능력이 모자라는 사람을 보지 못했다!
아마도 그런 사람이 있을 수는 있겠지만, 나는 아직 보지 못했다."

- 顚沛전패: 엎어지고 자빠지다.
- 无以尙之무이상지: 거기에 더 보탤 것이 없다. 최상이다.
- 蓋개: 아마도. 혹시.

4-7 子曰:
"人之過也, 各于其黨.
　觀過, 斯知仁矣!"

4-8 子曰:
"朝聞道, 夕死可矣!"

4-9 子曰:
"士志于道而恥惡衣惡食者,
　未足與議也."

• 黨당: 유별類別. 유형. 특징.
• 斯사: 곧
• 道도: 불변의 진리.
　-노자의 道: 우주만물의 운행과 변화의 기본적 원리원칙. 우주의 혼. 신령神靈.
　-공자의 道: 인간사회의 질서유지를 위해 지켜져야 하는 도리. 오륜五倫

4-7 공자:

"사람들은 착오를 범하는데, 사람마다 서로 다른 유형이 있다.
착오를 범한 유형을 살펴보면 곧 그 사람이 仁한지 不仁한지를 알 수 있다."

4-8 공자:

"아침에 道를 들어 이해한다면, 저녁에 죽어도 좋다!"

4-9 공자:

"지식인이 道에 뜻을 두었다고 해도, 좋지 않은 옷과 좋지 않은 음식을 탓하며 부끄럽게 여긴다면, 그러한 사람은 토론할 상대가 되지 못한다."

※이 장의 '道'는 〈노자의 道〉를 가리키는 것으로 본다.
- 士志于道사지우도: '士'는 춘추시대 귀족 중에서 가장 낮은 계층의 지식인이다. 공자의 제자들 대부분은 '士'에 해당된다. 우리 조선시대의 '선비'에 가깝다.
- 于우: '於어'와 같다. 중국에서는 '于'자로 통일하여 쓴다.

4-10 子曰:

"君子之于天下也,

无適也, 无莫也:

義之與比."

4-11 子曰:

"君子懷德; 小人懷土.

君子懷刑; 小人懷惠."

4-12 子曰:

"放于利而行, 多怨."

- 无무: '無'와 같다. 중국에서는 '无'자로 통일하였다.
- 適적: 그래야 한다.
- 莫막: 그래서는 안 된다.

4-10 공자:

"군자는 천하의 일에 대하여,
반드시 그래야 한다는 것도 없고,
반드시 그래서는 안 된다는 것도 없으며:
오로지 도리에 맞으면 곧 행한다."

4-11 공자:

"군자는 덕행德行 수양에 관심을 두고; 소인은 토지土地 확보에 관심을 둔다.
군자는 공리公利에 관심을 두고; 소인은 사리私利에 관심을 둔다."

4-12 공자:

"사리私利를 좇아 행하면, 다른 사람의 원한이 많아진다."

- 義의: 도리道理. 적의適宜.
- 比비: 따라 행하다[從].
- 放방: 의존하다. 따르다. '依의'와 같다.

4-13 子曰:
"能以禮讓爲國乎, 何有?
不能以禮讓爲國, 如禮何!"

4-14 子曰:
"不患无位; 患所以立:
不患莫己知; 求爲可知也."

4-15 子曰:"參乎! 吾道一以貫之."
曾子曰:"唯"

子出, 門人問曰:"何謂也?"
曾子曰:"夫子之道, 忠恕而已矣!"

- 禮讓예양: 예의와 겸양. '讓'은 禮의 다른 모습이다.
- 忠恕충서: 마음속으로 상대에게 성의를 다함이 충忠이고, 상대의 마음을 헤아리는 것이 서恕 이다.

4-13 공자:
"예의禮儀와 겸양謙讓으로 나라를 다스리면, 무슨 어려움이 생기겠는가?
만일 예의와 겸양으로 나라를 다스리지 못한다면, 예의는 무슨 소용이
있겠는가!"

4-14 공자:
"직위가 없음을 걱정하지 말고; 직위를 맡을 수 있는 능력이 있는지를
걱정해야하며;
남이 알아주지 않음을 걱정하지 말고; 남이 알아줄 수 있도록 애써야한다."

4-15 공자: "삼參증삼.증자 아! 내가 말하는 道는 하나의 기본원칙으로 관통한다."
증자: "그렇습니다."

공자가 나가자 다른 제자가 증자에게 물었다. "무슨 말씀입니까?"
증자: "선생님이 말씀하시는 道는 '충서忠恕' 한 가지뿐이야."

※충서란 진심으로 상대의 처지를 이해하는 인애仁愛의 마음이요, 서로 심금이 잘 맞아 울리는
공감共感이다. 우월적 위치에서 베푸는 관용寬容 tolerance이나 배려의 뜻과 다르다.

4-16　子曰:

"君子喻于義; 小人喻于利."

4-17　子曰:

"見賢, 思齊焉;

見不賢, 而內自省也."

4-18　子曰:

"事父母, 幾諫;

見志不從, 又敬不違; 勞而不怨."

4-19　子曰:

"父母在, 不遠游; 游, 必有方."

- 喻유: 좋아하다. 즐기다. 밝다.
- 齊제: 같다. 일치하다. 다같이.
- 自省자성: 스스로 성찰하다.
- 幾諫기간: 은근하게 말하다.

4-16 공자:

"군자는 의義. 公利에 밝고; 소인은 사리私利에 밝다."

4-17 공자:

"현인賢人을 보면 그를 본받을 것을 생각하고;

현인이 아닌 사람을 보면 그를 거울삼아 나를 돌아봐야한다."

4-18 공자:

"부모님을 모심에 있어,

만일 부모님에게 잘못이 있으면 부드럽게 설득하고;

이를 받아들이지 않을 뜻이 보이더라도 여전히 공경하고 도리에 어긋나지 말아야하며;

비록 우려되는 마음은 있지만 원망하지 말아야한다."

4-19 공자:

"부모님이 계시면 먼 곳을 가지 말아야하고;

멀리 가야한다면 반드시 가는 곳이 일정해야한다."

※ 임금이나 윗사람에게 옳지 못한 일을 고치도록 말하는 것을 '간언諫言'이라 한다. 아랫사람의 간언을 '진간進諫'이라 하고, 윗사람이 간언을 받아들이는 것을 '납간納諫'이라 한다. 납간이 물 흐르듯이 잘 이뤄짐을 '납간여류納諫如流'라고 한다. '간신諫臣'은 간언을 잘하는 훌륭한 신하를 뜻하고, '간신奸臣'은 음흉하고 간사한 신하를 뜻한다. (*14-22)

• 勞노: 근심하다[憂].
• 方방: 일정한 장소. 방향.

4-20 子曰:

"三年无改于父之道, 可謂孝矣!"

4-21 子曰:

"父母之年, 不可不知也.
一則以喜; 一則以懼."

4-22 子曰:

"古者言之不出,
恥恭之不逮也."

4-23 子曰:

"以約失之者鮮矣!"

- 以懼이구: 노쇠하심이 두려운 것.
- 逮체: 이르다. 실천하다.

4-20 공자:

"부친이 돌아가신 후 3년이 되어도 부친의 말씀에 어긋남이 없다면, 효성스럽다고 말할 수 있겠다."

4-21 공자:

"부모님의 나이를 몰라서는 안 된다.
한편으로는 건강하게 장수하시면 즐거운 일이고; 다른 한편으로는 노쇠하심이 걱정되기 때문이다."

4-22 공자:

"옛날 사람들이 말을 함부로 하지 않는 것은, 자신이 한 말을 실천하지 못하는 경우에 부끄럽기 때문이다."

4-23 공자:

"검약함으로써 실패하는 사람은 드물다."

- 約約: 검약.

4-24 子曰:

"君子欲訥于言而敏于行."

4-25 子曰:

"德不孤, 必有鄰."

4-26 子游曰:

"事君數, 斯辱矣; 朋友數, 斯疏矣."

- 訥눌: 말이 어눌하다.
- 子游자유: 공자의 제자. 이름은 언언言偃.

4-24 공자:

"군자는 말은 어눌하지만, 행동에는 민첩하다."

4-25 공자:

"덕인德人은 외롭지 아니하고, 친근한 사람이 있기 마련이다."

4-26 자유子游:

"군주를 섬김에 있어 번거롭게 하면 곧 모욕을 당하고;
붕우에게 번거롭게 하면 곧 소원해진다."

- 數삭: 자주. 자주 번거로이 하다.
- 疏소: 멀어지다. 소원해지다

이 편에서 눈여겨 볼 것은 선생님과 학생 사이에 대화하고 토론하는 방식이다. 공자의 교육방법을 보여준다.

1. 인품人品을 중요시하였다; 공야장公冶長은 소위 전과자임에도 착하다고 보았고, 남용南容이라는 제자는 성실성을 보고, 딸과 조카를 그들에게 시집을 보냈다. 사람을 겉만 보지 않고, 사람의 인성人性을 살펴본 것이다.

2. 사람마다 지닌 재능이 다르다; 자공子貢은 생각하는 그릇은 작지만, 자기가 맡은 일을 성실히 수행한다는 점, 염유冉有는 순박하고 성품이 어질다는 점, 자로子路는 성질이 맹렬하고, 사리판단력이 부족하다는 점 등등 사람마다 지닌 개성에 따라 교육하고 일을 맡겨야한다는 것이다8장. 빨리 고향에 돌아가 젊은이들의 개성을 살펴보고 교육을 시켜야겠다는 포부도 밝히고 있다22장.

3. 재여宰予라는 제자가 낮잠만 즐기고 학습을 게을리 하자, "후목朽木으로는 조각할 수가 없다〈朽木不可雕〉"며, 재여를 꾸짖는다10장. 열심히 공부해야 하는 때에 한가하게 낮잠이나 즐기는 젊은이에게는, 썩은 나무처럼 장래를 기대할 수 없다는 말이다.

제5편 공야장 公冶長

5-1　子謂公冶長:
"可妻也; 雖在縲絏之中, 非其罪也."
以其子妻之.

5-2　子謂南容:
"邦有道, 不廢; 邦无道, 免于刑戮."
以其兄之子妻之.

5-3　子謂子賤:
"君子哉若人!
魯无君子者, 斯焉取斯!"

5-4　子貢問曰:"賜也何如?"
子曰:"汝器也."
曰:"何器也?"
曰:"瑚璉也."

- 公冶長공야장: 성은 공야公冶, 이름은 장長. 공자의 제자이면서 사위.
- 縲絏누설: 감옥. 縲는 검은 끈, 絏은 묶는 것.
- 南容남용: 성은 남궁南宮, 이름은 괄适. 공자의 제자. 형의 사위.
- 刑戮형륙: 형벌. 처형.
- 兄之子형지자: 형의 딸. *고대에는 남자아이, 여자아이를 구분하지 않고 '子'라 하였다.
- 子賤자천: 공자의 제자.

5-1 공자가 공야장公冶長에 대하여:
"그는 처를 거느릴 만하다. 비록 감옥에서 지낸 일은 있었으나, 그의 잘못이 아니었다."라고 말하면서, 자기의 딸을 그에게 시집보냈다.

5-2 공자가 남용南容에 대하여:
"그는 나라에 질서가 있으면 관직에서 쫓겨나지 않을 것이고, 나라가 혼란스런 때에도 형벌을 받지는 않을 것이다."라고 말하면서, 자기 형의 딸을 그에게 시집보냈다.

5-3 공자가 자천子賤에 대하여:
"이 사람 정말 군자로구나!
노나라에 군자가 없다는데, 이 사람은 어디에서 이런 덕성을 쌓았을까!"

5-4 자공이 공자에게 묻길: "저는 어떻습니까?"
공자: "너는 기구器具야."
자공: "무슨 기구입니까?"
공자: "소중한 호련瑚璉이라는 기구지."

- 斯사: 앞의 斯는 이 사람자천, 뒤의 斯는 덕성을 가리킨다.
- 子貢자공: 이름은 사賜. 학이편 10장.
- 瑚璉호련: 종묘에서 제사 지낼 때 쓰는 제기祭器. 윗면을 옥으로 장식한 것으로 제기 중에서 가장 귀중하게 여긴다.
- ※공자는 자공을 종묘의 호련처럼 소중한 인물로 평가하는 한편옹야편 8장, 군자로서의 덕성은 모자라는 것으로 본 듯하다.위정편 12장.

5-5 或曰:
"雍也仁而不佞."
子曰:
"焉用佞!
御人以口給, 屢憎于人.
不知其仁; 焉用佞!"

5-6 子使漆雕開仕,
對曰:"吾斯之未能信."
子說.

5-7 子曰:
"道不行, 乘桴浮于海; 從我者其由與!"
子路聞之, 喜.

子曰:"由也, 好勇過我; 无所取材!"

- 雍옹: 공자의 제자. 성은 염冉, 이름은 옹雍이다. 자는 중궁仲弓.
- 佞녕: 말재주가 있는 것.
- 口給구급: 구변. 말을 잘함. 요설饒舌. 수다를 떨다.
- 屢루: 자주. 항상. '屢'
- 漆雕開칠조개: 성은 漆雕, 이름은 開. 공자의 제자.
- 仕사: 벼슬하다.

5-5 어떤 사람이 묻고 공자가 답한다.
"옹雍은 仁하지만 말재주가 모자랍니다."
"말재주를 어디에 쓰겠는가!
구변으로써 사람들에게 응대하면 항상 남에게 미움만 받는다.
그가 仁한지는 잘 모르겠으나 말재주를 어디에 쓰겠는가!"

5-6 공자가 칠조개에게 관리官吏를 하라고 말하자,
"저는 관리에 자신이 없습니다."라고 대답하였다.
이에 공자가 기뻐하셨다.

5-7 공자가
"道나의 주장가 통하지 않아, 뗏목을 타고 바다로 떠나가게 되면; 나를 따를 사람은 바로 유由. 子路일 것이다."라고 말하자, 자로가 이 말을 듣고 기뻐하였다.
그러자 공자가 말하길; "유의 용감한 기개는 나보다도 강해. 그런데 사리를 판단하는 재주가 없어!"

- 說열: 기뻐하다. '悅열'과 같다.
- 桴부: 뗏목.
- 浮부: 물에 떠다다. 난세를 벗어나다.
- 无所取材무소취재: 1. [裁] 사리를 재량裁量 판단하는 재주가 없다. 2. [哉] 취할 것이 없다. 쓸모가 없다.

5-8　孟武伯問:"子路仁乎?"
子曰:"不知也."

又問, 子曰:
"由也, 千乘之國, 可使治其賦也;
不知其仁也."

"求也何如?"
子曰:"求也, 千室之邑, 百乘之家, 可使爲之宰也;
不知其仁也."

"赤也何如?"
子曰:"赤也, 束帶立于朝, 可使與賓客言也;
不知其仁也."

- 孟武伯맹무백: 노나라 대부 위정 6장.
- 賦부: 군정軍政.
- 求구: 염구冉求.

5-8 맹무백이 묻고 공자가 답하였다.
"자로子路는 仁합니까?"
"모르겠소."

맹무백이 거듭 물으니 공자가 답하였다.
"자로는 제후의 나라에서 군사업무를 주관하게 할 만하나;
그가 仁한지는 모르겠소."

"구求. 冉求 염유는 어떻습니까?"
"구는 천호千戶 마을 크기에서 현장縣長을 맡기거나 100량의 병차兵車를
거느린 대부大夫 봉지封地에서 총관總管을 맡길만하나;
그가 仁한지는 모르겠소."

"적赤은 어떻습니까?"
"적은 예복을 입고 조정에서서 손님을 응대하게 할만은 하나;
그가 仁한지는 모르겠소."

• 赤적: 공자의 제자.
• 束帶속대: 예복을 입음.

5-9　子謂子貢曰:
"汝與回也孰愈?"

對曰:
"賜也何敢望回!
回也聞一以知十; 賜也聞一以知二."

子曰:
"弗如也? 吾與汝弗如也."

5-10　宰予晝寢, 子曰:
"朽木, 不可雕也; 糞土之墻, 不可杇也.
于予與何誅!"

子曰:
"始吾于人也, 聽其言而信其行;
今吾于人也, 聽其言而觀其行:
于予與改是!"

- 孰愈숙유: 누가 더 우수한가?
- 宰予재여: 공자의 제자.
- 朽木후목: 썩은 나무. 가치관이 혼탁한 사람.

5-9 공자가 묻고 자공이 답하였다.
"너와 안회를 비교한다면 누가 더 우수한가?
"제가 어찌 감히 안회와 비교되겠습니까!
 안회는 한 가지를 들으면 열 가지를 알고;
 저는 한 가지를 들으면 두 가지를 아는 정도입니다."

 그러자 공자가 말하였다.
"그보다 못하지. 나와 너 둘 다 그만 못하느니라."

5-10 재여宰予가 낮잠을 자자, 공자가 말하였다.
"후목朽木으로는 조각할 수가 없고;
 분토糞土로 쌓은 담장은 곱게 미장할 수가 없다;
 내가 재여에게 무어라고 꾸짖겠는가!"라고 말하면서,

 공자가 말을 이었다.
"처음에 나는 어떤 사람을 보면, 그의 말을 듣고,
바로 그의 행동을 믿었는데;
 지금은 어떤 사람을 보면, 그의 행동을 따로 살펴보게 되었네:
 나의 생각이 재여를 보면서 이렇게 바뀐 것이야!"

- 糞土분토: 썩은 흙. 바탕이 지저분한 사람.
- 杇오: 흙손으로 곱게 다듬다.
- 誅주: 책하다.

5-11 子曰:
"吾未見剛者."

或對曰:"申棖."
子曰:"棖也欲; 焉得剛!"

5-12 子貢曰:
"我不欲人之加諸我也,
吾亦欲无加諸人."

子曰:
"賜也, 非爾所及也!"

- 신정申棖: 공자의 제자.
- 加가: 강가強加. 강요하다.

5-11 공자가:

"나는 아직 강인強靭한 사람을 보지 못했다."라고 말했다.

어떤 사람이 "신정申棖이 있습니다."라고 말하자,
공자가 "신정은 사욕私慾이 심한 사람이야. 어찌 강인하다고 하겠느냐!"

5-12 자공子貢이:

"저는 남이 저에게 강요하지 않기를 바라고,
또한 저도 남에게 강요하지 않으려고 합니다."라고 말하자,

공자가 말했다.
"자공아, 네가 할 수 있는 일이 아니야!"

- 所及소급: 할 수 있는 것.

5-13 子貢曰:
"夫子之文章, 可得而聞也;
夫子之言性與天道, 不可得而聞也."

5-14 子路,
有聞未之能行, 唯恐有聞.

5-15 子貢問曰:
"孔文子, 何以謂之文也?"
子曰:
"敏而好学; 不恥下問: 是以謂之文也."

- 文章문장: 고대 문헌과 학설.
- 有유: 또. '又우'와 같다.

5-13 자공:

"선생님의 고대 문헌에 나오는 학설에 대한 말씀은 들었지만, 선생님의 인성人性과 천도天道에 관한 말씀은 듣지를 못했다."

5-14 자로子路는:

하나의 도리道理를 듣고 실행하지 못한 때에, 또 다른 도리를 듣는 것을 두려워하였다.

5-15 자공이 묻고 공자가 답하였다:

"공문자는 어째서 그의 시호諡號가 '文문'이었을까요?"
"공문자는 행동이 민첩하고 학습을 좋아하며, 자기보다 지위가 낮은 사람에게 묻기를 부끄러워하지 않았으므로, 시호를 '文'이라고 한 것이야."

- 孔文子공문자: 위나라 대부.
- 下問하문: 아랫사람에게 묻다.

5-16 子謂子產:

"有君子之道四焉:

其行己也恭; 其事上也敬;

其養民也惠; 其使民也義."

5-17 子曰:

"晏平仲善與人交; 久而敬之."

5-18 子曰:

"臧文仲居蔡,

山節藻梲:

何如其知也!"

- 子産자산: 정鄭나라 대부. 명재상이었다.
- 行己행기: 자기의 행실
- 晏平仲안평중: 제齊나라 대부
- 臧文仲장문중: 노魯나라 대부.

5-16 공자가 자산子産에 대해 평하길:

"자산은 군자의 4가지 품성을 갖추고 있었는데:

그는 행위가 공손하고; 군주를 섬김에 공경하며;

백성을 은혜롭게 대하고; 또 백성을 부림에도 합리적이었다."

5-17 공자:

"안평중은 다른 사람과 사귀기를 잘하였고;

사람들은 그와 오래 사귈수록 그를 존경하였다."

5-18 공자:

"장문중은 큰 거북을 안방에 두었고,

안방의 큰 기둥머리는 산 모양이 조각되어있고,

짧은 기둥에는 수초水草 그림이 조각되어있는데:

어찌 분수를 모르고 사는 그를 지혜롭다고 하겠느냐!"

- 居蔡거채: 居는 거처하는 안방. 蔡는 거북.
- 山節산절: 기둥머리 나무에 산 모양을 조각한 것.
- 藻梲조절: 동자주에 수초 무늬를 조각한 것.

5-19　子張問曰:

"令尹子文, 三仕爲令尹, 无喜色;
三已之, 无慍色;
舊令尹之政, 必以告新令尹: 何如?"

子曰:"忠矣!"
曰:"仁矣乎?"
子曰:"未知. 焉得仁!"

"崔子弑齊君,
陳文子有馬十乘, 棄而違之;
至于他邦, 則曰:
'猶吾大夫崔子也!' 違之;
至一邦, 則又曰:
'猶吾大夫崔子也.' 違之:
何如?"

子曰:"淸矣!"
曰:"仁矣乎?"
曰:"未知. 焉得仁!"

- 子張자장: 공자의 제자.
- 令尹영윤: 초楚나라 관직명. 재상.
- 子門자문: 초나라 대부.
- 三仕삼사: 여러 번 벼슬하다.

5-19 자장:

"영윤 자문子文은, 여러 차례 초나라 영윤令尹을 지냈는데,
기뻐하는 빛이 없었고;
여러 차례 그만둘 적에도 서운한 빛이 없었으며;
재직 중의 일들을 잘 정리하여 반드시 후임에게 알려주었는데:
이 사람은 어떻습니까?"

공자: "충성忠誠스럽군!"
자장: "仁하다 하겠습니까?"
공자: "잘은 모르지만, 어디 仁하다고 하겠느냐!"

자장: "최자崔子가 제나라 군주를 시해弑害하자,
진문자陣文子는 10승乘의 말이 있었는데 이를 버리고 떠났으며;
다른 나라에 도착하여 '이 나라 권력자도 제나라 대부 최자와
비슷하구나!'라고 말하며,
그곳을 떠났는데: 그 사람은 어떻습니까?"

공자: "청렴淸廉한 사람이구나!"
자장: "仁한 사람입니까?"
공자: "잘은 모르지만, 어디 仁하다고 하겠느냐!"

- 崔子최자: 제나라 대부.
- 陣文子진문자: 제나라 대부.

※ 충성忠誠이나 청렴淸廉한 품성을 지녔다고 인자仁者가 되는 것은 아니다. 공자는 오행五行: 知仁義禮聖의 덕목 중에서 仁이 가장 중요함을 강조하는 말이다.

제5편 공야장 ● 103

5-20　季文子三思而后行.
　　　子聞之, 曰:"再, 斯可矣!"

5-21　子曰:
　　　"寧武子:
　　　邦有道, 則知; 邦无道, 則愚.
　　　其知, 可及也; 其愚, 不可及也!"

季文子계문자: 노나라 대부.
寧武子영무자: 위衛나라 대부
※난득호도難得糊塗: 자기의 총명함을 감추고 어리석은 듯이 행동하기란 매우 어렵다는 뜻이다.

5-20 계문자季文子는 세 번 생각해본 다음에 행동하였다.
　　　공자가 그 말을 듣고 "두 번만 생각하고 행동해도 된다!"라고 말하였다.

5-21 공자:
　　　"영무자寧武子는:
　　　나라에 道가 있어 밝은 때에는, 지혜롭게 행동하였고;
　　　나라에 道가 무너져 어둔 때에는, 어리석은 듯이 지냈다.
　　　그의 지혜로운 행동은 보고 따를 수가 있었으나;
　　　그의 어리석은 듯이 한 행동은 따를 수가 없었어!"

〈道가 통하는 세상에서는 총명한 사람이 총명한 행동을 하며 살아갈 수 있지만, 道가 통하지 않는 난세에서는 총명한 사람일지라도 어리석은 듯이 행동해야 살아남을 수 있다는 말이다.〉

5-22 子在陳曰:
"歸與! 歸與!
吾黨之小子, 狂簡; 斐然成章,
不知所以裁之."

5-23 子曰:
"伯夷叔齊, 不念舊惡,
怨是用希!"

5-24 子曰:
"孰謂微生高直?
或乞醯焉;
乞諸其鄰而與之."

- 吾黨오당: 나의 고향. 고대에 500가家를 일당一黨이라 했다.
- 狂簡광간: 뜻은 원대하나 학식이 빈약하다.
- 斐然成章비연성장: 글재주가 우수하다.
- 裁재: 옷을 재단하듯이 젊은이들을 지도하다.

5-22 공자가 진陳나라에 있을 때, 말하길:

"돌아가자! 돌아가!

내 고향 젊은이들, 뜻은 원대하나 학식은 빈약하고; 글재주가 우수하다.

그들을 어떻게 가르쳐야할지 모르겠다."

5-23 공자:

"백이와 숙제는, 지난 일을 원망하지 않았기에, 그들을 원망하는 사람도 드물었어!"

5-24 공자:

"누가 미생고를 정직한 사람이라고 했는가?

어떤 사람이 식초를 얻으러 오자;

자기 집에 없다고 말하지 않고 이웃집에 가서 얻어다 주었다."

- 伯夷백이
- 叔齊숙제: 고죽국孤竹國 왕자들. 군주가 죽자 왕위를 사양하고 나라를 벗어났다. 주周가 상商을 멸하자 주나라를 섬길 수 없다고 수양산首陽山에 들어가 살다가 죽었다.
- 微生高미생고: 성은 微生, 이름은 高.
- 醯혜: 식초, 醋초

5-25　子曰:
"巧言, 令色, 足恭,
左丘明恥之; 丘亦恥之.

匿怨而友其人,
左丘明恥之; 丘亦恥之."

5-26　顔淵季路侍.
子曰:"盍各言爾志?"

子路曰:"願車馬, 衣輕裘, 與朋友共, 敝之而无憾."
顔淵曰:"願无伐善, 无施勞."

子路曰:"願聞子之志."
子曰:"老者安之, 朋友信之, 少者懷之."

- 左丘明좌구명: 한漢나라 이후의 사람으로 좌전左傳의 작자라는 설이 있다.
- 匿怨익원: 원한을 감추다.
- 侍시: 모시다. 시중하다.
- 盍합: 어찌, 왜, 어찌 ~하지 않겠는가? '何不'과 같다.

5-25 공자:

"기교부리는 말[巧言], 꾸며진 표정[令色] 그리고 지나친 공손[足恭]을,
좌구명左丘明은 부끄럽게 여겼는데; 나도 부끄럽게 여긴다.

마음속에 원한을 두고도, 겉으로는 태연한척 대하는 것을,
좌구명은 부끄럽게 여겼는데; 나도 부끄럽게 여긴다."

〈 ※위선僞善을 싫어한다는 말이다.〉

5-26 안연顔淵과 계로季路 자로가 공자 곁에 앉아있었다.
공자: "너희들의 지향志向 희망을 각자 말해보지 않겠느냐?"

자로: "수레와 말 그리고 의복을 가지고 나가 친구와 함께 쓰다가 낡아
져도, 섭섭한 마음이 들지 않기를 바랍니다."
안연: "자기의 선행을 자랑하거나; 자기의 공로를 과장하는 일이 없기를
바랍니다."

자로: "선생님의 지향을 듣고 싶습니다."
공자: "노인들이 안락하게 살기를[老者安之]; 친구들이 나를 신임해주기를
[朋友信之]; 젊은이들이 나를 그리워해주기를[少子懷之] 바란다."

- 衣輕裘의 경우: 의복衣服
- 伐벌: 자랑하다.
- 施勞시로: 공로를 과장하다.

5-27　子曰:

"已矣乎!

吾未見能見其過而內自訟者也."

5-28　子曰:

"十室之邑, 必有忠信如丘者焉,

不如丘之好学也."

- 已矣乎이의호: 실망의 감탄사.
- 訟송: 책하다. 추궁하다.

5-27 공자:

"실망스럽구나!

나는 자기의 과오를 발견하고, 바로 자책하는 사람을 아직 보지 못했다."

5-28 공자:

"10가구가 있는 마을이면,

반드시 나처럼 충신忠信의 도리를 지닌 사람은 있겠지만,

나만큼 배우기를 좋아하는 사람은 없을 것이다."

이 편에서 언급한 주요 내용들을 추려본다.

1. 출신이 빈천하고 외모나 능력이 모자란다고 실망하지 말고, 열심히 정진하면 좋은 기회가 올 것이다. 길을 가다가 중도에서 포기하지마라. 6장.12장.
2. 부정한 관리 밑에서 일하지 말라. 9장
3. 청렴하고 정직하게 살아라. 만족함을 아는 게 행복이다. 11장.19장.
4. 자기 공적을 자랑하지마라. 15장
5. 항상 정도正道를 걸어라. 17장
6. 군자는 외관과 내적 소양이 잘 어울리는 '문질빈빈文質彬彬'을 중요시한다. 18장
7. 지식이 많은 사람보다 좋아하는 사람, 좋아하는 사람보다 즐기는 사람이 최상이다. 20장
8. 知·仁의 본질:
   - 가난한 사람은 도와주지만, 부유한 사람에게는 도와주지 말라. 4장
   - 자기의 지위·능력·성과보다 많은 보수나 선물을 받으면, 그 중 일부는 이웃의 가난한 사람에게 돌려주라. 5장
   - 仁者는 어려운 일에는 앞에 서고, 이득을 보는 일에는 뒤에 선다. 22장
   - 知者는 물을 좋아하고, 仁者는 산을 좋아한다. 23장
   - 仁者는 "자기도 서고 싶지만, 남부터 먼저 서게 해주고; 자기도 뜻을 이루고 싶지만, 남부터 뜻을 이루게 해준다." 30장
9. 이름이 있는 사물은, 그 이름다워야 한다. 25장
10. 군자는 사람들에게 속을 수는 있으나, 우롱당할 수는 없다. 26장

제6편 옹야 雍也

6-1 子曰:
"雍也可使南面."

6-2 仲弓問子桑伯子.
子曰:"可也簡."
仲弓曰:
"居敬而行簡, 以臨其民, 不亦可乎?
居簡而行簡, 无乃太簡乎?"
子曰:"雍之言然!"

6-3 哀公問:
"弟子孰爲好学?"

孔子對曰:
"有顔回者好学, 不遷怒,
不貳過, 不幸短命死矣!
今也則亡, 未聞好学者也."

- 雍옹: 공자의 제자. 이름은 염옹冉雍. 자는 중궁仲弓.
- 南面남면: 군주는 남쪽을 보고 앉는다. '군주'를 상징하는 말. 〈공야장 5장〉
- 子桑伯子자상백자: 노나라 사람.
- 簡간: 소탈하다. 소박하다. 간첩簡捷.

6-1 공자:
"옹雍은 장래 최고위급 관리가 될 만하다."

6-2 중궁仲弓 옹이 자상백자에 대하여 물으니, 공자가 답했다.
공자: "괜찮아, 소탈한 사람이야."
중궁: "진심으로 공경하고 소탈하게 행동하면서 백성을 대한다면, 괜찮지 않을까요? 진심으로 소탈하고 행동도 소탈하다면, 너무 소탈한 게 아닐까요?"
공자: "옹의 말이 맞아!"

6-3 노나라 군주 애공哀公이 묻고 공자가 답하였다.
애공: "제자 중에서 누가 배우기를 가장 좋아합니까?"
공자: "안회가 배우기를 가장 좋아합니다. 노기怒氣를 남에게 풀지 않고, 한번 저지른 착오를 두 번 다시 범하지 않았는데, 불행히도 단명으로 죽었지요. 지금은 그런 사람이 없으니, 배우기를 좋아하는 제자가 누구인지 들어보지도 못했습니다."

- 居거: 진심으로.
- 不遷怒불천노: 노기怒氣 • 분노를 남에게 풀지 않다.
- 不貳過불이과: 과오를 반복하지 않다. '貳'는 중복重複의 뜻

※ 안회는 공부도 좋아하고, 또 배운 것을 바로 실천하였다.

6-4 子華使于齊, 冉子爲其母請粟.

子曰:"與之釜." 請益.
曰:"與之庾." 冉子于其粟五秉.

子曰:"赤之適齊也, 乘肥馬, 衣輕裘.
吾聞之也, 君子周急不繼富."

6-5 原思爲之宰, 與之粟九百, 辭.
子曰:
"毋! 以與爾鄰里鄉黨乎!"

- 子華자화: 공자의 제자. 공서적公西赤.
- 釜부: 양을 재는 단위. 6말 4되.
- 庾유: 양을 재는 단위. 2말 4되.
- 秉병: 양을 재는 단위. 1병은 16斛곡, 1곡은 10말.
- 周주: 구제하다.
- 繼계: 더 보태주다.
- 原思원사: 공자의 제자. 이름은 헌憲. 공자가 사구司寇라는 높은 벼슬을 할 때, 공자의 가재家宰였다.

6-4 자화^{子華}가 제나라에 출장을 가자, 염구가 그의 모친을 위해 양식을 보내주기를 공자에게 요청하였다. 공자가 "그에게 1부^釜를 보내주라"라고 하자, 좀 더 주기를 요청하니, "1유^庾를 더 주라"고 하였다. 염구는 최종 5병^秉의 양식을 보내주었다.

공자: "적^赤 자화이 제나라에 출장 갈 때, 옷을 가볍고도 따뜻한 의복을 입고 살찐 말이 이끄는 수레에 앉아서 갔다.
나는, 「군자는 어렵고 급한 사람은 구제하여 주지만, 그렇게 부유한 사람에게 더 보태주지는 않는다.」고 들었다."

6-5 원사^{原思}가 가재^{家宰}가 되었을 때, 그에게 곡식 900말을 주었는데 사양하였다.
공자: "사양하지마라!
그걸 가지고 가 너의 고향 이웃사람들에게 나눠주라!"

- 鄰里鄕黨린리향당:
  - 린鄰: 5가구가 사는 곳.
  - 리里: 25가구 마을.
  - 향鄕: 12,500가구의 큰 마을.
  - 당党.黨: 500가구 마을
  ※ 정당한 보수는 받되, 여유가 있으면 가난한 이웃을 도와주어야한다는 말이다.

6-6 子謂仲弓曰:
"犁牛之子騂且角,
雖欲勿用, 山川其舍諸?"

6-7 子曰:
"回也其心三月不違仁,
其餘則日月至焉而已矣."

6-8 季康子問:
"仲由可使從政也與?"
子曰:"由也果, 于從政乎何有?"

曰:"賜也可使從政也與?"
曰:"賜也達, 于從政乎何有?"

曰:"求也可使從政也與?"
曰:"求也藝, 于從政乎何有?"

- 犁牛리우: 얼룩소. 털빛이 잡색인 소.
- 騂성: 털빛이 붉은 소.
- 角각: 반듯한 뿔.

※제사용 소는 털빛이 붉고 뿔이 반듯해야 최상품이다. 논밭을 가는 보통 소나 얼룩소는 쓰이지 않았다. 여기에서 '犁牛之子'는 중궁을 비유하는 말이다. 중궁은 미천한 집안[얼룩소] 출신이지만, 열심히 공부하고 수신修身한다면 언젠가는 세상에 크게 쓰이게 될 때가 오리라는 뜻이다.

6-6 공자가 중궁仲弓 옹에게 말하길:
"얼룩소가 낳은 송아지일지라도 털빛이 붉고 뿔이 반듯하다면,
비록 지금은 제사용으로 쓸모가 없다고 해도,
설마 산천山川의 신이 내버려두겠는가?"

6-7 공자:
"안회는 그의 마음이 오래 동안에도 仁을 어기지 않는다.
다른 사람들은 하루나 한 달에 한 번 정도 仁에 이를 따름이다."

6-8 노나라 대부 계강자季康子가 공자에게 물었다.
"중유仲由 자로에게 정사政事를 맡길 만합니까?"
"자로는 과단성이 있으니, 정사를 맡는데 뭐가 어렵겠습니까?"

"사賜 단목사에게 정사를 맡기면 어떻습니까?"
"단목사는 사리에 통달하니, 정사를 맡는데 어려움이 있겠습니까?"

"구求 염구에게 정사를 맡기면 어떨까요?"
"염구는 재주가 많으니, 정사를 맡는데 어려울 게 뭐가 있겠습니까?"

- 舍사: 버리다. '捨사'와 같다.

6-9　季氏使閔子騫爲費宰.
閔子騫曰:
"善爲我辭焉.
如有復我者, 則吾必在汶上矣."

6-10　伯牛有疾, 子問之, 至牖執其手.
曰:
"亡之! 命矣夫! 斯人也而有斯疾也!
斯人也而有斯疾也!"

6-11　子曰:
"賢哉回也!
一簞食, 一瓢飮, 在陋巷;
人不堪其憂, 回也不改其樂.
賢在回也!"

- 閔子騫민자건: 공자의 제자.
- 汶上문상: 문수汶水 가.
※군자는 나가야할 곳과 나가지 말아야할 곳을 가려야한다. 민자건은 부패한 계씨 아래에서 관리직을 맡지 않겠다는 의지를 엿볼 수 있다.
- 伯牛백우: 공자의 제자.
- 牖유: 남쪽 창.

6-9 노나라 세도가 계씨季氏가 사람을 보내 민자건을 비費라는 마을의
책임자로 보내려는 뜻을 전하자, 민자건이 말했다.
"사절하겠다는 뜻을 전해주십시오.
만일 누가 다시 나를 찾아온다면, 나는 문수汶水 가로 도망가 있을 겁니다."

6-10 백우伯牛가 병이 나자 공자가 문병 가서, 전염병이라 방에 들어가지 못하고
남쪽 창문을 통하여 손을 잡고 말하길:
"이럴 수가! 운명이야! 이런 사람에게 이런 병이!
이런 사람에게 이런 병이 생기다니!"

6-11 공자:
"안회顏回는 정말 현명하구나!
밥 한 그릇 먹고, 물 한 바가지 마시며, 누추한 골목에 살면서도;
남들은 그 괴로움을 견디기 어려울 텐데,
안회의 마음 속 즐거움은 변하지 않는다.
정말 현명하구나, 안회여!"

- 亡之무지: 이럴 수가 없다.
- 簞단: 대나무로 만든 그릇.
- 簞食단사: 대나무로 만든 도시락에 담은 밥. ※ '簞食단사'보다는 '簞食단식'이 합리적.
- 瓢표: 바가지.
- 陋巷누항: 누추한 골목.

6-12 冉求曰:
"非不說子之道, 力不足也."
子曰:
"力不足者, 中道而廢, 今女劃."

6-13 子謂子夏曰:
"女爲君子儒, 无爲小人儒."

6-14 子游爲武城宰.
子曰:"女得人焉爾乎?"
曰:"有澹台滅明者, 行不由徑,
非公事, 未嘗至于偃之室也."

6-15 子曰:
"孟之反不伐. 奔而殿, 將入門, 策其馬,
曰:'非敢后也, 馬不進也.'"

- 畫획: 스스로 한계를 긋고 그 앞으로 나가지 않는 것.
- 澹台滅明담대멸명: '담대'는 성이고, 이름이 '멸명'이다. 그는 공명정대하고 공사公私를 분명히 가리는 사람이다.
- 行不由徑행불유경: 좁은 길로 다니지 않는다. 대로大路로 다닌다. '徑경'은 좁은 지름길.

6-12 염구: "선생님의 道[학설]를 싫어하는 것은 아니지만, 저의 능력이 모자라서 따라가기가 어렵습니다."
공자: "능력이 모자란다는 것은 길을 가다가 중도에 포기한다는 말인데, 지금 너는 스스로 선을 긋고 그 선 앞으로 나가지 않으려는 것이야."

6-13 공자가 자하子夏에게 말하길:
"너는 군자다운 유학자儒學者 가 되어야지, 소인배 같은 유학자[무당]는 되지 마라."

6-14 자유子游가 무성武城지방을 주관하는 관리가 되었다.
공자: "너는 어떤 인재를 얻었느냐?"
자유: "담대멸명澹台滅明이라는 사람이 있습니다. 그는 좁은 길로 다니지 않고, 공무公務가 아니면 제 집에 온 일이 없습니다."

6-15 공자:
"맹지반은 스스로 자랑하지 않는다. 패주敗走하는 때 맨 뒤에서 적을 막고, 성문에 들어오려는 무렵에는 자기 말에 채찍질하면서 '뒤처지려 한 것은 아닌데, 말이 달리지를 않았소.'라고 말했다."

- 孟之反맹지반: 노나라 대부.
- 伐벌: 공을 자랑하다.
- 奔분: 패주하다.
- 殿전: 패주시 후방을 엄호하는 부대

6-16 子曰:

"不有祝鮀之佞, 而有宋朝之美,

難乎免于今之世矣."

6-17 子曰:

"誰能出不由戶?

何莫由斯道也?"

6-18 子曰:

"質勝文則野; 文勝質則史.

文質彬彬, 然后君子."

6-19 子曰:

"人之生也直,

罔之生也, 幸而免."

- 祝鮀축타: 위나라 대부. 언변이 뛰어나 외교사령外交辭令으로 활약.
- 佞영: 남보다 뛰어난 말재주.
- 朝조: 송나라 미남 공자公子의 이름. 음탕한 짓으로 유명하다.
- ※유가儒家방의 문을 거쳐 도로道路 도가 통하는 길. 正道로 나가는 사람이 치국治國하여 평천하平天下를 이룰 수 있다.
- 質질: 질박質朴. 소박. 내적 소양.
- 文采문채: 외관.

6-16 공자:

"축타 같은 말재주도 없이, 송조와 같이 외모만 번지르르하면,
오늘의 세상에서 우환을 면하기 어려울 것이다."

6-17 공자:

"누가 이 방문房門을 통하지 않고 방밖으로 나갈 수 있는가?
왜 이 도문道門을 거쳐 도로道路로 나가는 사람이 없는가?"

6-18 공자:

"소박함이 외관을 초과하면 상스럽게 보이고;
외관이 소박함을 초과하면 허세를 부리는 것 같다.
소박함과 외관이 잘 어울려야, 군자인 것이다."

6-19 공자:

"인생人生은 정직한 삶을 살아야한다.
망생惘生은 요행히 재앙을 면하려고 사는 삶이다."

- 野야: 야하다. 거칠다. 상스럽다.
- 史사: 사관史官이 수사修辭에 치우치듯이 형식적이다. 허세부리다.
- 彬彬빈빈: 잘 어울리는 모습. 군자는 '문질빈빈文質彬彬'을 중요시한다.
- 彬빈: 빛나다. 아름답다.
- 罔망: 공허. 멍한 모양. '惘망'자와 통용. 망지생罔之生은 곧 망생惘生 멍한 삶. 넋 나간 삶이다.
* 惘然망연: 실의에 빠져 정신이 멍한 모양. '茫然망연'으로도 쓴다.

6-20 子曰:

"知之者, 不如好之者;

好之者, 不如樂之者."

6-21 子曰:

"中人以上, 可以語上也;

中人以下, 不可以語上也."

6-22 樊遲問知.

子曰:"務民之義, 敬鬼神而遠之, 可謂知矣."

問仁, 曰:

"先難而后獲, 可謂仁矣."

• 鬼神귀신: 신령. 천지의 혼.
※ 天은 양기가 모여 있는 곳이고,
　地는 음기가 모여 있는 곳.
　天의 주체는 神[魂]이고,
　地의 주체는 明[魄. 鬼]이다.
　鬼는 사람이 죽으면 된다는 유령ghost의 뜻이 아니다.

6-20 공자:
"어떤 것에 대한 지식이 있는 사람[知之者]은,
그것을 좋아하는 사람[好之者]만 못하고;
그것을 좋아하는 사람은, 그것을 즐기는 사람[樂之者]만 못하다."

6-21 공자:
"중등 수준이상인 사람에게 그보다 높은 수준의 담론을 벌일 수 있으나;
중등 수준보다 낮은 사람에게는 높은 수준의 담론을 벌일 수가 없다."

6-22 번지樊遲가 '知[지혜]'에 대하여 묻자, 공자가:
"백성들이 마음을 일에만 기울이도록,
'귀신신령을 공경하되 멀리하게 하는 것'이 '知지혜'다."라고 말하였다.

번지가 또 '仁'에 대하여 묻자, 공자가:
"어려운 일에는 앞에 서고, 이득을 보는 일에는 뒤에 서는 것이 仁이다."
라고 말하였다.

6-23 子曰:

"知者樂水, 仁者樂山;

知者動, 仁者靜;

知者樂, 仁者壽."

6-24 子曰:

"齊一變, 至于魯;

魯一變变, 至于道."

6-25 子曰:

"觚不觚, 觚哉? 觚哉?"

※ 樂: 현행 우리 사전에는 〈樂山 요산, 樂水 요수〉로 나온다.
　　이 '요'자를 '락'으로 쏠 필요가 있다.

6-23 공자:

"지자^{知者}는 물을 좋아하고, 인자^{仁者}는 산을 좋아하며;

지자는 동적^{動的}이고, 인자는 정적^{靜的}이며;

지자는 즐겁게 살고, 인자는 장수한다."

6-24 공자:

"제나라의 정치가 한 번 개혁하면, 노나라의 수준에 이를 것이고;

노나라의 정치가 한 번 개혁하면, 정도^{正道}가 통하는 나라가 될 것이다."

6-25 공자:

"고^觚^{술잔}가 고답지 아니하면, 고라 하겠는가? 어찌 고라 하겠는가?"

• 觚 고 : 능각 稜角 뾰족한 모서리 이 있는 술잔. 모습이 특이하게 생긴 술잔으로 술을 마시는 예법이 까다롭다. 〈나라가 나라 답지 않으면, 어찌 나라라고 하겠는가?〉

6-26　宰我問曰:
"仁者雖告之曰'井有仁焉',
其從之也?"

子曰:
"何爲其然也?
君子可逝也, 不可陷也;
可欺也, 不可罔也."

6-27　子曰:
"君子博学于文, 約之以禮;
亦可以弗畔矣夫."

6-28　子見南子, 子路不禮.
夫子矢之曰:
"予所否者, 天厭之, 天厭之!"

- 宰我재아: 공자의 제자공야장 10장.
- 仁인: '人'자와 발음이 같아 통한다.
- 逝서: 가다.
- 陷함: 빠지다.
- 罔망: 멍청히 우롱당하다.
- 弗畔불반: 군자의 도를 위반하지 않다. 弗불은 '不'이고, 畔은 '叛'자와 통한다.

6-26 재아宰我가 묻고, 공자가 답하였다.

"어떤 사람이 인자仁者에게 '우물 속에 사람이 빠져 들어가고 있어요!'라고 알려주면, 그도 따라들어 가야합니까?"

"어찌 그렇게 하겠느냐?
군자는 그에게 우물에 가서 사람을 구하게 하는 방법을 알려줄 수는 있으나,
스스로 우물 속으로 들어가 구할 수는 없는 것이고;
군자는 사람들에게 속을 수는 있으나 우롱당할 수는 없다."
〈군자는 한 번은 속을 수 있지만, 두 번은 속지 않는다.〉

6-27 공자:

"군자가 널리 지식을 학습하고, 예의로써 자제한다면;
군자의 道에서 벗어나지 않을 것이다."

6-28 공자가 위나라 영공靈公의 부인 남자南子를 만났는데,
자로가 좋아하지 않았다.
공자가 맹세를 하면서 말했다.
"내가 잘못한 일이 있다면, 하늘이 나를 버리실 것이다. 버리실 것이야!"

- 南子남자: 위나라 영공靈公의 부인. 자로는 공자가 음란한 행위로 소문난 여인을 만난 것에 대하여 좋지 않게 본 것이다. 무슨 일을 했는지는 알려지지 않았다.
- 矢시: 맹세하다. 誓서
- 厭염: 싫다. 버리다.

6-29 子曰:
"中庸之爲德也, 其至矣乎!
民鮮久矣."

6-30 子貢曰:
"如有博施于民, 而能濟衆,
何如? 可謂仁乎?"

子曰:
"何事于仁?
必也聖乎!
堯舜其猶病諸!

夫仁者,
己欲立而立人,
己欲達而達人.

能近取譬,
可謂仁之方也已."

- 中庸중용: '중용'이란 덕목이 무엇인지에 관한 언급이 없다. 공자의 손자인 자사子思가 저술한 《중용》 첫 장에 「군자는 중용을 지켜야하는데, 그 핵심 덕목은 '시중時中'이다」라고 하였다. '때에 알맞은 중도中道'라는 뜻이다. 중도는 과불급過不及하지 않고, 불편불의 不偏不倚 함이다. 군자의 언행은 어느 한쪽으로 치우치지 않고, 적시適時ㆍ적합適合하여야 한다. 중용은 관용寬容을 통한 仁의 실천방법인 것이다.

6-29 공자:
"중용中庸이라는 덕성은 지극한 것이야!
백성 중에 이 덕성을 지닌 사람이 드물게 된지 오래되었다."

6-30 자공子貢이 묻고 공자가 답하였다.
자공:
"만일 군주가 백성들에게 널리 은혜를 베풀고,
많은 사람들을 구제해 준다면 어떻습니까?
인자仁者라고 할 수 있겠습니까?"

공자:
"어찌 인자에 그치겠나? 틀림없이 성인聖人일 것이야!
요순임금도 그런 일을 하지 못할까 걱정하셨어!
인자는,
자기가 서고 싶지만, 남부터 먼저 서게 하고;
자기가 뜻을 이루고 싶지만, 남부터 뜻을 이루게 한다.

자기 자신으로부터 미루어 남을 이해하는 것이,
바로 仁을 실현하는 방법이라 할 수 있다."

- 濟衆제중: 많은 사람을 어려움에서 구제하다.
- 病諸병제: 病은 '걱정하다', 諸는 '널리 은덕을 베풀고 사람을 구제하는 일'을 가리키는 대명사이므로 '제'로 읽는다. 어조사로 쓰일 때는 '저'로 읽는다.
- 近取譬근취비: 가까운 자기로부터 미루어 남을 이해하는 것.

이 편은 제1편 〈학이〉와 밀접하게 관련이 있으며, 주로 학습^{學習}과 교육^{敎育}에 관해서 언급하고 있다. 그래서 이편을 제1편의 주석 편으로 보기도 한다.

● 학습방면: "나는 옛것을 전술은 하되 고치거나 꾸미지 않고; 고대문화 유산을 신뢰하고 사랑한다.¹장"는 관념은, 후대 중국문화의 전통과 경험을 중시하고, 문화 발전의 틀을 구성하는 대원칙이다.

학습방법은 반성식^{反省式}이며 지속적이다. 공자는 「한번 학습에 발동이 걸리면, 밥 먹는 것도 잊어버리고〈발분망식^{發憤忘食}〉; 모든 걱정 다 잊어버리고 즐거워하며〈낙이망우^{樂以忘憂}〉; 노쇠함이 닥치고 있다는 것조차도 알지 못하고 열중」하는 그런 식의 학습태도를 강조한다¹⁹장.

공자는 "세 사람이 길을 가면, 그 중에는 반드시 나의 스승이 있다.²²장"고 주장하며, 누구한테도 물어서 배우는 것을 부끄러워하지 않았으며, 제^{齊}나라의 음악을 듣고, 3개월 동안이나 그 음에 취해서 음식 맛을 잊어버릴 정도로 음악에도 열광적이었다. 또 좋은 노래를 들으면 반복해서 따라 부르며 배웠다. 14장. 32장

● 교육방면: 공자는 학생이 배우려는 의지가 없거나, 의문을 제기하지 않는 학생에겐 가르쳐주지 않았다[不憤不啓, 不悱不發].⁸장 의문제기를 통한 교육방법은 오늘 날에도 중국교육의 핵심규범이 되고 있다.

공자는 학생들에게 〈문헌^{文獻} • 실천^{實踐} • 충성^{忠誠} • 신용^{信用}〉의 네 가지에 중점을 두고 가르쳤다²⁵장. 공자는 학생을 열성적으로 가르치는 '회인불권^{誨人不倦}'의 교육가이었다.²장·34장

● 풍류에 관한 글: "거친 밥 먹고 물마시며, 팔베개 낮잠에 즐거움이 있는데; 부당한 방법으로 부귀를 얻는 일은 나에겐 뜬구름 같은 것이야." 16장

제7편 술이(述而)

7-1　子曰:
　　"述而不作;
　　信而好古:
　　窃比我于老彭."

7-2　子曰:
　　"默而識之; 学而不厭;
　　誨人不倦: 何有于我哉?"

7-3　子曰:
　　"德之不修;
　　学之不講;
　　聞義不能徙;
　　不善不能改:
　　是吾憂也."

7-4　子之燕居, 申申如也; 夭夭如也.

- 述술: 전술傳述하다.
- 作작: 창작하다.
- 窃절: 남모르게.
- 老彭노팽: 노자老子와 팽조彭祖. 노자는 '노담老聃'을 가리킨다.
- 誨회: 가르치다.
- 倦권: 피권疲倦. 피곤하다.
- 何有하유: 무슨 문제가 있는가?

7-1 공자:

"나는 옛것을 전술은 하되 고치거나 꾸미지 않고;
고대문화유산을 신뢰하고 사랑하며;
나는 남모르게 자신을 노자와 팽조에 견주어 본다."

7-2 공자:

"나는 배운 지식을 묵묵히 새겨두고;
학습함에 싫증내지 않으며;
남을 가르침에 피곤함을 모르는데: 나에게 무슨 문제가 있겠는가?"

7-3 공자:

"덕을 쌓기 위해 수신修身하지 않는 것;
학습하는데 깊게 연구하지 않는 것;
의義로운 일을 듣고도 실행에 옮기지 못하는 것;
불선不善한 행위를 고치지 못하는 것:
바로 내가 우려하는 것들이야!"

7-4 공자께서는 연거燕居하시는 때에도, 용모가 단정하고; 환하셨다.

- 講강: 익히다. 연구하다.
- 徙사: 옮기다. 실행하다.
- 憂우: 근심하다. '懮우'와 같다.
- 燕居연거: 공직에서 물러나와 한가롭게 지내다. 한거閑居.
- 申申신신: 단정한 모습.
- 夭夭요요: 표정이 밝다. 아름답고 싱싱하다.
- 如여: '然'과 같다.

7-5 子曰:
"甚矣, 吾衰也!
久矣, 吾不復夢見周公!"

7-6 子曰:
"志于道; 據于德;
依于仁; 游于藝."

7-7 子曰:
"自行束修以上, 吾未嘗无誨焉."

7-8 子曰:
"不憤, 不啓;
不悱, 不發.

擧一隅而示之, 不以三隅反;
則不復也."

- 周公주공: 주나라 문왕文王의 아들. 노나라 시조. 공자가 존경하는 인물이다.
- 藝예: '육예六藝'를 가리킨다. 〈육예: 예禮.악樂.사射.어御.서書.수數〉
- 束修속수: 건어물. 처음 만날 때 예물로 건어물을 가져갔다. 修는 건어물, 1束은 말린 고기 10개를 묶은 것.
- 憤분: 알려고 애쓰다.

7-5 공자:

"정말로 내가 노쇠했구나!
오래도록 주공周公을 꿈에서 뵙지 못하였어!"

7-6 공자:

"뜻은 도道에 두고; 실행은 덕德에 바탕을 두며; 인仁에 의지하고;
예藝에서 노닐어야한다."

7-7 공자:

"가벼운 예물만 가지고 와도, 나는 가르치지 않은 적이 없다."

7-8 공자:

"*학생이* 알려고 애쓰지 않으면, 가르쳐주지 않고;
문제를 말로 표현하려고 애쓰지 않으면, 가르쳐주지 않는다.

한 모퉁이를 보여줄 때, 다른 세 모퉁이에 관하여 묻지 않으면;
다시 가르쳐주지 않는다."

- 啓계: 가르치다.
- 悱비: 말로 표현하지 못해 어물거리다.
- 發발: 일러주다.
- 擧一隅而示之: '而示之'가 없는 판본이 있다.
- 復부: 다시. *復복: 돌아오다. 회복하다.

7-9　子食於有喪者之側, 未嘗飽也.

7-10　子於是日哭, 則不歌.

7-11　子謂顔淵曰:
"用之則行; 舍之則藏:
唯我與爾有是夫!"

子路曰:"子行三軍則誰'與'?"
子曰:
"暴虎馮河, 死而无悔者, 吾不'與'也.
必也, 臨事而懼,
好謀而成者也."

7-12　子曰:
"富而可求也,
雖執鞭之士, 吾亦爲之;
如不可求, 從吾所好!"

- 暴虎폭호: 맨손으로 호랑이를 잡다.
- 馮河빙하: 배 없이 강을 건너다.
- 執鞭之士집편지사: 수레에서 채찍을 잡는 사람. 천한 일을 하는 사람.

7-9 공자가 상喪을 당한 사람 곁에서 식사할 때에는,
배부르게 드시질 않았다.

7-10 공자가 곡哭을 한 날에는, 노래를 부르지 않았다.

7-11 공자가 안연顔淵에게 말하길:
"관직에 기용되면 일하고; 관직에서 떠나면 조용히 지냈는데:
오직 나와 너 둘만이 그랬을 것이야!"

자로子路: "만일 선생님께서 3군을 이끌고 작전을 펼친다면,
누구와 함께 하시겠습니까?"
공자: "맨주먹으로 호랑이를 때려잡고, 맨몸으로 강을 건너면서, 죽어도
후회가 없는 자라면, 함께 하지 않는다. 반드시 일을 두려워하고, 계획을
잘 세워 성사시킬 수 있는 사람이어야 한다."

7-12 공자:
"부富가 추구할만하다면,
비록 아주 천한 일이라도 마다하지 않고 일하겠다.
그러나 추구할만하지 못하다면, 나는 내가 좋아하는 일을 하겠다!"

7-12 子之所愼: 齊; 戰; 疾.

子在齊聞《韶》, 三月不知肉味.
曰:"不圖爲樂之至于斯也!"

7-13
冉有曰:"夫子爲衛君乎?"
7-14 子貢曰:"諾, 吾將問之."

入曰:"伯夷叔齊, 何人也?"
曰:"古之賢人也."

7-15
曰:"怨乎?"
曰:"求仁而得仁, 又何怨!"
出曰:"夫子不爲也."

- 齊제; '齋재'자와 혼용한다. 제사지내기 위해 몸과 마음을 깨끗이 하는 일을 '齋戒재계'라 한다.
- 韶소: 순임금의 음악
- 不圖부도: 알지 못하다.

7-13 공자께서 신중히 대한 일은: 재계齋戒 • 전쟁 • 질병이다.

7-14 공자가 제齊나라의《소韶》라는 음악을 들은 다음, 3개월 동안 고기 맛을 잊었다.
그리고 말하길: "음악이 이런 경지에 이를 줄은 몰랐구나!"

7-15 염유冉有: "선생님께서 위나라 군주를 위해 일하실까?"
자공子貢: "그래요, 내가 물어보지요."

안으로 들어서 묻길: "백이와 숙제는 어떤 사람입니까?"
공자: "옛날 현인賢人이었지."

자공: "그들은 누굴 원망했을까요?"
공자: "그들은 仁을 추구하여 仁을 얻었는데, 누굴 원망했겠느냐!"
자공이 나와서 염유에게 말하길:
"선생님은 위나라 군주를 위해서 일하지 않으실 거요."

- 衛君위군: 위 영공의 손자 첩輒. 영공의 아들 괴외가 죄를 짓고 진국晉國으로 쫓겨나 있었을 때, 영공이 죽자 괴외의 아들 첩이 왕위에 올랐다. 그러자 부자지간에 왕위를 두고 알력이 생겼다. 이때 공자가 위에 들어갔다. 제자 염유와 자공에게 공자가 불인不仁한 군주를 도와줄까라는 의문이 들었던 것이다.

7-16 子曰:

"飯疏食, 飮水, 曲肱而枕之: 樂亦在其中矣.
不義而富且貴, 于我如浮雲!"

7-17 子曰:

"加我數年, 五, 十, 以学: 易可以无大過矣!"

7-18 子所雅言:

《詩》,《書》, 執禮, 皆雅言也.

7-19 葉公問孔子于子路, 子路不對.

子曰:"女奚不曰,
「其爲人也, 發憤忘食; 樂以忘憂: 不知老之將至云爾!」"

- 疏食소사: 거친 밥. '疏食소식'으로 읽는 게 바람직하다. 〈※ 6-11〉
- 肱굉: 팔.
- 枕침: 베개. 참조: 이인편 5장. 옹야편 13장

※ 대부분 〈~以学易, 可以~〉로 보고, "50세에 《역경易經》을 공부한다면"이라는 뜻으로 번역하고 있다. 필자는 이를 〈~以学. 易可以~〉로 본 毛子水 선생의 주석에 따른다. '易'은 '亦'자와 통한다.

7-16 　공자:

"거친 밥 먹고, 물마시며, 팔베개 낮잠에 즐거움이 있는데;
부당한 방법으로 부귀를 얻는 일은, 나에겐 뜬구름 같은 것이야!"

7-17 　공자:

"내가 몇 년을 보태서, 5년이나 10년 정도를 더 학문에 종사한다고 해도;
나에게 무슨 큰 문제가 되겠느냐!"

7-18 　공자께서는 아언雅言을 사용하였는데;《시경詩經》및《서경書經》과
예의禮儀를 집행하는 때에는 모두 아언을 사용하여 강습하였다.

7-19 　섭공葉公이 자로에게 공자에 대하여 물었는데, 자로는 대답하지 않았다.
공자: "너는 왜 이렇게 대답하지 않았느냐?
「그 사람은 분발하여 공부하면, 밥 먹는 것도 잊고;
종일 즐거워서 온갖 걱정 다 잊어버리고;
노쇠함이 닥치고 있다는 것조차도 알지 못하고,
열중하는 그런 사람이야!」"

- 雅言아언: 고대 주周 나라와 그 부근에서 사용하던 정음正音 표준어.
  공자는 평상시에는 노魯 나라 지방언어사투리를 사용하였다.
- 葉公섭공: '葉'이라는 지방의 장관長官.
- 發憤발분: 분발奮發하다. 결심하다.
- 云爾운이: 어조사.

7-20 子曰:

"我非生而知之者,

好古, 敏以求之者也."

7-21 子不語:

怪・力・亂・神.

7-22 子曰:

"三人行,

必有我師焉.

擇其善者而從之; 其不善者而改之."

7-23 子曰:

"天生德于予; 桓魋其如予何!"

7-24 子曰:

"二三子, 以我爲隱乎?

吾无隱乎爾!

吾无行而不與二三子者; 是丘也."

- 生而知之者생이지지자: 예수처럼 신의 계시를 받고 태어난 초인적 선지자先知者.
- 桓魋환퇴: 송나라 군 지휘관. 공자가 송나라에 잠시 머무르고 있을 때, 환퇴가 죽이려고 한다며 피신을 권하자 제자에게 한 말이라고 한다.

7-20　공자:

"나는 지식을 지니고 태어난 사람이 아니라;
고전古典을 열심히 공부하여, 지식을 얻은 사람이다."

7-21　공자는 〈괴이怪異, 폭력暴力, 반란叛亂, 귀신鬼神〉에 관하여는 말하지
않았다.

7-22　공자:

"세 사람이 길을 가면, 그 중에는 반드시 나의 스승이 있다.
그들의 좋은 점은, 선택하여 따르고;
좋지 않은 점은, 나 자신을 돌아보아 고치게 한다."

7-23　공자:

"하늘이 나에게 덕德을 부여해 주었거늘; 환퇴가 나를 어찌하겠는가!"

7-24　공자:

"자네들은 내가 숨기려고 하는 게 있다고 생각하는가?
나는 자네들에게 숨기는 게 없어!
나는 자네들에게 보여주지 않는 행위란 없네; 그게 바로 나야."

- 二三子이삼자: 자네들. 제자를 부르는 호칭.
- 以…爲: ~을 ~이라 여기다.
- 爾이: 너. 자네.

7-25 子以四教:
文・行・忠・信.

7-26 子曰:
"聖人, 吾不得而見之矣;
得見君子者, 斯可矣!"

子曰:
"善人, 吾不得而見之矣;
得見有恒者, 斯可矣!

亡而爲有;
虛而爲盈;
約而爲泰:
難乎有恒矣!"

- 約약: 빈곤.
- 泰태: 넉넉함.

7-25 공자께서는 학생들에게 네 가지를 가르쳤는데:
〈문헌文獻 • 실천實踐 • 충성忠誠 • 신용信用〉이다.

7-26 공자:
"성인聖人을, 나는 만나볼 수가 없었다. 군자라도 만날 수 있다면 괜찮으련만!"

공자:
"선인善人도, 나는 만나볼 수가 없었다. 마음이 한결같은 사람이라도 만날 수 있다면 좋으련만!

없으면서도 있다고 하고;
비어있으면서도 차있다고 하고;
빈곤하면서도 넉넉하다고 하니:
마음이 한결같기도 어려운 일이야!"

7-27 子:

釣而不綱; 弋, 不射宿.

7-28 子曰:

"蓋有不知而作之者; 我无是也.

多聞, 則其善者而從之;
多見而識之:
知之次也."

7-29 互鄉難與言. 童子見; 門人惑.

子曰:

"與其進也, 不與其退也. 唯, 何甚!
人潔己以進, 與其潔也, 不保其往也."

- 釣조: 낚시. 낚시질하다.
- 綱강: 주낙. 한 줄에 많은 낚시를 달아 고기를 잡는 것. 여기서는 '網망'으로 본다.
- 弋익: 주살.

7-27   공자께선:
낚시질은 하였으나, 어망으로 고기를 잡지는 않았으며;
화살을 쏘아 새를 잡는데, 둥우리에 있는 새를 쏘지는 않았다.

7-28   공자:
"잘 알지도 못하면서 아는 체하는 사람이 있으나; 나는 그런 일이 없다.
많이 듣고서, 그중 좋은 것을 골라 학습하는 것;
많이 보고서 그중 좋은 것을 골라 기억해두는 것;
이렇게 후천적으로 배워서 얻는 지식이야말로,
태어나면서부터 아는 것 못지않다."

7-29   호향互鄕지방 사람들과 대화하기란 매우 어렵다. 그런데 그곳의
한 소년이 찾아와 공자를 만나러하자, 제자들이 당황했다.

공자:
"나는 그가 모르는 것을 배워 진보하기를 바라지, 퇴보하기를 바라지
않는다. 어찌 지나치게 거절하느냐?
나는 그의 지난날 잘못을 깨끗이 씻어내서 스스로 나아지려는 것을
격려하려는 것이지, 그의 지난날의 잘못을 감싸주려는 것이 아니다."

- 宿숙: 둥지에 있는 새
- 互鄕호향: 마을 이름. 이 지방은 못된 짓을 하는 사람들이 많이 사는 마을로 알려졌다.

7-30　子曰:

"仁遠乎哉?

我欲仁, 斯仁至矣!"

7-31　陳司敗問:"昭公知禮乎?"

孔子曰:"知禮."

孔子退; 揖巫馬期而進之, 曰:

"吾聞君子不黨; 君子亦黨乎?

君取于吳; 爲同姓, 謂之吳孟子.

君而知禮, 孰不知禮!"

巫馬期以告. 子曰:

"丘也幸! 苟有過, 人必知之."

- 司敗사패: 진나라의 관직명. 대부.
- 昭公소공: 노나라 군주.
- 揖읍: 두 손을 맞잡고 공경의 뜻을 표하는 예의 한 가지.
- 巫馬期무마기: 공자의 제자.
- 黨당: 편당偏黨. 편견을 가지고 어느 한쪽을 편들다.
- 取취: '娶'자와 같다. 아내를 맞다.
- 同姓동성: 노나라와 오나라 군주의 성은 모두 '姬희'다. 동성同姓끼리는 결혼하지 않는 것이 禮

7-30 공자:

"仁은 멀리 있는 것일까?

내가 仁해지려는 의지가 있으면, 仁은 곧 찾아오는 것이야!"

7-31 진陳나라 사패司敗가 묻길: "소공은 예禮를 압니까?"

공자: "예를 압니다."

공자가 물러가자, 사패가 무마기巫馬期에게 읍하고 나와 물었다.

"나는 '군자는 편당偏黨하지 않는다.'라고 들었는데,

공자와 같은 군자도 그렇습니까?

노나라 군주는 오나라 여자를 처자로 삼았는데;

노나라와 오나라는 성씨가 같았으므로,

부인을 오맹자吳孟子라 불렀습니다.

노나라 군주가 예를 안다고 치면, 예를 모르는 사람이 누가 있겠습니까!"

무마기가 이런 이야기를 공자에게 아뢰자, 공자가 말하길:

"나는 행복해! 만일 내가 어떤 착오를 저지르면,

남이 반드시 그것을 지적해주어 내가 알게 되니."

였다.

• 吳孟子오맹자: 군주의 부인 이름은 친정 국호와 자기 성을 붙여지었으므로, 吳姬오희라 했어야 하는데, 동성이므로 吳孟오맹이라 지은 것이다.

※공자는 자기와 같은 노나라 군주의 존엄을 살려 주기위해서 '소공이 예를 안다'라고 말했는데, 이는 착오였다. 군주는 어떠한 경우에도 진실을 말해야한다. 공자는 진나라 사패가 이점을 지적하자마자 바로 자기의 착오를 인정하고, 지적해준 사패에 대하여 고맙게 생각했던 것이다.

7-32　子, 與人歌而善,
　　　必使反之, 而后和之.

7-33　子曰:
　　　"文, 莫吾猶人也;
　　　躬行君子, 則吾未之有得."

7-34　子曰:
　　　"若聖與仁, 則吾豈敢?
　　　抑爲之不厭;
　　　誨人不倦,
　　　則可謂云爾已矣."

　　　公西華曰:
　　　"正唯弟子不能学也."

- 莫막: 대략. 대개.
- 躬行궁행: 몸소 실천하다.

※ 많이 아는 사람을 지식인이라 하고, 몸소 실천하는 지식인을 군자라 부른다. 지식인이 되기는 쉬어도 군자가 되기는 어려운 것이다.

7-32 공자가, 다른 사람과 함께 노래를 부를 때 그가 잘 부르면,
반드시 다시 부르게 한 다음에, 따라 불렀다.

7-33 공자:
"지식 방면에 있어서는, 내가 다른 사람과 대략 비슷하겠지만;
몸소 실천하는 군자에게는 아직 이르지 못한다."

7-34 공자:
"성聖과 인仁에 관하여 말한다면, 내 어찌 그런 말을 감당해내겠느냐?
그러나 그것을 학습하고 실행하는데 싫증내지 아니하고;
학생을 가르치는데 피곤함을 모르니,
어느 정도는 그것성과 인을 헤아리고 있다고 말할 수 있을 것이다."

공서화公西華:
"바로 그것이 우리 학생들로서는 본받을 수 없는 일입니다."

- 抑억: 그러나
- 爲之위지: 그것을 학습하고 실행하다.
- 学학: 본받다.

7-35　子疾, 病; 子路請禱.
　　　子曰:"有諸?"
　　　子路對曰:"有之. 誄曰:「禱爾于上下神祇.」"
　　　子曰:"丘之禱久矣."

7-36　子曰:
　　　"奢則不孫, 儉則固:
　　　與其不孫也, 寧固!"

7-37　子曰:
　　　"君子坦蕩蕩, 小人長戚戚."

7-38　子,
　　　溫而厲; 威而不猛;
　　　恭而安.

- 有諸유제: 諸는 '그러한 일'을 뜻하는 대명사 용법이므로 '제'로 읽는다.
- 誄뢰: 신령께 기도드리는 글. 뢰문誄文.
- 神祇신기: 천신天神을 '神'이라하고, 지신地神을 '祇'라 했다.
- 不孫불손: 불손하다. '遜손'과 통한다.
- 固고: 고루固陋하다.

7-35 공자가 중병重病에 걸리자, 자로가 기도드릴 것을 제의하였다.
공자: "그렇게 한 일이 있느냐?"
자로: "있습니다. 뢰문誄文에 '당신을 위하여 천지신령께 비나이다.'라고 하였습니다."
공자: "오래 전부터 내가 그런 기도를 드려왔다."

7-36 공자:
"사치奢侈하면 불손해지고, 검약儉約하면 고루해지는데:
불손함보다는 고루함이 낫다!"

7-37 공자:
"군자는 호방하고, 소인은 늘 자잘하다."

7-38 공자는,
온화하면서도 엄하시고; 위엄이 있으면서도 사납지 않으시며;
겸손하고 점잖으셨다.

- 與其…寧여기…녕: ~보다는 차라리 ~이 낫다.
- 蕩蕩탕탕: 호방하다. 너그럽다.
- 戚戚척척: 자잘하다. 두려움이 많다.
- 厲려: 엄하다.

"백성은 순종하도록 길들이기만 하면 되는 것이지, 왜 그렇게 해야 하는지 이유를 알게 해서는 안 된다.9장" 이는 춘추시대의 우민愚民정책에 관한 글이다.

춘추시대BC770~BC476는 봉건주의시대로, '人'과 '民'을 엄격히 구별하였다. 人은 士계급이상의 귀족층으로 지배계층 사람들이고, 民은 피지배계층으로 〈평민・노예〉를 가리킨다. 평민은 〈농업・공업・상업분야의 생산업 종사자〉이다. 노예는 주로 포로들이고 신분은 세습되었으며, 가축과 같이 귀족들의 소유물이었다. 공자의 수많은 제자 중에도 노예출신과 여자는 1명도 없었다. 전국시대BC475~BC221에 들어가면 계급제도가 무너지면서 '人'과 '民'의 구별이 불분명해진다.

9장에 우민정책에 관한 글이 들어있다는 점은 특이하다. 《논어》는 공자의 말씀을 기록한 것으로, 한漢대에 유학자들이 완성한 책이라고도 하나, 온전하게 전해지는 판본은 없다. 지금 우리가 알고 있는 오래된 판본은 위魏나라 하안何晏?~249등이 집대성한《논어집해》이지만, 이 또한 원본이 전해지는 것은 아니다. 전해지는 것은 대부분 남송南宋이후에 재편집된 책들이다.

제8편 태백(泰伯)

8-1 子曰:
"泰伯, 其可謂至德也已矣!
三以天下讓, 民无得而稱焉."

8-2 子曰:
"恭而无禮則勞;
慎而无禮則葸;
勇而无禮則亂;
直而无禮則絞.

君子篤于親, 則民興于仁;
故舊不遺, 則民不偷."

8-3 曾子有疾; 召門弟子曰,
"啓予足! 啓予手!
《詩》云:
「戰戰兢兢: 如臨深淵; 如履薄冰.」
而今而后, 吾知免夫! 小子!"

- 泰伯태백: 주周나라 선조인 고공단부古公亶父의 장자長子. 왕위를 세 아들 중 가장 현명한 막내인 삼자三子 계력季歷에게 물려주기 위해 주나라를 떠나 멀리 남쪽으로 가, 오나라의 시조가 된다. 계력의 아들 창昌이 곧 문왕이고, 문왕의 아들 무왕은 상을 멸망시키고, 천하통일을 이룬다.
- 三삼: 여러 차례. 굳이.
- 葸사: 두려워하다. 겁나다.
- 絞교: 각박하다. 독살스럽다.
- 君子군자: 사士이상의 지배층. 귀족.
- 民민: 피지배층의 백성. 평민과 노예.

8-1   공자:
"태백은 지극한 덕성을 지녔던 분이야!
군이 천하를 양보하였는데, 백성들은 그를 어떻게 칭송해야할지를 몰랐다."

8-2   공자:
"공손하나 무례无禮하면 피곤해지고;
신중하나 무례하면 위축되어지고;
용감하나 무례하면 혼란을 초래하고;
솔직하나 무례하면 거칠어진다.

군자가 친족을 후대厚待하면, 백성들에게 인仁한 기풍이 일어나고;
오래된 친구를 잊지 않으면, 백성들의 인정이 각박해지지 않는다."

8-3   증자曾子가 병이 나자, 제자들을 불러놓고 말하길:
"내 발을 보아라! 내 손을 보아라!
《시경》에 「전전긍긍戰戰兢兢하기를: 깊은 못가에 서 있듯이; 살얼음판을 밟고 가듯이 한다.」고 하였다.
이제부터는 내가 그런 걱정을 면하게 되었음을 알겠다. 제자들아!"

- 故舊고구: 오래된 친구.
- 偸투: 각박하다. 엷어지다.
- 曾子증자: 공자의 제자. 증삼曾參.
- 戰戰兢兢전전긍긍: 두려워서 벌벌 떨며 조심하다.

※ 증자는 효행이 뛰어난 인물이다. 자기 신체를 상하지 않도록 잘 간수해야 효孝다. 비록 병이 들었지만, 제자들에게 손과 발 어디도 상한 곳이 없음을 보여준 것이다. 이제 죽게 되었으니 잘 간수하려던 걱정을 면하게 되었다는 말이다.

- 履리: 밟고 가다.

8-4　曾子有疾; 孟敬子問之.
　　曾子言曰:
　　"鳥之將死, 其鳴也哀;
　　人之將死, 其言也善.

　　君子所貴乎道者三:
　　動容貌, 斯遠暴慢矣;
　　正顔色, 斯近信矣;
　　出辭氣, 斯遠鄙倍矣.
　　籩豆之事, 則有司存."

8-5　曾子曰:
　　"以能問于不能;
　　以多問于寡;
　　有若无, 實若虛;
　　犯而不校:
　　昔者吾友嘗從事于斯矣!"

- 孟敬子맹경자: 노나라 대부.
- 動동: 엄숙.
- 暴慢포만: 사납고 오만함.
- 辭氣사기: 말의 기운. 말씨.
- 鄙倍비배: 천박함. 비루하고 사리에 어긋남.

8-4 증자가 병이 나자; 맹경자孟敬子가 문병 갔다.
증자가 말하길:
"새가 죽으려는 때에는, 그의 울음소리가 비애悲哀에 젖어있고;
사람이 죽으려는 때에는, 그의 말이 선善하다오.

군자가 중시하는 도道가 3가지가 있는데:
용모를 엄숙히 하여야,
다른 사람의 거칠고 무례无禮한 행위로부터 벗어날 수 있고;
얼굴빛을 단정히 하여야, 다른 사람의 신임을 얻을 수 있으며;
말씨가 부드러워야, 천박함에서 벗어날 수 있는 것이오.
제사와 같은 예절에 관한 일은, 그걸 주관하는 유사有司가 있지요."

8-5 증자:
"재능이 있어도 재능이 모자라는 사람에게 묻고;
지식이 많아도 지식이 부족한 사람에게 물으며;
학문이 풍부해도 없는 듯이 하고;
충실해도 공허한 듯이 하며;
남이 나의 감정을 상하게 해도 따지지 않았다.
전에 나의 한 친구가 이렇게 행한 적이 있었어!"

- 籩豆변두: 음식을 담는 대나무로 만든 그릇. 벤또. '便当 biàndang 도시락'이라 한다.
- 有司유사: 주관하는 사람.
- 校교: 따지다. 논쟁하다. '較교'와 통한다.
- 嘗상: ~시험해 보다.

8-6 曾子曰:
"可以託六尺之孤;
可以寄百里之命;
臨大節而不可奪也:
君子人與? 君子人也!"

8-7 曾子曰:
"士,
不可以不弘毅; 任重而道遠.
仁以爲己任, 不亦重乎!
死而后已, 不亦遠乎!"

8-8 子曰:
"興于詩;
立于禮;
成于樂."

- 託탁: 의탁依託 하다. 맡기다. '託'을 '托'으로 쓴 책도 있다.
- 六尺之孤육척지고: 어려서 즉위한 어린 군주를 가리킨다. '六尺'은 약 138cm.
  ※尺척: 한대의 1尺은 지금의 23.0cm
- 百里之命백리지명: 사방 100리 되는 제후국의 정권[命運].
- 大節대절: 나라의 안위安危에 관한 큰 일.

8-6 증자:

"자기의 어린 고아[군주]를 그에게 맡길 수 있고;
국가의 운명을 가리는 정권을 그에게 위탁할 수 있으며;
국가가 위기에 처했을 때에도 그의 의지가 흔들리지 않는다면:
그런 사람이 바로 군자이겠지? 군자인 것이야!"

8-7 증자:

"선비는, 도량이 넓고 의지가 강인하지 않으면 안 되는 것이니;
책임은 중대하고 갈 길이 멀기 때문이다.
仁의 실현을 자기의 임무로 삼으니,
이 얼마나 책임이 중대하지 않겠는가!
죽은 뒤에야 책임을 면할 수 있으니, 이 얼마나 갈 길이 멀지 아니한가!"

8-8 공자:

"《시경》을 통하여 정서가 싹트고;
예禮를 통하여 사회에서 자립하며;
음악을 통하여 품성이 완성된다."

- 士사: 춘추시대의 '士'계급은, 대부大夫 바로 아래 계층으로 귀족 중에서 가장 낮다. 평민農·工·商, 노예보다 높은 계급으로 재상이나 책사策士의 꿈을 키우면서 유력자의 집에 기식하거나 유민遊民으로 떠돌아다녔다. 이들은 공부를 많이 해서 '지식인·학자'로 통한다. 우리 조선시대의 '선비'에 가깝다.
- 弘毅홍의: 도량이 넓고 의지가 강인함.
  ※ 毅然의연: 의연하다. 의지가 굳세고 태도가 단호하다.

8-9 子曰:
"民,
可使由之;
不可使知之."

8-10 子曰:
"好勇, 疾貧: 亂也.
人而不仁, 疾之已甚: 亂也."

8-11 子曰:
"如有周公之才之美,
使驕且吝, 其餘不足觀也已."

8-12 子曰:
"三年学, 不至于穀, 不易得也."

※우민愚民정책을 말하고 있다. 춘추시대의 '民'은 평민農·工·商·노예들이다. 귀족들에게는 '人'자를 썼다. 民은 피지배계층의 생산자들로서, 사람대접을 받지 못했다.
• 疾질: 혐오하다. 미워하다.
• 已甚이심: 너무 심하게.

8-9 공자:

"백성은,
순종하도록 길들이면 되는 것이지,
왜 그렇게 해야 하는지 이유를 알게 해서는 안 된다."

8-10 공자:

"용감함을 숭배하고 빈곤을 싫어하면, 혼란이 일어난다.
어떤 사람의 불인不仁한 행위를 심하게 혐오하면, 혼란이 일어난다."

8-11 공자:

"만일 어떤 사람이 주공周公처럼 훌륭한 재능을 지녔다고 해도,
교만하고 인색하다면, 다른 부분은 더 볼 것이 없다."

8-12 공자:

"수년을 공부하고도 관리가 되려는 마음을 갖지 않는 것은 쉬운 일이
아니다."

- **驕且吝교차린**: 교만하고 인색함.
- ※ 학문에 취미를 가지고 공부에 열중하는 사람은 관리가 되기보다는 학자의 길을 가는 것이 더 좋을 수가 있다.

8-13　子曰:

"篤信好学; 守死善道.
危邦不入; 亂邦不居.
天下有道則見; 无道則隠.

邦有道, 貧且賤焉, 恥也;
邦无道, 富且貴焉, 恥也."

8-14　子曰:

"不在其位, 不謀其政."

8-15　子曰:

"師摯之始, 關雎之亂,
洋洋乎盈耳哉!"

- 師摯사지: 노나라의 유명한 음악가.
- 關雎관저:《시경》《국풍》에 나오는 작품을 작곡한 것.
- 亂난 乱: 음악의 종장.
- 洋洋양양: 아름다운 음이 성대하다.

8-13 공자:

"독실하게 학문에 정진하고; 죽음으로써 道를 지켜야 한다.
위험한 나라에는 들어가지 말고; 혼란스런 나라에서는 살지 말아야한다.
천하에 道가 있으면 나타나 관리를 하고; 道가 없으면 은거 隱居 하여 지낸다.

나라에 道가 있는 때에 빈천貧賤하게 산다는 것은 부끄러운 일이고;
나라에 道가 없는 때에 부귀 富貴 를 누리며 산다는 것도 부끄러운 일이다."

8-14 공자:

"어떤 직위에 있지 아니하면, 그 직위에서 행하는 정사 政事 를 논하지 않는다."

8-15 공자:

"사지師摯의 음악 연주는, 시작할 때부터 종장《관저關雎》에 이르기까지,
아름다운 음이 귀에 넘쳐흐른다."

8-16 子曰:
"狂而不直; 侗而不愿;
悾悾而不信: 吾不知之矣."

8-17 子曰:
"学如不及,
猶恐失之."

8-18 子曰:
"巍巍乎!
舜・禹之有天下也, 而不與焉!"

8-19 子曰:
"大哉! 堯之爲君也!
巍巍乎! 唯天爲大; 唯堯則之!
蕩蕩乎! 民无能名焉.
巍巍乎! 其有成功也!
煥乎! 其有文章!"

- 狂광: 거만하다. 과격하다.
- 侗통: 유치하다. 무지하다.
- 愿원: 삼가고 조심하다. 근신謹慎.
- 悾悾공공: 겉으로 성실한 모습.

8-16 공자:

"거만하면서도 정직하지 않고; 무지하면서도 조심하지 않고;
성실한 모습이나 믿지 못할 사람: 나는 그런 사람들을 이해할 수가 없다."

8-17 공자:

"배울 적에는 목표에 미달된 듯이 추구하고[学];
배워서 얻은 지식은 잊어버릴까 두려운 마음으로 때때로 몸에
익혀야한다[時習]."

8-18 공자:

"숭고하도다!
순임금과 우임금은 천하를 지배했음에도,
그것을 사적으로 이용하지 않았으니!"

8-19 공자:

"요堯는 군주로서 정말 위대하시다! 숭고하도다!
오직 하늘만이 위대하다고 하였는데, 요임금이 바로 하늘같구나!
아득하구나! 백성들은 어찌 형용할 수가 없다.
숭고하구나! 그의 공적이여!
찬란하구나! 그의 예의법도여!"

- 猶유: 그리고 또. 그러고도.
- 巍巍외외: 높고도 큰 모양. 숭고崇高하다.
- 不與불여: 사유私有하지 않다. 사적으로 이용하지 않다.
- 文章문장: 예의제도

8-20 舜有臣五人而天下治;
武王曰:"予有亂臣十人."

孔子曰:
"才難: 不其然乎?
唐虞之際, 于斯爲盛;
有婦人焉, 九人而已!

三分天下有其二, 以服事殷;
周之德, 其可謂至德也已夫!"

8-21 子曰:
"禹, 吾无間然矣!
菲飮食而致孝乎鬼神;
惡衣服而致美乎黻冕;
卑宮室而盡力乎溝洫.
禹, 吾无間然矣!"

- 唐虞之際당우지제: 요임금의 당唐 나라로부터 순임금의 우虞 나라 때까지.
- 婦人부인: 무왕의 모친 태사太姒.
- 間간: 비평하다. 비난하다.

8-20　순舜은 현명한 신하 5명이 있어, 천하를 잘 다스렸다;
　　　무왕武王은 "나에게는 유능한 신하 10명이 있다."고 하였다.

　　　공자:
　　　"인재人才는 얻기 어려운 일이야. 그렇지 아니한가?
　　　당요唐堯와 우순虞舜 때에 비하여, 주나라 무왕 때에 인재가 많았지만;
　　　부인 1명을 빼면 9명이었어!

　　　천하의 3분지 2를 차지했으면서도, 문왕은 은나라를 섬겼으니;
　　　주나라 문왕의 덕행은, 최고의 경지에 이른 것이라고 말할 수 있다!"

8-21　공자:
　　　"우禹왕에 대해서는, 비평할 것이 없어!
　　　음식은 소박하나, 신령님께 드리는 제사는 정성을 다하였고;
　　　입는 옷은 초라하나 제사 때 입는 제복祭服은 아름다웠으며;
　　　궁실은 허술하나 논밭사이에 수로는 잘 만들었다.
　　　나는 우왕에 대하여 비난할 게 없다!"

- 菲비: 보잘 것 없다. 간소한.
- 黻冕불면: 제복祭服.
- 溝洫구혁: 도랑

제8편 태백 ● 173

이 편에서 사유^{思惟}하는 방법과 군자의 기개^{氣槪}에 관하여 언급하고 있다. 사유하는 방법으로 공자는 다음의 '4절^{四絶}'을 명심하라고 하였다.^{4장}

1. 무의^{毋意}: 자기 뜻을 굳게 지키지 마라
2. 무필^{毋必}: 반드시 그렇다고 주장하지마라
3. 무고^{毋固}: 끝까지 고집부리지 마라
4. 무아^{毋我}: 내가 최고라는 독선에 빠지지 마라

이는 자기의 주관적 독선에서 벗어나, '고기양단^{叩其兩端}'의 중용을 지키라는 말이다.^{8장}

군자의 진면목은 시련이 닥쳤을 때, 알아볼 수 있다고 하였다. "강추위를 겪은 다음에야 송백^{松柏} 잎이 시들지 않음을 알게 된다."^{28장}는 것이다.

"지자^{知者}는 미혹되지 아니하고; 인자^{仁者}는 걱정하지 아니하며; 용자^{勇者}는 두려워하지 않는다."고, 군자의 덕목인 '지인용^{智仁勇}'을 말하였다.^{29장}

제9편

자한
(子罕)

※ 세한도歲寒圖는 추사 김정희가 59세 때인 1844년, 제주도 유배 당시에 그린 것으로 지위와 권력을 잃어버렸는데도 사제간의 의리를 저버리지 않고 그를 찾아온 제자인 역관 이상적李尙迪, 1804~1865에게 이 편 28장을 떠올리며 그려준 그림이다. 〈국보 제180호〉

9-1 子罕言: 利, 與命, 與仁.

9-2 達巷黨人曰:
"大哉孔子! 博学而无所成名."

子聞之, 謂門弟子曰:
"吾何執? 執御乎? 執射乎?
吾執御矣!"

9-3 子曰:
"麻冕, 禮也; 今也純, 儉:
吾從眾!

拜下, 禮也;
今拜乎上, 泰也:
雖違眾, 吾從下!"

- 罕한: 드물게.
- 利이: 공리功利.
- 命명: 천명天命.
- 達巷黨달항당: 마을 이름. '黨'은 500가구정도가 사는 마을.
- 名명: 전문가로서의 명성.

9-1   공자가 드물게 말한 것은: 〈이利 • 명命 • 인仁〉에 관해서다.

9-2   달항당 사람이 말하길:
"위대하도다. 공자님! 학식이 깊고도 넓은데도 특정분야 전문가로서의 이름이 없다."

공자가 이 말을 듣고 제자들에게 말하길:
"나는 무슨 분야를 전문으로 할까? 수레 모는 일을 전문으로 할까?
활쏘기를 전문으로 할까?
나는 수레몰이를 전문으로 해야겠구나!"

9-3   공자:
"삼베실로 만든 두건을 쓰는 게 예이나;
지금은 명주실로 만든 것을 쓰는데, 이게 검소하니, 나도 이에 따르겠다!

당堂 아래에서 배례拜禮하는 게 예이나;
지금은 당 위에서 배례하는데, 이건 오만한 행위이니,
비록 사람들이 하는 행위와 다르다 하드라도,
나는 당 아래에서 배례하겠다!"

- 執집: 전집專執. 전문으로 하다.
- 麻冕마면: 삼베 두건.
- 純순: 명주실. 명주실보다 삼베실로 만든 두건이 비싸다.
- 泰태: 오만하다.

9-4　子絶四:
　　毋意;
　　毋必;
　　毋固;
　　毋我.

9-5　子畏于匡, 曰:
　　"文王既没, 文不在玆乎!

　　天之將喪斯文也,
　　后死者不得與于斯文也!

　　天之未喪斯文也,
　　匡人其如予何!"

- 匡광: 위나라의 지방 마을. 공자가 이곳을 방문했을 때 감금한 일이 있었다.
- 后死者후사자: 문왕이 죽은 후에 죽게 되어있는 사람으로, 공자 자신을 가리키는 말이다.

9-4 공자는 다음의 '4무四毋: 四絶'을 명심하였다.
1. 무의毋意: 임의로 단정하지 말라.
2. 무필毋必: 반드시 그래야 된다고 주장하지 말라.
3. 무고毋固: 끝까지 고집부리지 말라.
4. 무아毋我: 독선에 빠지지 말라.

9-5 공자가 광匡지방에서 예악문화와 관련하여 어려움에 처해있을 때 말하길:
"주나라 문왕이 죽은 후에도, 예악禮樂의 문화가 여기에 전해지고 있지 아니한가!

하늘이 만일 그 문화를 없애려고 하였다면,
후세에 나온 내가, 그 문화를 접할 수가 없었을 것이야!

하늘이 만일 그 문화를 없애려고 하지 않는다면,
저 광匡지방 사람들이 나를 어찌 하겠느냐!"

9-6 太宰問于子貢曰:
"夫子聖者與?
何其多能也!"

子貢曰:
"固天縱之將聖, 又多能也."

子聞之, 曰:
"太宰知我乎!
吾少也賤, 故多能鄙事.
君子多乎哉? 不多也!"

9-7 牢曰:
"子云:「吾不試, 故藝.」"

- 太宰태재: 재상宰相에 해당하는 직위.
- 縱종: 무제한의.

9-6 태재가 자공에게 묻길:
"공자는 성인이십니까? 어찌하여 그리 다재다능多才多能하신지요!"

자공이 말하길:
"본래 하늘이 그를 한없이 큰 성인으로 삼고자 하였으니,
그리 다능한 것입니다."

공자가 이를 듣고 말하길:
"태제가 나를 이해했을까!
나는 젊어서 너무 가난하여 잡일을 많이 해보았기 때문에 다능多能해진 것이다.
군자는 다재다능해야할까? 그렇지 않다!"

9-7 노牢가 말하길:
"공자께서: '나는 채용되지 못해서,
그래서 다양한 기예技藝를 배울 수 있었다.'고 말씀하셨다."

- 牢노: 공자의 제자. 자는 자개子開.
- 試시: 채용하다. 등용하다.

9-8 子曰:
"吾有知乎哉? 无知也!
有鄙夫問于我, 空空如也;
我叩其兩端而竭焉."

9-9 子曰:
"鳳鳥不至; 河不出圖: 吾已矣夫!"

9-10 子見齊衰者, 冕衣裳者與瞽者:
見之, 雖少, 必作;
過之, 必趨.

- 鄙夫비부: 시골사람. 무식한 사람.
- 空空如공공여: 머리가 텅 비어 아무것도 모르는 모양.
- 叩고: 묻다. 두드리다.
- 兩端양단: 처음서 끝까지.
- 竭갈: 온힘을 다하다. 갈진竭盡.
- 鳳凰봉황: 태평성세를 상징하는 새.

9-8　공자:

"내가 지식이 있는가? 지식이 없어!
전에 시골사람이 나에게 물었는데, 전혀 알아듣지 못하였다;
그러나 나는 질문한 내용을 처음부터 끝까지 캐묻고 답을 찾아내어,
열심히 설명해준 일이 있다."

9-9　공자:

"봉황새도 날아오지 않고, 하도河圖도 나오지 않으니:
나의 일생은 끝난 것인가!"

9-10　공자는 상복喪服을 입은 사람을 보거나,
예모禮帽를 쓰고 예복禮服을 입은 사람을 보거나, 맹인을 보면:
만나실 때에는, 그들이 비록 공자보다 젊은 사람일지라도,
반드시 좌석에서 일어서셨고;
그들 앞을 지나갈 때에는 반드시 종종걸음으로 빨리 가셨다.

- 圖도: 황하에서 나온 용마龍馬가 그려진 그림. 하도河圖. 성왕聖王의 출현을 미리 알려준다는 전설.
- 齊衰자최: 상복喪服.
- 冕衣裳면의상: 冕은 예관禮冠, 衣는 상의, 裳은 하의.
- 瞽고: 맹인.
- 趨추: 종종걸음으로 가다.

제9편 자한 ● 183

9-11　顏淵喟然歎曰:

"仰之, 彌高; 鑽之, 彌堅;
瞻之在前, 忽焉在后.

夫子循循然善誘人:
博我以文;
約我以禮.

欲罷不能;
既竭吾才, 如有所立卓爾;
雖欲從之, 末由也已!"

- 喟然위연: 감탄하는 모습.
- 彌미: 더욱.
- 鑽찬: 뚫다. 연구하다.

9-11 안연顔淵이 크게 감탄하며 말하길:

"우러러볼수록 더욱 높고; 연구하면 할수록 도리가 더욱 심오하다.
바라보면 앞에 계시다가도, 홀연히 뒤에 계신다.

선생님은 차근차근 사람들을 잘 일깨워 주시고;
우리에게 폭넓은 지식을 가르쳐 주시며;
예의禮儀로써 우리를 다듬어 주시었다.

그렇기에, 학습을 중단하려고해도 불가능하고;
나는 나의 재능을 다하고 나니,
마치 득도得道의 높은 정상이 눈앞에 우뚝 선듯하다;
비록 정상에 오르고 싶은 마음은 있는데, 어느 길로 올라가야할지를
모르겠구나!"

- 循循然순순연: 차근차근
- 卓爾탁이: 우뚝 서있는 모양.
※ 제자 안연이 스승 공자를 찬미하는 글이다.

9-12　子疾病. 子路使門人爲臣.

病間, 曰:
"久矣哉, 由之行詐也!
无臣而爲有臣,
吾誰欺? 欺天乎?

且予與其死于臣之手也,
无寧死于二三子之手乎!

且予縱不得大葬,
予死于道路乎?"

9-13　子貢曰:
"有美玉于斯: 韞匵而藏諸? 求善賈而沽諸?"

子曰:
"沽之哉! 沽之哉! 我待賈者也!"

- 爲臣위신: 가신이 되다.
- ※家臣가신: 대부들에게는 가신이 있어, 죽으면 가신이 장례를 치렀다. 공자는 벼슬을 떠나 무관無冠으로 지내고 있었으므로 가신이 없었다. 자로는 공자가 죽으면 학생들이 가신역할을 하여 성인聖人으로서의 예의에 따라 장례를 치를 수 있도록 준비하고 있었던 것이다. 그러나 공자는 이를 예를 넘어선 행위로 보았다.
- 病間병간: 병세가 좀 좋아지다.
- 行詐행사: 속이는 짓을 하다.

9-12 공자가 중병이 나자, 자로가 공자의 학생들에게 가신家臣 노릇을
하게 하였다.

병세가 좀 좋아지자 말하길:
"오래 되었구나, 자로가 나를 속여 온지가!
나는 본래 가신이 없는데도, 가신이 있는 것처럼 꾸며 왔으니,
내가 누굴 속이겠느냐? 하늘을 속이겠느냐?

내가 가신들 앞에서 죽기보다는,
차라리 너희 제자들 앞에서 죽는 게 좋지 않겠는가!

또 내가 죽은 후 장례를 성대하게 치르진 못한다하더라도,
설마 길에서 죽기야하겠느냐?"

9-13 자공: "여기에 좋은 옥이 있다면, 상자 안에 넣어 수장收藏하시겠습니까?
아니면 좋은 상인을 찾아 파시겠습니까?"

공자: "팔아야지! 팔아야지! 나는 상인을 기다리는 중이야!"

- 與其 … 无寧여기 … 무녕: …보다는 차라리 … 하는 것이 좋지 않겠느냐?
- 縱종: 비록.
- 韞匵온독: 상자에 넣어두다.
- 賈고: 상인.
- 沽고: 팔다.

※ 공자는 열심히 공부하여 얻은 지식을 사회에 나가 활용하라고 강조하는 말이다.

9-14　子欲居九夷.
　　　或曰:"陋, 如之何?"
　　　子曰:"君子居之, 何陋之有?"

9-15　子曰:
　　　"吾自衛反魯, 然后樂正;
　　　雅頌各得其所."

9-16　子曰:
　　　"出則事公卿;
　　　入則事父兄;
　　　喪事不敢不勉;
　　　不爲酒困: 何有于我哉!"

- 九夷구이: 옛날 중원의 동쪽 지방에 사는 소수민족을 '이夷'라 불렀다.
- 反반: 돌아오다. '返'자와 통한다.
- 公卿공경: 고위직 관리

9-14 공자는 구이九夷족이 사는 곳에 가서 살고 싶어 했다.
어떤 사람이 말하길: "그곳은 생활이 누추한데, 어찌 그곳입니까?"
공자: "군자가 가서 산다면, 그곳이 어찌 누추하겠느냐?"

9-15 공자:
"내가 위衛 나라로부터 노魯 나라로 돌아온 다음부터 음악이 바르게 되었다.
그래서 《아雅》와 《송頌》이라는 악장樂章이 정리整理된 것이다."

9-16 공자:
"밖에 나가면 공경公卿을 존경하고;
집에 들어오면 부형父兄을 섬기고;
상사喪事에 관해서는 감히 최선을 다하지 않는 일이 없고;
술로 인해 괴로운 일이 일어나지 않으니:
내가 이렇게 하는 것이 무슨 문제가 있는가!"

9-17   子在川上曰:
"逝者如斯夫! 不舍晝夜!"

9-18   子曰:
"吾未見好德如好色者也!"

9-19   子曰:
"譬如爲山: 未成一簣, 止; 吾止也!
(譬如平地) 雖覆一簣, 進; 吾往也!"

9-20   子曰:
"語之而不惰者, 其回也與!"

- 逝者서자: 흘러가고 있는 것.
- 舍사: 쉬다. 멈추다.
- 簣궤: 삼태기.

9-17 공자가 냇가에서 말하길:
"세월이 이처럼 흐르는구나! 밤낮을 쉬지 않고!"

9-18 공자:
"나는 德을 좋아하기를,
여색女色을 좋아하듯이 하는 사람을 보지 못하였다!"

9-19 공자:
"예를 들어, 흙을 쌓아 산을 만드는데: 한 삼태기의 흙이 모자라서
완성하지 못하고 멈추었다면; 이는 내가 정지한 것이야!
예를 들어, 흙을 부어 평지를 만드는데,
비록 한 삼태기의 흙을 부어 진전이 있었다면, 내가 발전한 것이야!"

9-20 공자:
"내 말을 듣고, 게으르지 않게 실천하는 사람은 안회顔回뿐이다!"

- 往왕: 발전하다.
- 平地평지: 땅을 평평하게 하다.
- 覆복: 흙을 붓는 것.

9-21 子謂顔淵, 曰:
"惜乎! 吾見其進也; 未見其止也."

9-22 子曰:
"苗而不秀者有矣夫!
秀而不實者有矣夫!"

9-23 子曰:
"後生可畏;
焉知來者之不如今也!
四十五十而无聞焉,
斯亦不足畏也已!"

- 苗묘: 싹이 자라다. 묘조苗條: 늘씬하다.
- 秀수: 이삭이 나와 꽃이 피다.
- 後生후생: 젊은이. 후배.

9-21 공자가 안연안회에게 말하길:

"일찍 죽다니 애석하다! 나는 그가 진보하는 것만을 보았지;

멈춰 있는 것은 못 보았는데."

9-22 공자:

"싹이 자라나도 이삭이 나와 꽃이 피지 않는 것이 있구나!

이삭이 나와 꽃이 피어도 결실되지 않는 것도 있구나!"

9-23 공자:

"젊은이들은 두려운 존재야,

그들이 오늘의 우리를 능가할지 어찌 알겠느냐!

만일 어떤 젊은이가 40세나 50세가 되어도 명성을 떨치지 못한다면,

그 젊은이는 두려워야할 존재가 아니다."

9-24 子曰:
"法語之言, 能无從乎?
改之爲貴!

巽與之言, 能无說乎?
繹之爲貴!

說而不繹; 從而不改:
吾未如之何也已矣!"

9-25 子曰:
"主忠信;
毋友不如己者;
過則勿憚改."

- 法語법어: 정언正言. 바른 말.
- 巽與손여: 공손히 타이르다.

9-24　공자:

"법어法語를, 받아드리지 않을 수가 있겠느냐?
자기 잘못을 고치는 게 소중한 것이야!

공손히 타이르는 말을 들으면; 기쁘지 아니한가?
그 말의 참뜻을 새기는 게 소중한 것이야!

만일 말의 참뜻을 새기지 않고, 겉으로만 받아드리는 척하고 고치지 않는다면;
나도 그런 자는 어찌해야할 방법이 없구나!"

9-25　공자:

"충성忠誠과 신의信義를 주요 덕목으로 삼고;
자기보다 못한 사람과 벗하지 말며;
착오기 있으면 바로 시정하기를 주저하지 말아야한다."

- 繹역: 실마리를 찾아내다. 繹之역지: 말의 참뜻을 새기다.
- 過則勿憚改과즉물탄개: 허물 • 착오 등의 과오가 있으면, 바로 시정하기를 꺼려하지 말라.

9-26 子曰:
"三軍, 可奪帥也;
匹夫, 不可奪志也."

9-27 子曰:
"衣敝縕袍,
與衣狐貉者立而不恥者,
其由也與!
「不忮不求, 何用不臧!」"

子路終身誦之. 子曰:
"是道也, 何足以臧!"

9-28 子曰:
"歲寒,
然后知松柏之后彫也!"

- 三軍삼군: 대군大軍.
- 匹夫필부: 한 사내. 보통 사람.
- 敝폐: 낡은
- 縕袍온포: 솜을 넣은 도포.
- 狐貉호학: 여우와 담비[貂초] 털가죽으로 만든 모피 옷.
  〈不忮不求불기불구, 何用不臧하용부장〉의 두 구는《시경》패풍〉· 웅치雄稚에 나온다.
- 忮기: 질투하다.

9-26 공자:

"군 총사령관의 권력은 박탈剝奪할 수 있으나;
필부匹夫의 의지는 박탈하지 못한다."

9-27 공자:

"낡은 솜옷을 입고서,
고급모피 옷을 입은 사람 앞에서도 부끄러워하지 않을 사람은,
자로子路. 由이지!
「질투하지 않고 욕심 부리지 않으니, 어찌 훌륭하지 않느냐!」"

자로가 《시경》에 나오는 이 두 구를 평생 명심하겠다고 말하니,
공자가 말하길:
"그렇게 한다면, 정말 훌륭한 사람이라고 해야겠구나!"

9-28 공자:

"강추위를 겪고서,
그런 다음에야, 송백松柏 잎이 시들지 않음을 알게 되는 것이야!"

⟨※인간의 본심은 가장 어려운 때에 드러난다.⟩

- 求구: 탐구貪求하다. 욕심 부리다.
- 臧장: 착하다. 善
- 歲寒세한: 음력 설 전후의 혹한酷寒.
- 松柏송백: 소나무와 잣나무.
- 后彫후조: 최후에 시들다. 이는 '시들지 않는다.'는 뜻이다. '彫'는 '凋조'와 통한다.
- ※歲寒圖: 질풍경초疾風勁草

9-29　子曰:
"知者不惑;
仁者不憂;
勇者不懼."

〔智〕:
　　만물萬物 중에서 눈에 보이는 物은 쉬지 않고 운동하고 변화를 하고 있는데, 이 物을 대표하는 것이 목금수화토木金水火土의 오행이다. 오행의 변화이치를 하나씩 궁리해 들어가는 것을 '격물格物'이라 한다. 격물을 통해서 자연과학에 관한 지식을 습득하게 되는데, 이것이 知다. 이런 지식을 지닌 사람을 지식인知識人 또는 지자知者라 부른다.

　　知가 오래 동안 쌓이게 되면, 마침내 중물衆物 자연과 인간사회의 모든 관계에 대하여 알지 못하는 것이 없게 된다. 이 과정이 '치지致知'다. 그러다가 어느 날 활연히 자연의 오행木金水火土과 인간사회의 오행仁義禮智聖를 관통하는 큰 이치를 깨닫게 되는데, 이것이 智다. 지혜의 바탕에는 무엇이 옳은 일인지 아니면 그른 일인지를 구별하는 시비지심是非之心이 있다. 智를 지닌 사람을 지자智者라 부른다.

　　과학기술은 격물을 통하여 발전해왔으며, 이에 따라 인간의 삶도 놀라운 진보를 거듭해왔다. 그러나 역설적으로 인간의 문화생활 전 분야에 걸쳐 과학기술에 지배당하여 인류문명이 파괴되고 있다. 이 문제의 해결 또한 인간의 지혜와 의지에 달려있다. 그래서 격물을 통하여 과학을 알아야하고, 치지를 통하여 인문학적 가치를 알아야 한다. 인간과 과학이 상생하도록 새로운 문명의 패러다임을 열어야한다. 그래서 〈'格物'은 노자사상에 바탕을 둔 일반론이고, '致知'는 유가의 이상사회로 들어가는 특수목적 아래 기술된 것〉이라고 한 것이다. 〈*참조:《대학 · 초간오행》139쪽〉

〔仁〕:
　　'仁'자는《시경》〈정풍 · 숙우전〉에 처음 등장한다. 공자가 나오기 전 춘추시대에는 仁은 그리 중요한 개념이 아니었다. 그 때는 禮를 통치수단의 근본으로 삼았다. 그런데 공자가 仁을 禮보다 중요시 하면서 仁이 부각되기 시작했다. 仁이라는 새로운 가치관을 찾아낸 것이다.

9-29 공자:

"지자知者는 미혹되지 아니하고;

인자仁者는 걱정하지 아니하며;

용자勇者는 두려워하지 않는다."

'仁'이란 진심으로 이웃을 내 몸같이 사랑하는 마음이다[愛人若愛其身]. 이웃을 사랑하는 마음의 바탕에는 남을 측은하게 여기는 측은지심惻隱之心이 있다. 仁은 애인愛人의 마음으로부터 시작하여 애물愛物 그리고 애천愛天으로까지 더욱 확충해나간다. 인仁의 본성은 청정淸靜이다. 仁하다고 스스로 나타내지 않고 그저 맑고 고요하다. 치열하게 흘러가는 강물도 보다 낮은 곳을 지향하는 겸손함과 생명체들이 함께 살아갈 수 있도록 도와주는 성품을 지녔다.

그래서 인자仁者는 다른 사람이 복을 얻는 것을 좋아하고, 다른 사람에게 우환이 생기는 것을 싫어한다. 이는 감정의 발로를 억제하지 못하여 저절로 우러나오는 것이지, 의도적으로 어떤 보답을 바라고 하는 것이 아니다. 그래서 《노자》에서 "상인上仁은 어떤 목적을 가지고 나타내는 것이 아니다."라고 한 것이다. 《대학·초간 오행》 267쪽. 《노자 왜 초간본인가》 13쪽. 265쪽.〉

〔勇〕:

義는 자기의 옳지 못함을 부끄러워하고, 남의 옳지 못함을 미워하는 수오지심羞惡之心을 근원으로 삼는다. 義는 염치廉恥를 아는 마음이다. 사람이 짐승과 다른 것은 염치를 아는 도덕적 존재라는 점이다.

어떤 사람이 바르지 못한 짓을 하거나, 남에게 해를 끼치거나, 염치없는 짓을 하는 것을 보면 그를 미워하게 된다. 불의不義를 보고 참지 못하는 분노가 일어나서, 그것을 시정하기위해서 행동하려면 용기勇氣가 있어야한다. 의義와 힘을 바탕에 두고 의도적으로 실천함이 용勇이다. 그저 분별없이 함부로 달려드는 것은 만용蠻勇이다.

혈연관계에서 효친孝親을 중심으로 하는 친친親親의 정서는 義의 개념이다. 다시 말해 의도적有以爲으로 가까운 사람을 더 가까이 대하는 '편애하는 정서'는 義이고, 햇볕이 만물을 따뜻하게 보살펴주듯이 편애하지 않는 정서는 仁이다.

9-30　子曰:
　　　"可與共学, 未可與適道;
　　　可與適道, 未可與立;
　　　可與立, 未可與權."

9-31　"唐棣之華, 偏其反而.
　　　豈不爾思, 是室遠而!"

　　　子曰:
　　　"未之思也! 夫何遠之有?"

- 適道적도: 정도正道
- 唐棣당체: 아가위나무. 산사山査나무.
  ※5월에 꽃피고 9월에 빨간 열매가 열린다. 연인사이의 사랑을 상징한다. 이 시 4구는《시경》에 없는 글이다.

9-30 공자:

"함께 공부한 동창·동기가, 함께 정도正道로 나가는 친구가 되는 것은 아니고;

함께 정도로 나가는 친구가, 함께 동지同志가 되는 것도 아니고;

함께 동지가 되어도, 함께 대사大事를 논할 수 있는 것도 아니다."

9-31 "당체唐棣꽃 한들한들.

어찌 그대 그립지 않으리? 집이 너무 멀리 있네!"

공자: "그리움이 부족한 것이야. 어찌 멀다고 하는가!"

이 편에서는 고향이나 조정에서의 언행, 손님 접대, 조정을 출입하는 때, 재계齋戒의식 때, 마을 사람들과 술자리에서의 태도 등 일상생활에서의 예제禮制문제에 관하여 유의해야할 점을 포괄적으로 다루고 있다.

마구간이 불에 타자, 공자가 조정에서 돌아와 "다친 사람은 없는가?"라고 묻고, 말에 대하여는 묻질 않았다.17장 이는 공자의 애인愛人 정신을 보여준 말이다.

※거주하는 가구 수에 따른 마을의 명칭 구분:
- 린鄰: 5가구
- 리里: 25가구
- 당黨: 500가구 큰 마을
- 향鄕: 12,500가구 아주 큰 마을

제10편 향당(鄕黨)

10-1 孔子于鄉黨, 恂恂如也, 似不能言者.
　　　其在宗廟朝廷, 便便言, 唯謹謹爾.

10-2 朝, 與下大夫言, 侃侃如也;
　　　與上大夫言, 誾誾如也.
　　　君子, 踧踖如也; 與與如也.

10-3 君召使擯, 色, 勃如也;
　　　足, 躩如也.

　　　揖所與立, 左右手;
　　　衣前后, 襜如也.

　　　趨進, 翼如也.
　　　賓退; 必復命曰:"賓不顧矣!"

- 恂恂순순: 공순恭順한 모습.
- 便便편편: 유창하게 말하는 모습.
- 侃侃간간: 온화하고 즐거운 모습.
- 誾誾은은: 부드러우면서도 분명한 모습.
- 踧踖축적: 공경하며 조심하는 모습.

10-1 공자가 고향에서는 대단히 공순恭順하여, 말할 줄을 모르는 것 같았다.
종묘와 조정에서는 말이 유창하였으나, 근신謹愼하였다.

10-2 조정에서 하대부下大夫들과 대화를 나눌 때는 자유롭고도 강직하였으며;
상대부上大夫와 대화를 나눌 때에는 부드러우면서도 분명하였다.
군주가 계실 때에는 공경하고 조심하면서도 의젓하였다.

10-3 군주가 공자를 불러 손님접대를 맡기면, 얼굴빛을 엄숙히 하고,
빠른 걸음으로 다녔다.

서있는 분께 예의를 표할 때에는 두 손을 맞잡았으며,
옷의 앞뒤 자락이 가지런히 움직였다.

빠른 걸음으로 나아갈 때는 새가 나래를 펴고 나는 듯하였다.
손님이 완전히 돌아가시면, 반드시 군주에게 "손님이 가셨습니다."라고
복명하였다.

- 與與여여: 의젓한 모습.
- 勃如발여: 표정을 엄숙히 바로잡는 모습.
- 躩곽: 바삐 가다.
- 襜첨: 옷이 가지런한 모습.
- 賓不顧빈불고: 손님이 돌아보지 않았다.〈완전히 가버렸다.〉

10-4　入公門, 鞠躬如也; 如不容.
　　　立不中門, 行不履閾.

　　　過位, 色勃如也;
　　　足躩如也;
　　　其言似不足者.

　　　攝齊升堂, 鞠躬如也;
　　　屏氣似不息者.
　　　出, 降一等, 逞顔色, 怡怡如也.
　　　沒階, 趨進, 翼如也.
　　　復其位, 踧踖如也.

- 鞠躬국궁: 존경의 뜻으로 몸을 굽힘.
- 履閾리역: 문지방을 밟다.
- 攝齊섭자: 옷자락을 잡다.
- 屏氣병기: 숨을 죽이다.

10-4 공자가 조정 대문에 들어가는 때에는, 몸을 굽히기를,
마치 문이 작아 들어가기 어려운 듯이 하셨다.
문 가운데 서지 않았고, 문지방을 밟지 않고 지나셨다.

군주의 자리 앞을 지나가는 때에는 얼굴빛을 엄숙히 하고,
빠른 걸음으로 갔으며,
마치 기력이 모자라는 듯이 말소리를 아주 낮추셨다.

옷자락을 잡고, 堂당에 오를 때에는 몸을 굽히셨고,
마치 숨을 쉬지 않는 듯이 숨을 죽이셨다.
당에서 나와 한 계단 내려오면, 얼굴빛을 펴고 기쁜 표정을 지셨다.
계단을 다 내려오면, 마치 새가 나래를 펴고 날아가듯이,
빠른 걸음으로 가셨다.
자기의 자리로 돌아오면, 공경하는 태도를 취하셨다.

- 逞顔色령안색 : 환하게 얼굴빛을 펴다.
- 怡怡이이 : 기쁜 모습
- 踧踖축적 : 공손하고 조심하다.

10-5　執圭, 鞠躬如也; 如不勝.
　　　上如揖, 下如授;
　　　勃如戰色, 足蹜蹜, 如有循.

　　　享禮, 有容色; 私覿, 愉愉如也.

- 圭규: 옥으로 만든 것으로 신분을 증명한다. 대부가 군주의 명을 받아 다른 제후국에 사신으로 출장 갈 때 이 圭를 들고 간다.
- 揖읍: 상대를 공경하는 예의 한 가지. 두 손을 맞잡아 얼굴 앞으로 들며 허리를 구부렸다가 펴는 동작.
- 戰色전색: 전전긍긍하는 표정. 두려워하는 모습.

10-5 공자가 규圭를 드는 때에는 몸을 굽혀 그것을 들지 못하는 것처럼
하셨다.
위로 들어 올리는 때에는 읍揖을 하듯이 하고,
내리는 때에는 그것을 상대에게 넘겨주듯이 하셨다.
얼굴빛은 엄숙하되 전전긍긍하듯이 하였고,
발걸음은 종종걸음으로 발을 끌듯이 걸으셨다.

예물을 바칠 때에는 부드러운 얼굴빛을 짓고,
사적으로 만나 예물을 교환하는 때에는 즐거워하셨다.

- 蹜蹜축축: 종종걸음 치다.
- 有循유순: 발을 끌면서 조심스럽게 걷는 모습.
- 享禮향례: 예물을 바치는 예.
- 私覿사적: 사적으로 만나 예물을 교환하는 것.
- 愉愉유유: 유쾌한 모습.

10-6 君子不以紺緅飾; 紅紫不以爲褻服.
當暑, 袗絺綌; 必表而出之.

緇衣羔裘;
素衣麑裘;
黃衣狐裘.

褻裘長, 短右袂.
必有寢衣, 長一身有半.
狐貉之厚以居.

去喪, 无所不佩.
非帷裳, 必殺之.
羔裘玄冠不以弔.

吉月, 必朝服而朝.

- 紺緅飾감추식: 제복祭服을 옷깃의 색깔로 구분한다. 紺은 보라색深靑透紅色, 緅는 진홍색. 강색絳色. 飾은 옷에 깃을 다는 것.
- 褻服설복: 평복. 집에서 입는 옷.
- 袗진: 홑옷.
- 絺綌치격: 갈포로 만든 옷.
- 緇衣치의: 검은 색 외투. 승려가 입는 옷.
- 羔裘고구: 흑색 양가죽 옷.

10-6 　군자공자는 진한 보라색과 진홍색의 깃을 달지 않고,
　　 붉은 색과 자주색으로는 평복을 만들지 않으셨다.
　　 더운 여름에는 갈포로 만든 홑옷을 입되,
　　 외출을 하는 때에는 그 위에 외투를 입으셨다.
　　 흑색 겉옷으로는 흑색 양가죽 옷을;
　　 백색 겉옷으로는 흰색 사슴가죽 옷을;
　　 황색 겉옷으로는 황색 여우가죽 옷을 입으셨다.

　　 집에서 입는 평복은 길지만, 오른편 소매는 짧았다.
　　 잠자리에서는 반드시 잠옷을 입었는데,
　　 그 길이는 일반 옷보다 한 배 반이나 길었다.
　　 여우와 담비 털가죽으로 만든 두터운 방석을 쓰셨다.

　　 제사가 끝나고 상복喪服을 벗으면, 패물佩物을 모두 허리띠에
　　 패용하셨다.
　　 조회와 제사 때 입는 옷이 아니면, 반드시 천을 잘라 지어 입으셨다.
　　 검은 갓옷과 검은 갓을 쓰고는 문상하지 않으셨다.

　　 매달 초하루에는 반드시 조복을 입고 조정에 나가셨다.

- 麛예: 새끼 사슴. 백색.
- 短右袂단우몌: 짧은 우측 소매. 일하기 편하게.
- 帷裳유상: 조복朝服과 제복祭服
- 殺之쇄지: 재단하다. 가위질하다.
- 玄冠현관: 검은 색 관. 검은 색은 길吉을, 흰색은 상喪을 상징한다.
- 吉月길월: 매달 초하루.

10-7 齊, 必有明衣; 布.
　　 齊, 必變食;
　　 居, 必遷坐.

10-8 食不厭精;
　　 膾不厭細.

　　 食饐而餲, 魚餒而肉敗, 不食; 色惡, 不食;
　　 失飪, 不食;
　　 不時, 不食;
　　 割不正, 不食; 不得其醬, 不食.

　　 肉雖多, 不使勝食氣.
　　 唯酒无量; 不及亂.
　　 沽酒, 市脯, 不食.
　　 不撤薑食; 不多食.

- 饐而餲의이애: 쉬거나 상한 것.
- 餒뇌: 생선이 상한 것.
- 敗패: 고기가 상한 것.
- 飪임: 익히다.
- 不時불시: 제철의 것이 아닌 것.

10-7 재계齋戒의식을 하는 때에는, 목욕 후 입을 깨끗한 옷이 있었는데,
삼베 천으로 만든 것이었다.
재계 때에는 음식을 평상시와 달리하였고,
자는 방도 평상시와 달리하셨다. 〈부인을 멀리했다.〉

10-8 밥은 정미精米로 지은 것을 싫어하지 않았고,
회膾는 얇게 썬 것을 싫어하지 않으셨다.

생선이 상한 것과 고기가 상한 것은 먹지 않으셨다.
색깔이 변한 것, 냄새가 이상한 것, 잘못 익힌 것,
제철에 맞지 않는 것,
바르게 썰지 않은 것, 간이 맞지 않은 것들은 모두 먹지 않으셨다.

고기는 비록 많이 들었으나 밥을 먹지 못할 정도로 과식하지는
않으셨다. 술은 제한 없이 마셨으나 정신을 잃지는 않았으며,
밖에서 사온 술이나 육포는 먹지 않으셨다.
요리에 생강 넣는 것을 마다하지 않았으나 많이 넣으면 먹지 못하셨다.

- 不得其醬부득기장: 간이 맞지 않은 것.
- 勝食氣승식기: 밥 기운을 이기다. 밥을 먹지 못할 정도가 되다.
- 沽酒市脯고주시포: 밖에서 사온 술과 사온 육포.
- 姜강: 생강. 강薑.

10-9 祭于公, 不宿肉.
　　　祭肉, 不出三日;
　　　出三日, 不食之矣!

10-10 食不語; 寢不言.

10-11 雖疏食, 菜羹, 必祭; 必齊如也.

10-12 席不正, 不坐.

10-13 鄕人飮酒,
　　　杖者出, 斯出矣!

- 宿肉숙육: 고기를 하룻밤 묵히다.
- 疏食菜羹소사채갱: 거친 밥과 나물 국. 疏食를 '소식'으로 읽는 게 좋다.
- 祭제: 고수레

10-9 군주가 지내는 제사에 참석하고 받아온 고기는 하루 밤을 묵히지
않으셨다.
집에서 지낸 제사용 고기도 3일을 넘기지 않았으며,
3일이 지난 고기는 먹지 않으셨다.

10-10 식사하는 때 말하지 않았고, 잠자리에서도 말하지 않으셨다.

10-11 비록 간소한 밥과 야채 국일지라도 먹기 전에 반드시 고수레를
하였는데, 언제나 엄숙한 모습이었다.

10-12 좌석이 바르지 않으면, 앉지 않으셨다.

10-13 마을 사람들과 술을 마시는 때에는,
지팡이 짚는 노인이 나간 다음에 자리에서 일어나셨다.

10-14　鄕人儺,
　　　朝服而立于阼階.

10-15　問人于他邦,
　　　再拜而送之.

10-16　康子饋藥, 拜而受之;
　　　曰, "丘未達, 不敢嘗."

- 儺나: 나례儺禮. 역귀疫鬼를 쫓아내는 의식. 전염병을 퍼뜨리는 귀신을 '역귀疫鬼'라 하였다.
- 阼階조계: 동쪽 계단

10-14　마을 사람들이 역귀疫鬼를 쫓아내는 의식을 진행하는 때에는, 조복朝服을 입고 동쪽 계단에 서 계셨다.

10-15　공자가 다른 지방에 사는 붕우朋友에게 안부를 묻기 위해 사람을 보내는 때에는, 그에게 두 번 절하고 보내셨다.

10-16　계강자季康子가 약을 보내오자, 그에게 감사의 절을 한 후 받으며 말하길: "나 공구孔丘는 이 약을 잘 모르니, 감히 맛보지는 못하겠다."

- 康子강자: 노나라 대부 계강자季康子.
- 饋궤: 보내다.
- 嘗상: 맛보다.

10-17　廐焚. 子退朝,
　　　　曰:"傷人乎?"不問馬.

10-18　君賜食, 必正席先嘗之;
　　　　君賜腥, 必熟而薦之;
　　　　君賜生, 必畜之.
　　　　侍食于君, 君祭, 先飯.

10-19　疾, 君視之, 東首, 加朝服, 拖紳.

- 廐焚구분: 마구간에 불이 나다.
- 腥성: 생고기.
- 薦천: 조상에게 제물로 바치는 것.
- 先飯선반: 군주의 안전을 위하여 먼저 맛보다.

10-17 마구간이 불에 탔다. 공자가 조정에서 돌아와,
"다친 사람은 없는가?"라고 묻고, 말에 대하여는 묻질 않으셨다.

10-18 군주가 음식을 하사下賜하면, 반드시 바로 앉아서 먼저 맛을 보았고;
군주가 생고기를 하사하면, 반드시 익혀서 먼저 조상께 제사를 드린 후 먹었으며;
군주가 산 짐승을 하사하면, 반드시 먼저 기르셨다.
군주와 함께 식사를 하는 때, 군주가 제례를 거행하는 때에는 군주의 안전을 위해서 먼저 맛을 보셨다.

10-19 병이 나서 군주가 문병오시면, 머리를 동쪽으로 두고, 이불위에 조복朝服을 덮고, 그 위에 예복의 허리띠를 펼쳐 놓으셨다.

- 視시: 문병하다.
- 東首동수: 환자는 방의 남쪽에 누워 머리를 동쪽으로 두다. 군주가 방의 북쪽에 앉아 남면南面하며 환자를 볼 수 있도록 한 것이다.
- 拖紳타신: 예복의 큰 띠를 펼쳐 놓다.

10-20 君命召,
       不俟駕行矣.

10-21 入太廟, 每事問.

10-22 朋友死, 无所歸, 曰:
       "於我殯!"

10-23 朋友之饋, 雖車馬, 非祭肉, 不拜.

10-24 寢不尸,
       居不容.

- 俟駕사가: 수레를 기다리다.
- 无所歸무소귀: 돌아갈 곳이 없다. 장례를 돌봐줄 사람이 없다.
- 빈殯: 시신을 관에 넣어 일정한 곳에 안치하는 일
- 饋궤: 선물하다. 음식을 대접하다.

10-20 군주가 들어오라는 명을 내리시면,
       수레 준비가 잘 되기를 기다리지 않고 먼저 출발하셨다.

10-21 태묘太廟에 들어가서는 매사를 꼼꼼히 챙기셨다.

10-22 붕우가 죽었는데, 빈장殯葬할 사람이 없자, 공자가 말하길:
       "내가 빈장하는 일을 맡겠다."

10-23 붕우가 선물한 것이 비록 수레나 말이라 할지라도,
       제사지낸 고기가 아니면 절하지 않으셨다.

10-24 잠을 자는 때에는 시체처럼 반듯하게 눕지 않았고;
       집에서 휴식을 하는 때에는 엄숙하지 않으셨다.

10-25 見齊衰者, 雖狎必變;
　　　　見冕者與瞽者, 雖褻必以貌.

　　　　凶服者式之;
　　　　式負版者.
　　　　有盛饌, 必變色而作.
　　　　迅雷, 風烈, 必變.

10-26 升車, 必正立執綏;
　　　　車中, 不內顧, 不疾言,
　　　　不親指.

10-27 色, 斯擧矣! 翔而后集.
　　　　曰: "山梁雌雉, 時哉! 時哉!"
　　　　子路共之; 三嗅而作.

- 狎압: 친숙하다.
- 冕면: 관모官帽. 관리가 쓰는 모자.
- 瞽고: 맹인.
- 褻설: 친숙한 사이. '狎'과 같은 뜻이다.
- 凶服흉복: 상복.
- 式식: 수레 앞의 가로나무를 잡고 절하다. 식'軾식'과 같다.
- 負版부판: 나라의 도적圖籍을 짊어지다.

10-25 상복喪服을 입은 사람을 보면, 비록 친근한 사이일지라도 정색 正色 하였으며;
관모를 쓴 사람과 맹인을 보면, 비록 친근한 사람일지라도 예를 갖추셨다.

수레위에서도 상복을 입은 사람을 보면 예를 차렸고,
나라의 도적圖籍문서을 짊어진 사람에게도 예를 갖추었다.
성찬이 나오면 반드시 정색을 하며 일어서셨다.
천둥과 강풍을 만나도 반드시 정색을 하셨다.

10-26 수레에 오를 때에는, 반드시 바르게 서서 손잡이 끈을 잡고 오르셨다.
수레에 오른 다음에는 돌아보지 않았고, 조급하게 말하지 않았으며,
손가락으로 가르치지 않으셨다.

10-27 꿩이 사람을 만나면 놀라 날아올라, 날아가다가 내려앉는다.
공자가 말하길: "산상의 까투리가 때를 만났구나, 때를 만나!"
자로가 꿩을 향해 두 손을 맞잡고 안녕을 빌어주자, 몇 차례 맑은 울음소리를 내며 날아갔다.

- 盛饌성찬: 풍성하게 잘 차린 음식.
- 迅雷신뢰: 심한 천둥. *迅신은 疾질과 같다. 疾은 격렬하게 지르는 소리.
- 執綏집수: 손잡이 줄을 잡다.
- 疾言질언: 빠르게 말을 하다.
- 共之공지: 두 손을 맞잡고 빌어주다. 共은 '拱'과 같다.
- 三嗅而作삼후이작: '三'은 몇 차례. '嗅'를 '鳴명'의 오誤자로 보기도 하고, '戞알'자로도 본다. 戞은 '큰 새의 맑고 긴 울음소리'의 뜻이다.

이 편 각 장은 서로 연관성이 별로 없다.

1. '백규 白圭'란 흰색의 옥기 玉器. 공자는 옥기에 있는 티는 갈아서 없앨 수 있으나, 언행 중에 있는 티는 수습이 불가능하니 조심하라고 가르친다. 흰 옥에 박힌 한 점의 티를 '백규일점 白圭一玷'이라고 한다. 6장

2. 공자의 교육방법: 공자는 같은 질문에 대하여 제자에 따라 다르게 답변하였다. 이는 제자마다 개인의 성품이 다르기 때문이다. 22장 이것이 공자의 교육방법이다.

3. 과유불급 過猶不及: 중도 中道의 선에서 넘쳐나도 좋지 않고, 모자라도 좋지 않다는 뜻이다. 공자는 양극단을 포용하는 '고기양단 叩其兩端.⟨9편8장⟩'과 '화해 和諧'를 강조한다.

4. 공자도 유가들이, 현실적으로 관리가 되어 정사 政事에 참여하기를 바라는 한편, 또한 늦은 봄 계곡물에서 목욕하고 노래 부르며 지내는 유유자적 悠悠自適의 도가적 풍류를 이상으로 본 것이다. 26장 ⇒ "거친 밥 먹고 물마시며, 팔베개 낮잠에 즐거움이 있는데⟨飯疏食飮水, 曲肱而枕之, 樂亦在其中矣⟩; 부당한 방법으로 부귀를 얻는 일은 나에겐 뜬구름 같은 것이야."7편16장. 6편11장.

제11편 선진(先進)

11-1 子曰:
"先進于禮樂, 野人也;
後進于禮樂, 君子也.
如用之, 則吾從先進."

11-2 子曰:
"從我于陳蔡者, 皆不及門也."

11-3 "德行: 顔淵・閔子騫・冉伯牛・仲弓;
言語: 宰我・子貢;
政事: 冉有・季路;
文學: 子游・子夏."

- 先進선진: 관리가 되기 전에 예악의 지식을 습득하다.
- 野人야인: 평민들과 교외郊外에 사는 사람들. 서민庶民.
- 後進후진: 관리가 된 다음에 예악의 지식을 습득하다.
- 君子군자: 귀족. 경대부卿大夫의 자제들

※춘추시대에는 〈귀족・평민・노예〉로 나뉜 철저한 계급사회였다. 평민층 젊은이가 예악을 학습하기란 어려운 환경이었다. 그러나 공자는 평민층 자제들에게도 예악을 가르쳤다. '평민'이란

11-1 공자:

"먼저 예악禮樂을 학습한 후에 관리가 되는 사람은,
작위가 없는 야인野人이고; 세습되는 귀족신분으로 있으면서 후에 예악을 학습
한 사람은 경대부卿大夫의 자제들이다.
만일 내가 인재를 선발한다면, 먼저 예악을 학습한 사람을 선택하겠다."

11-2 공자:

"나를 따라 진陳나라와 채蔡나라에서 고생했던 사람들이,
지금은 모두 내 문하門下에 없다."

11-3 덕행으로는 안연, 민자건, 염백우와 중궁이 훌륭하고;
언어에는 재아와 자공이 잘하고;
정사政事 관리는 염유와 계로가 재능이 있으며;
문헌에는 자유와 자하가 정통했다.

농업, 공업, 상업에 종사하는 사람들이다. 다만, 제자들 중에 노예층 자제와 여성은 없었다. 이
것이 공자사상의 한계다.
- 不及門불급문: 모두 떠나고, 지금은 나의 문하門下 제자에 남아있지 않다.
- 德行덕행: 효제孝悌, 충서忠恕 등 윤리의 실행
- 言語언어: 사령辭令이나 외교 문서의 작성
- 文學문학: 고대문헌

11-4　子曰:

"回也, 非助我者也;

于吾言无所不說."

11-5　子曰:

"孝哉, 閔子騫!

人不間于其父母昆弟之言."

11-6　南容三復白圭; 孔子以其兄之子妻之.

※안회는 천성이 착하고, 공순恭順하여 스승의 말씀에 대하여 의문을 제기하지 않고 무조건 순종한다. 공자는 바로 이런 성품을 지닌 제자는 발전성이 없다고 보았다.
- 間간: 비난. 비평. 헐뜯다.
- 昆곤: 형.
- 南容남용: 공자의 제자. 남궁괄南宮适.

11-4 공자:
"안회는 나에게 도움이 되지 못하는 사람이야!
내가 하는 말에 대해서는 무엇이든 의문을 제기하지 않고 좋아만 하니까."

11-5 공자: "민자건은 정말 효자로구나!
그의 부모형제들이 그를 칭찬하는 말에 대하여,
사람들이 이의를 제기하지 못하고 있으니."

11-6 남용이 '백규白圭'의 시를 여러 차례 외우자,
공자가 자기 형님의 딸을 그에게 시집보내셨다.

- 三復삼복: 여러 차례.
- 白圭백규:《시경·대아·억억抑》에 나오는 "白圭之玷, 尙可磨也. 斯言之玷, 不可爲也."〈흰 옥의 티는 갈아낼 수 있으나, 말 중의 티실언는 수습이 불가능하네.〉라는 구절의 시. 말조심하라는 뜻이다.

11-7 季康子問:

"弟子孰爲好学?"

孔子對曰:

"有顔回者, 好学. 不幸短命死矣! 今也則亡."

11-8 顔淵死; 顔路請子之車以爲之椁.

子曰:

"才不才, 亦各言其子也!

鯉也死, 有棺而无椁.

吾不徒行以爲之椁; 以吾從大夫之后, 不可徒行也."

11-9 顔淵死. 子曰:

"噫, 天喪予! 天喪予!"

- 顔路안로: 안회안연의 아버지. 안회과 함께 공자의 제자.
- 椁곽: 옛날 지위가 있는 사람은 시신을 두 층으로 된 널에 넣었는데, 속의 널을 棺관이라 하고, 겉의 널을 椁곽 또는 곽槨이라 하였다. 관 주변을 돌로 쌓은 것을 석곽石槨이라 한다.
- 鯉리: 공자의 아들 이름. 자는 백어伯魚. 공자 70세 때, 백어는 50세 나이로 죽었다.

11-7 계강자가 묻고 공자가 답하셨다.

"제자들 중에서 누가 배우기를 가장 좋아합니까?"

"안회라는 제자가 가장 배우기를 좋아했어요.
불행하게도 단명으로 죽었지요. 지금은 그런 제자가 없습니다."

11-8 안연이 죽자, 안연의 부친 안로顔路가 공자의 수레를 팔아 외관外棺을
장만해 줄 것을 요청하였다. 이에 공자가 말하길:

"자식이 재능이 있든 없든 자신의 자식이니, 부모는 모두 그렇게 말하지요!
내 아들 리鯉가 죽었을 때에도 관棺만하고, 곽槨은 없었습니다.
곽을 해주고, 내가 걸어 다닐 수는 없었지요.
내가 대부 뒤를 따라다니는 신분이지만,
걸어 다닐 수는 없었기 때문입니다."

11-9 안연이 죽자, 공자가 말하길:

"아아! 하늘이 나를 징벌하구나, 하늘이 나를 징벌해!"

- 從大夫之后종대부지후: 대부들의 뒤를 따라다니다. 공자는 노나라에서 한 때 사구司寇라는 관직을 역임한 대부의 신분이나, 스스로를 겸손하게 표현한 말이다. 사구는 치안과 사법을 담당하는 행정관형조판서이다.

11-10 顔淵死; 子哭之, 慟.

從者曰:"子慟矣!"

曰:"有慟乎? 非夫人之爲慟而誰爲!"

11-11 顔淵死, 門人欲厚葬之.

子曰:"不可!" 門人厚葬之.

子曰:

"回也, 視予猶父也; 予不得視猶子也.

非我也; 夫二三子也!"

11-12

季路問事鬼神.

子曰:"未能事人, 焉能事鬼?"

曰:"敢問死?"

曰:"未知生, 焉知死!"

- 慟통: 대단히 비통悲痛해하다.
- 視予猶父시여유부: 나를 아버지처럼 여기다.
- 夫人부인: 이 사람. '夫'는 지시대명사. 안연을 지칭한다.
- 厚葬후장: 성대하게 장례를 치르다.

11-10 안연이 죽자, 공자가 대단히 비통해하며 우셨다.
수행하는 사람이 "선생님 너무 비통해하십니다!"라고 하자,
공자가 "너무 비통해한다고? 이 사람을 위하여 비통해하지 않는다면,
누굴 위해 하겠느냐!"고 하셨다.

11-11 안연이 죽고, 문인門人들이 성대하게 장례를 치르려고 하자,
공자가 "안 된다."고 하셨다. 그래도 문인들이 성대히 장례를 치르자,
공자가 말하길:
"회안연는 나를 친아버지처럼 대하였는데,
나는 그를 자식처럼 대하질 못하였다.
나 때문이 아니라, 너희들 때문이다!"

11-12 계로季路 자로가 귀신 섬기는 일에 대하여 묻자, 공자가 답하길:
"사람도 제대로 섬기지 못하는데, 어찌 귀신을 섬기겠느냐?"

또 "죽음이란 무엇입니까?"라고 묻자, 공자가 답하길:
"삶이 무엇인지도 모르는데, 어찌 죽음이 무엇인지를 알겠는가?"

• 夫부: 어조사
※ 공자는 예를 중시하였다. 형편에 따라 알맞게 장례를 치르는 것이 예이다.
지나친 예는 바른 예가 아니다. '과공비례過恭非禮'인 것이다.

11-13　閔子侍側, 誾誾如也;
　　　子路, 行行如也;
　　　冉有・子貢, 侃侃如也:

　　　子樂[曰]:"若由也, 不得其死然."

11-14　魯人爲長府; 閔子騫曰:
　　　"仍舊貫! 如之何? 何必改作."
　　　子曰:"夫人不言; 言必有中."

11-15　子曰:
　　　"由之瑟, 奚爲于丘之門?" 門人不敬子路.
　　　子曰:"由也升堂矣, 未入于室也."

- 閔子민자: 공자의 제자. 민자건閔子騫.
- 侍側시측: 곁에서 어른을 모심. 측근.
- 誾誾은은: 온화한 모습.
- 行行행행: 강인한 모습.
- 侃侃간간: 침착한 모습從容不迫.
- 子樂: 子曰. '樂'을 '曰'자의 와전으로 본다.
- 不得其死부득기사: 제 명대로 살지 못한다.
- 魯人노인: 노나라 집권자커족. 人과 民은 다르다.

11-13 민자건은 선생님을 측근에서 모시는 때에는 온화한 모습이었고;

자로는 강하고 용감한 모습이었으며;

염유와 자공은 강직한 모습이었다.

공자는 즐거워하시며 말씀하시길:
"자로같이 강한 사람은 제 명대로 살다가 죽지 못할 것이다."

11-14 노나라 관리가 장부長府라는 창고를 짓자, 민자건이
"옛것을 그대로 이용하는 것이 어떤가? 하필 고쳐지으려는가?"라고 말하자,

공자가 말하길: "이 사람은 말을 하지 않는데, 말을 했다하면 정곡正鵠을 찌른단 말이야."

11-15 공자가:
"자로는 슬瑟을 내 집안에서만 타는가?"라고 하니, 문인門人들이 자로를 존경하지 않았다. 그러자 공자가 "자로의 학문은 당堂에 올라와 있어. 아직 입실入室을 하지 못했을 뿐이야."

- 爲長府위장부: 노나라의 재물과 문서를 수장하는 창고를 새로 지으려고 하다. '爲'는 새로 지으려는 뜻이다.
- 仍舊貫잉구관: 옛날 하던 대로 따르다. 貫관: 것事, 例
- 夫부: 발어사發語詞
- 瑟슬: 중국의 전통 현악기.
- 奚爲해위: 어찌~ 연주하는가!
- 升堂승당: 堂은 집의 대청. 자로의 학문이 상당한 수준에 올라와 있으나, 아직 최고의 경지인 입실入室에는 미달하고 있다는 말이다. 升승은 '昇승'자와 같다.

11-16　子貢問:"師與商也孰賢?"
　　　　子曰:"師也過; 商也不及."

　　　　曰:"然則師愈與?"
　　　　子曰:"過, 猶不及!"

11-17　季氏富于周公,
　　　　而求也爲之聚斂而附益之.

　　　　子曰:
　　　　"非吾徒也! 小子鳴鼓而攻之可也."

11-18　柴也愚; 參也魯; 師也辟; 由也喭.

• 師사: 자장子張. 이름은 전손사顓孫師
• 商상: 자하子夏. 이름은 복상卜商
• 愈유: 낫다.
• 季氏계씨: 노나라 대부. 계강자季康子.
• 求구: 계강자 밑에서 일하는 세리稅吏. 염구冉求
• 聚斂취렴: 세금으로 긁어모으다.
• 柴시: 공자의 제자. 자고子羔.

11-16 자공이 묻고, 공자가 답하였다.

"자장과 자하는 누가 더 현명합니까?"

"자장은 지나치고, 자하는 모자라지."

"그러면 자장이 좀 좋습니까?"

"지나친 것은 모자라는 것이나 같은 것이야⟨과유불급過猶不及⟩.
둘 다 좋지 않아요."

11-17 계강자는 주공周公보다 부유했는데, 염구冉求는 그를 위하여 세금을 거두어 주어 그의 부를 늘려 주었다.

공자가 말하길:

"그는 나의 제자가 아니야!

너희들이 북을 두드리며가서 그를 성토해도 좋다."

11-18 자고子羔는 우둔하고; 증삼曾參은 미련하며; 자장子張은 편파적이고; 자로子路는 조잡하다.

- 愚우: 우둔愚鈍하다.
- 參삼: 증삼曾參.
- 魯로: 노둔魯鈍하다. 미련하다.
- 辟벽: 편파적이다. '僻벽'과 같다.
- 由유: 자로子路.
- 喭언: 조잡하다. 거칠다.

11-19 子曰:

"回也其庶乎, 屢空!

賜不受命而貨殖焉; 億則屢中!"

11-20 子張問善人之道.

子曰:"不踐迹, 亦不入于室."

11-21 子曰:

"論篤是與, 君子者乎? 色莊者乎?"

- 庶서: 거의. 대체로. 〈학문이 상당한 수준에 이르렀음을 뜻함〉
- 屢空누공: 쌀통이 자주 비다. 가난함을 뜻함.
- 貨殖화식: 재산을 늘리다. 부유함을 뜻함.
- 億억: 추측. 예측. '臆억'자와 같다.
- 善人선인: 본성은 선량한데, 학습이 부족한 사람.
- 不踐迹불천적, 亦不入于室역불입우실: 남이 간 길을 밟지 마라! 만일 남이 간 길을 따라가면, 최고

11-19 공자:

"안회顏回의 학문 수준은 상당한 수준에 이르렀으나,

항상 가난하게 살았어!

자공子貢은 나의 가르침에는 잘 따르지 않았으나, 부유하게 살았고;

그의 예측은 항상 적중하였어!"

11-20 자장子張이 선인善人의 도道에 대하여 묻자, 공자가 말하길:

"남이 간 길을 밟지 마라. 그렇지 않으면 최고의 경지에 들어가지 못한다."

11-21 공자:

"나는 언론言論이 성실한 사람을 추앙하지만,

그가 진정으로 군자다운 사람인가

아니면 외모만 군자다운 사람인가를 살펴보아야한다."

의 경지에는 이르지 못한다. 보통사람은 남이 이미 간 길을 따라가기 때문에 어느 정도의 수준에는 빨리 도달할 수 있다. 그러나 선인善人은 남이 가지 않은 길을 개척해나가기 때문에 최고의 경지에 도달할 수 있다는 말이다. '亦'은 '也'로 완곡한 어기조사

- 論篤논독: 언론이 독실한.
- 是與시여: 찬성하다. 추앙하다. '是'는 강조의 뜻.
- 色莊색장: 외모가 장중한.

11-22　子路問:"聞斯行諸?"
　　　　子曰:"有父兄在, 如之何聞斯行之!"

　　　　冉有問:"聞斯行諸?"
　　　　子曰:"聞斯行之!"

　　　　公西華曰:"由也問'聞斯行諸', 子曰'有父兄在';
　　　　求也問'聞斯行諸', 子曰'聞斯行之'.
　　　　赤也惑! 敢問."

　　　　子曰:"求也退, 故進之; 由也兼人, 故退之."

• 諸제: '之乎지호'의 뜻.
• 兼人겸인: 남을 이기려 드는 기질이 강한 사람.

11-22 자로가 묻길: "들으면 그것을 바로 실행해야합니까?"
공자: "부친이 계시고 형이 있는데, 어떻게 듣고서 바로 실행하겠는가!"

염유가 묻길: "들으면 그것을 바로 실행해야합니까?"
공자: "들으면 그것을 바로 실행해야지!"

공서화가 말하길: "중유^{자로}가 '들으면 그것을 바로 실행해야합니까?'라고 물으니까, 선생님께서는 '부친이 계시고 형이 있는데'라고 말하시고;
염구^{염유}가 '들으면 그것을 바로 실행해야합니까?'라고 물으니, '들으면 그것을 바로 실행해야지.'라고 말씀하셨습니다.
저는 아주 미혹迷惑됩니다. 그래서 감히 그 까닭을 여쭙니다."

공자: "염구는 성격이 소극적이니까 적극적으로 실행하라고 한 것이고; 중유는 성격이 적극적이니까 소극적으로 실행하도록 한 것이다."

11-23　子畏于匡；顏淵后.
　　　子曰：“吾以汝爲死矣！”
　　　曰：“子在, 回何敢死？”

11-24　季子然問：“仲由·冉求, 可謂大臣與？”
　　　子曰：“吾以子爲異之問；曾由與求之問！

　　　所謂大臣者, 以道事君；不可, 則止.
　　　今由與求也, 可謂具臣矣！”

　　　曰：“然則從之者與？”
　　　子曰：“弒父與君, 亦不從也！”

- 季子然계자연: 노나라 세도가인 계씨季氏 집안의 자제. 이때 자로와 염구는 계씨의 가신家臣이었다.

※ 한 나라의 정책을 책임지는 대신大臣이라면, 정도正道를 실현하겠다는 뚜렷한 소신이 있어야 한다. 만일 정도에서 벗어나 비정상의 정사를 가까이하는 군주라면, 당연히 그러한 군주 곁에서는 빨리 떠나야한다. 만일 떠나지 않으면 언젠가 반드시 수모를 겪게 된다. 그래서 공자가 위

11-23 공자가 광匡이라는 곳에 감금되어있을 때 안연이 뒤에 도착하였다.
공자가 "나는 네가 이미 죽은 줄로 알았다."라 말하자,
안연이 "선생님이 살아계시는데, 제가 어찌 감히 죽습니까?"라고
답하였다.

11-24 계자연季子然이 "중유자로와 염구를 '대신大臣'이라 부를 수 있습니까?"
라고 물으니,
공자가 말하길: "나는 그대가 특별한 사람에 대하여 물으실 줄
알았는데, 겨우 중유와 염구이군요.

소위 '대신'이라면, 마땅히 道를 준칙으로 삼고 군주를 섬기다가,
군주에게 道가 통하지 않으면 차라리 사직하고 떠날지언정 불통의
군주를 섬기진 말아야지요. 지금 중유와 염구는 그저 신하로서의
자리만 채우고 있을 뿐입니다."

계자연: "그렇다면 그들은 윗사람의 말에 따르기만 하는 사람입니까?"
공자: "부친이나 군주를 시해하라는 말에는 따르지 않을 것입니다."

령공편에서 "도부동道不同, 불상위모不相爲謀."라고 강조하고 있는 것이다.
- 曾증: 바로. 겨우. '乃'와 같다.
- 具臣구신: 있으나마나한 신하. 보통의 신하.
- 從之者종지자: 시키는 대로 따르기만 하는 사람.

11-25　子路使子羔爲費宰.
　　　子曰:"賊夫人之子!"
　　　子路曰:"有民人焉; 有社稷焉: 何必讀書, 然后爲学!"
　　　子曰:"是故惡夫佞者."

11-26　子路•曾晳•冉有•公西華侍坐.

　　　子曰:
　　　"以吾一日長乎爾; 毋吾以也!
　　　居則曰'不吾知也'; 如或知爾, 則何以哉?"

　　　子路率爾對曰:"千乘之國, 攝乎大國之間; 加之以師旅, 因之以饑饉:
　　　由也爲之, 比及三年, 可使有勇, 且知方也." 夫子哂之.

- 賊적: 해치다.
- 人之子인지자: 남의 자식. '자고'를 가리킴.
- 社稷사직: 社는 토지 신. 稷은 곡신의 신. 社稷은 토지신과 곡식의 신에게 제사지내는 곳. 옛날 제후국들은 사직단社稷壇을 설치하고 제사를 지냈다.
- 侍坐시좌: 웃어른을 모시고 앉아 있다.
- 一日長乎爾일일장호이: 하루정도 나이가 많다. 얼마간 나이가 많다.

11-25   자로가 우둔한 자고 子羔 를 비 費 라는 마을로 보내 관리책임을 맡기려하였다.
공자: "마을 사람들 자제를 해치는 짓이야!"
자로: "그곳엔 인민도 있고, 사직도 있습니다. 어찌 반드시 책을 읽어야
만, 학문을 했다고 하겠습니까?"
공자: "바로 그 점 때문에 교활하게 말 잘하는 사람을 싫어하는 것이야."

11-26   자로 子路 • 증석 曾晳, 증삼의 아버지. 点 • 염유 冉有, 염구 • 공서화 公西華 공서적
4인이 공자 곁에 앉아있었다.

공자: "내 나이가 너희들보다 많다는 이유로, 나를 꺼려하지 마라.
너희들이 평시에 '사람들이 나를 알아주지 않아!'라고 늘 말하고 있는
데, 만일 사람들이 너희들을 알아준다면, 어찌 하겠느냐?"

자로가 불쑥 나서며 대답하기를: "만일 어떤 제후의 나라가 강대국 사이
에 끼어있어, 군사력으로 위협을 받고 있고, 여기에 기근까지 겹쳐있는
데, 만일 이러한 나라를 제가 다스릴 수만 있다면, 3년 정도면 백성을
용감하게 만들고 또 나라가 처해있는 난관을 극복하는 방안을 백성에게
이해시키겠습니다." 공자가 미소를 지으셨다.

- 居거: 평소.
- 率爾솔이: 경솔하다. 불쑥 나서다.
- 攝섭: 끼다.
- 比及비급: 기다리다.
- 哂신: 미소 짓다.

"求,爾何如?"
對曰:"方六七十,如五六十:
求也爲之,比及三年,可使足民.如其禮樂,以俟君子."

"赤,爾何如?"
對曰:"非曰'能之';願学焉.
宗廟之事,如會同,端章甫,願爲小相焉!"

"點,爾何如?"
鼓瑟希;鏗爾,舍瑟而作;
對曰:"異乎三子者之撰."

子曰:"何傷乎?亦各言其志也."
曰:
"暮春者,春服既成,
冠者五六人,童子六七人,
浴乎沂,風乎舞雩,詠而歸."

- 如여: 혹은.
- 俟사: 의지하다.
- 會同회동: 제후들의 모임.
- 端章甫단장보: 端은 예복, 章甫는 예모.
- 小相소상: 작은 예를 돕는 사람.

"염구야, 네 생각은 어떠냐?"
염구: "사방 60~70리 또는 50~60리쯤 되는 나라를 제가 다스린다면, 3년쯤이면 백성이 풍속하게 살 수 있을 것입니다. 예악禮樂같은 것은, 군자를 기다려야하겠지요.

"공서적公西赤 공서화, 너는 어떠냐?"
공서적: "저는 감히 할 수 있다고 말하지 못합니다. 다만, 배우면서 할 수 있길 바랍니다. 종묘의 제사를 거행하거나 또는 제후들이 모일 때에 예복을 입고, 예모를 쓰고 하나의 책임자로서 일할 수 있길 원합니다."

"점点아, 너는 어떠냐?" 증석은 슬을 타던 속도를 늦추다가는 '뎅~'하고 소리를 멈추고, 슬을 밀어놓고 일어서서 답하였다.
"저는 3명의 예기와 다릅니다."

공자: "그게 어때, 각자 자기 생각을 말하는 것인데."
증점: "모춘暮春 늦봄 시절에, 봄옷을 지어입고, 어른 대여섯 명과 아이들 육칠 명을 데리고 기수沂水가에서 목욕하고, 무우舞雩에 가서 바람 쐬고, 노래 부르며 돌아오겠습니다."

- 希희: 속도가 늦어지는 것. '稀희'와 같다.
- 鏗尓갱이: '뎅~'하고 멈추는 소리.
- 冠者관자: 관을 쓰다. 20살이면 관을 썼다. 성인成人을 뜻한다.
- 沂기: 강 이름.
- 舞雩무우: 기우제 지내는 곳. 지금의 산동성山東省 곡부曲阜.

夫子喟然嘆曰:"吾與點也!"
三子者出; 曾晳后.
曾晳曰:"夫三子者之言何如?"
子曰:"亦各言其志也已矣!"

曰:"夫子何哂由也?"
曰:"爲國以禮; 其言不讓, 是故哂之."

"唯求則非邦也與?"
"安見方六七十如五六十而非邦也者!"

"唯赤則非邦也與?"
"宗廟會同, 非諸侯而何!
赤也爲之小, 孰能爲之大!"

- 安見안견: 어찌~ 라 하겠는가? '安'은 의문사.
- 唯유: 발어사.

※공자는 백성이 잘 살도록 다스리는 정치에 관심을 기울이면서도, 다른 한편으로는 유유자적悠悠自適의 생활을 원했다.

공자가 감탄하며 말하길: "나도 점이의 생각과 같다."

3명이 나가고 증점이만 남았다.

증점: "선생님은 3명의 생각이 어떻습니까?"

공자: "각자 자기의 생각을 말했을 따름이야."

증점: "선생님께서는 어째서 자로의 말에 미소를 지으셨습니까?"

공자: "나라는 예양禮讓으로써 다스리는 것인데, 그의 말은 겸양謙讓하지 않아. 그래서 웃은 것이야."

증점: "염구의 경우는 나라를 다스리는 일이 아니잖습니까?

공자: "사방 6~70리 또는 5~60리나 되는데, 어찌 나라가 아니라 하겠느냐?"

증점: "공서적의 경우는 나라가 아니겠지요?"

공자: "종묘 제사와 제후들의 모임이 나라의 일이 아니고 무엇이겠느냐? 적이 하는 일이 작은 일이라면, 누가 하는 것이 큰일이겠느냐?"

이 편에서는 제자들이 〈仁인 · 政정〉등의 주요 개념에 관하여 묻고 공자가 설명한다.

"仁은 사람을 사랑하는 마음, 즉 애인愛人이고; 知는 사람을 아는 것, 즉 지인知人이다.22장"이라고 하였다. 그리고 "仁을 실천하려면 극기복례克己復禮하고1장, 내성불구內省不疚해야 한다4장."는 것이다. 그때그때 반성하여 부끄러운 일이 마음속에 남아있지 않도록 씻어내어, 마음이 맑고 고요한 상태로 유지되어야하고; 아울러 항상 예의禮儀에 어긋나지 않도록 언행을 조심하여야, 仁을 실천할 수 있다는 말이다. 이것이 공자의 인학仁學사상이다.

자로가 "만일 선생님에게 국정 책임을 맡긴다면 무슨 일을 먼저 하시겠습니까?"라고 물으니, 공자는 "이름을 바로잡겠다正名."고 하였다.13-3

「"군주는 군주답고, 신하는 신하답고, 아버지는 아버지답고, 자식은 자식다워야 한다.君君, 臣臣, 父父, 子子."12-11 "고觚라는 술잔이 모나지 않으면, 그것을 어찌 고라 하겠는가?觚不觚, 觚哉!" 6-25」이 말은 그 이름名에 부합한 실제實가 있어야 그 이름이 성립한다는 의미이다.

나라에는 주권이 있어야 나라인 것이다. 주권의 핵심은 자주권自主權이고, 이는 곧 전시에 자기나라의 군대를 지휘하는 작전통제권이다. 그 주권을 외국군 사령관이 행사한다면 그건 나라가 아니다. 고觚가 고다워야 하듯이, 나라에는 군사주권이 있어야 나라다운 나라인 것이다. '나라를 나라답게 바로 잡아야한다'는 것이 정명론正名論이다.

제12편

안연
(顔淵)

12-1 顏淵問仁. 子曰:

"克己復禮爲仁.

一日克己復禮, 天下歸仁焉.

爲仁由己; 而由人乎哉!"

顏淵曰:"請問其目."

子曰:"非禮勿視; 非禮勿聽; 非禮勿言; 非禮勿動."

顏淵曰:"回雖不敏, 請事斯語矣."

12-2 仲弓問仁. 子曰:

"出門如見大賓; 使民如承大祭.

己所不欲, 勿施于人.

在邦无怨; 在家无怨."

仲弓曰:"雍雖不敏, 請事斯語矣!"!"

- 克己復禮극기복례: 자신의 욕심을 극복하고, 禮의 기본적 요구에 부합되게 행한다.
- 其目기목: 그 세목. 구체적 조목.
- 不敏불민: 빠르지 못하다. 아둔하다.

12-1 안연이 仁의 실천에 관해서 물었다.
　　공자: "자기를 이겨내고 禮로 돌아가야 仁에 이를 수 있다克己復禮.
　　어느 날이고 자기를 이겨내고 禮로 돌아가면,
　　천하가 仁에 귀착歸着하게 된다.
　　仁을 실천하는 것은 자기에게 달린 것이지, 남에게 달린 일이겠느냐!"

　　안연: "仁을 실천하려면 어떻게 해야 합니까?"
　　공자: "禮에 어긋나는 것은 보지 말고; 禮에 어긋나는 것은 듣지 말고;
　　禮에 어긋나는 것은 말하지 말고; 禮에 어긋나는 경우에는 움직이지
　　말아야한다."
　　안연: "안회 안연 가 비록 총민 聰敏 총명 하지 못하지만,
　　이 말씀을 실천하겠습니다."

12-2 중궁이 仁에 대하여 물었다.
　　공자: "문밖으로 나가면 귀한 손님을 대하듯 행동하고; 백성을 부리는
　　때에는 큰 제사를 지내듯이 신중히 하여야한다. 자기가 하고 싶지 않은
　　일을 남에게 시키지 말아야한다. 나라 일을 하는데, 원한이 없어야하고;
　　가정 일을 하는데 원한이 없어야한다."

　　중궁: "옹雍 중궁 이 비록 총명하지 못하지만, 이 말씀을 실천하겠습니다."

- 邦방: 제후諸侯가 다스리는 나라.
- 家가: 경대부卿大夫가 다스리는 봉지封地.

12-3 司馬牛問仁.
子曰:"仁者, 其言也訒."
曰:"其言也訒, 斯謂之仁已乎?"
子曰:"爲之亂; 言之, 得无訒乎!"

12-4 司馬牛問君子.
子曰:"君子不憂不懼."
曰:"不憂不懼, 斯謂之君子已乎?"
子曰:"內省不疚, 夫何憂何懼!"

12-5 司馬牛憂,
曰:"人皆有兄弟; 吾獨亡!"
子夏曰:"商聞之矣:
「死生有命, 富貴在天.」
君子敬而无失, 與人恭而有禮, 四海之內皆兄弟也.
君子何患乎无兄弟也!"

- 司馬牛사마우: 공자의 제자. 성은 사마司馬, 이름은 경耕.
- 訒인: 말을 더듬다. 어눌語訥하다.
- 不憂不懼불우불구: 부끄러워하지 않고 두려워하지 않는다.
- 內省不疚내성불구: 군자는 마음속으로 그때그때 반성하고 시정하니까, 오래된 부끄러운 일이

12-3 사마우가 仁에 대하여 물었다.

공자: "仁한 사람은 말을 어눌하게 한다."

사마우: "말을 어눌하게 하면, 그것이 곧 仁이라는 말씀입니까?"

공자: "仁은 실천하기가 어려운 일이니, 말을 어눌하지 않게 할 수 있겠느냐?"

12-4 사마우가 군자君子에 대하여 물었다.

공자: "군자는 부끄러워하지 않고 두려워하지 않는다."

사마우: "부끄러워하지 않고 두려워하지 않으면, 그런 사람을 곧 군자라고 부릅니까?"

공자: "그때그때 반성하고 시정하는데, 어찌 부끄럽거나 두려운 일이 마음속에 남아 있겠느냐?"

12-5 사마우가 근심에 젖어 말하였다.

사마우: "사람들 모두 형제가 있는데, 나만 홀로 없네!"

자하이름:商: "내가 들건 데, 「생사는 운명이요, 부귀는 하늘이 내리는 것」 이라고 하였소. 군자는 매사에 신중하니까 착오가 없고; 사람을 대함에 있어 겸공謙恭하고 예의를 지킵니다. 그래서 하늘아래 사는 모두가 형제인 것이지요. 군자가 어찌 형제 없음을 걱정하나요?"

남아있지 않다.
- 疚구: 오랜 병. 고질병. 마음속에 남아있는 부끄러움. 〈구괴疚愧: 양심의 가책을 느끼며 부끄러워하다.〉의 뜻.
- 四海之內사해지내: 온 세상 사람들.

12-6　子張問明. 子曰:
"浸潤之譖, 膚受之愬,
不行焉, 可謂明也已矣!

浸潤之譖, 膚受之愬,
不行焉, 可謂遠也已矣."

12-7　子貢問政.
子曰:"足食, 足兵, 民信之矣."

子貢曰:"必不得已而去, 于斯三者何先?"
曰:"去兵."

子貢曰:"必不得已而去, 于斯二者何先?"
曰:"去食. 自古皆有死, 民无信不立!"

- 浸潤之譖침윤지참: 물기가 스며들어 젖어들 듯이, 소리 나지 않게 남을 해치는 말. '譖'은 헐뜯다. 무고誣告하다.
- 膚受之愬부수지소: 피부를 찌르는 듯이 자극적인 거짓 호소. '愬'는 譖과 같은 뜻이다.

12-6 자장이 명지明智에 관해서 물으니, 공자가 말하셨다.
"침윤지참浸潤之譖이나 부수지소膚受之愬가 통하지 않는다면,
'명지明智가 있다'라고 말할 수 있다.

또한 침윤지참이나 부수지소가 통하지 않는다면,
'원견遠見 멀리 보는 식견이 있다.'라고 말할 수 있다."

12-7 자공이 정사政事에 관하여 묻자, 공자가 답하셨다.
"양식이 충족되고[足食];
군비가 충족되며[足兵];
백성이 나라를 신뢰케 하는 것이다[民信]."

자공: "부득이 꼭 하나를 버려야한다면,
이 세 가지 중 어느 것을 먼저 버려야합니까?"
공자: "군비를 버려야지."

자공: "부득이 꼭 또 하나를 버려야한다면,
이 두 가지 중 어느 것을 먼저 버려야합니까?"
공자: "양식을 버려야지. 예부터 사람은 누구나 죽기 마련이야.
그러나 백성의 신뢰가 없으면 나라가 서지를 못해."

12-8　棘子成曰:

"君子質而已矣; 何以文爲!"

子貢曰:

"惜乎, 夫子之說君子也! 駟不及舌!
文, 猶質也; 質, 猶文也.
虎豹之鞟, 猶犬羊之鞟."

12-9　哀公問與有若曰:

"年饑, 用不足: 如之何?"

有若對曰: "盍徹乎!"

曰: "二, 吾猶不足; 如之何其徹也!"
對曰: "百姓足, 君孰與不足! 百姓不足, 君孰與足!"

- 棘子成극자성: 위나라 대부.
- 夫子부자: 대부大夫에 대한 존칭.
- 文문: 문채文采. 외관. 〈참조: 6편옹야18장〉
- 駟不及舌사불급설: 말 네 필이 끄는 수레로도, 한 번 뱉은 말이 퍼져나가는 속도를 따라잡지 못한다. '말을 한번 하면 되돌릴 수 없다'는 뜻이다.

12-8　극자성: "군자에게는 오로지 내적인 본질이 중요한 것이야. 어째서 외적인 문채文采가 필요한가?"

자공: "안타깝네요. 선생이 군자를 논하다니요. 말을 한번 하면 주어 담을 수 없는 일입니다. 문채는 본질과 같이 중요한 것이고, 본질은 문채와 같이 중요한 것이지요. 호랑이와 표범의 털을 제거한 가죽은 개와 양의 털을 제거한 가죽이나 비슷한 것입니다."

12-9　애공哀公이 유약有若에게 묻고 답한다.
애공: "기근이 든 해에 비용이 부족하면 어떻게 해야 합니까?"
유약: "어째서 10분지1의 세법을 쓰지 않습니까?"

애공: "10분지2를 거두어도 나는 모자라는데, 어찌 10분지1의 세법을 쓰겠소?"
유약: "백성이 풍족하다면 어떤 군주가 부족하겠습니까? 백성이 부족하다면 어떤 군주가 풍족하겠습니까?"

- 駟사: 네 마리의 말이 끄는 수레.
- 鞹곽: 털을 제거한 가죽. '鞟곽'자와 같다.
- 盍합: 의문의 반어 어찌하여 ~ 하지 않는가?
- 徹철: 간체자는 '彻'. 수확의 10분지1을 거두어들이던 서주西周시대의 세법

12-10 子張問崇德, 辨惑. 子曰:
"主忠信; 徙義: 崇德也.

愛之欲其生; 惡之欲其死.
既欲其生, 又欲其死: 是惑也!

「誠不以富, 亦祇以異.」"

12-11 齊景公問政于孔子.
孔子對曰:
"君君; 臣臣; 父父; 子子."
公曰:
"善哉!
信如:
君不君, 臣不臣, 父不父, 子不子,
雖有粟, 吾得而食諸!"

- 徙義사의: 의義에 가까이 가다. 〈誠不以富성불이부, 亦祇以異역지이이〉는 《시경 · 소아》에 나오는 구절이다. 이는 남편이 자기의 처자를 버린 것은 뭔가에 미혹되어 견이사천見異思遷:색다른 것을 보고 마음이 변한다 했다는 것이다. 祇지는 只지와 같다.

12-10 자장이 숭덕崇德과 미혹迷惑을 어떻게 분별하는지에 대하여 물으니, 공자가 말하셨다.

"충신忠信을 위주로 하고, 의義를 향하여 가까이 가는 것이 곧 숭덕崇德이다. 좋아하는 때에는 그가 잘되기를 바라고, 싫어하는 때에는 그가 못되기를 바란다면, 이는 이미 그가 잘되기를 바라기도 하고 또 그가 못되기를 바라기도 하는 생각을 했다는 말이다. 이것이 바로 미혹迷惑이다. 《시경》〈소아〉에 「한 남자가 자기의 처자를 버렸는데 만일 부유富裕를 추구한 것이 아니라면, 다만 다른 것여자을 보고 마음이 변한 것이다.」라는 구절이 있다. 미혹을 표현한 글이다."

12-11 제齊나라 경공이 공자에게 정사政事에 대하여 물었다.

공자: "군주는 군주답고, 신하는 신하답고, 아버지는 아버지답고, 자식은 자식다워야 합니다."

경공: "좋은 말씀이오! 만일 군주가 군주답지 않고, 신하가 신하답지 않고, 아버지가 아버지답지 않고, 자식이 자식답지 않다면, 비록 양식이 많이 있어도; 내가 그것을 어찌 먹을 수가 있겠소?"

- 惑혹: 미혹迷惑. 무엇에 홀려 정신을 차리지 못함.
- 粟속: 조. 좁쌀. 곡류.

12-12 子曰:
"片言可以折獄者, 其由也與!
子路无宿諾."

12-13 子曰:
"聽訟, 吾猶人也.
必也, 使无訟乎."

12-14 子張問政. 子曰:
"居之无倦; 行之以忠."

12-15 子曰:
"博学于文; 約之以禮:
亦可以弗畔矣夫!"

- 片言편언: 쌍방 중 한 쪽만의 몇 마디 간단한 말. 한 마디 말.
- 折獄절옥: 송사의 판결을 내리는 것.
- 无宿諾무숙낙: 약속한 일을 하루 밤 묵혀두는 일이 없다. 미루지 않고 바로 실천하다.

12-12 공자:

"몇 마디의 간단한 말로 송사 訟事 의 판결을 내릴 수 있는 사람은 자로뿐일 것이다. 자로는 자기가 약속한 일을 그 다음 날로 미루는 법이 없었다."

12-13 공자:

"송사를 처리하는 것만으로는 나도 남들과 같다. 그러나 나는 송사가 없도록 하는데 목적을 두고 있다."

12-14 자장이 정사 政事 에 대하여 물으니, 공자가 말씀하셨다.

"공직의 직무수행에 태만하지 말아야하며, 충성으로써 정령 政令 을 집행하여야한다."

12-15 공자:

"각종 문화전적 典籍 을 넓게 학습하고; 예 禮 에 따라 자신의 행위를 통제한다면; 정도 正道 를 위반하지 않게 될 것이다."

- 倦권: 게으르다. 게을리 하다.
- 弗畔불반: 위반하지 않다 不叛.

12-16 子曰:
"君子成人之美, 不成人之惡.
小人反是."

12-17 季康子問政於孔子.
孔子對曰:
"政者正也, 子帥以正, 孰敢不正."

12-18 季康子患盜, 問於孔子.
孔子對曰:"苟子之不欲, 雖賞之不竊."

- 帥솔: 거느리다. '率솔'과 같다. 將帥장수.
- 苟구: 만일. 진실로.
- 竊절: 도적질.

12-16 공자:

"군자는 남의 좋은 일에 대하여는 도와주고, 나쁜 일에 대해서는 돕지 않는다. 소인은 이와 반대로 행한다."

12-17 계강자가 공자에게 정사政事에 관해 물으니, 공자가 말씀하셨다.

"정사政事의 핵심은 정正입니다. 선생께서 정상正常으로 직무를 수행한다면, 누가 감히 부정不正한 짓을 저지르겠습니까?"

12-18 계강자가 도적이 두려워 공자에게 대책을 물으니, 공자가 말씀하셨다.

"만일 선생께서 사욕私慾을 부리지 않는다면, 비록 상을 준다 하더라도 도적질을 하지 않을 것입니다."

12-19 季康子問政於孔子, 曰:
"如殺無道, 以就有道, 何如?"

孔子對曰:"子爲政, 焉用殺?
子欲善而民善矣!

君子之德, 風; 小人之德, 草.
草, 上之風, 必偃!"

• 偃언: 쓰러지다. 쏠리다.

12-19 계강자가 공자에게 정사政事에 대하여 묻고, 공자가 답하셨다.
"만일 무도無道한 자를 죽임으로써 道를 지키려는 사람을 보호할 수 있다면, 어떻겠습니까?"

"선생께서 정사를 하는데, 어찌 살인의 수단을 필요로 합니까?
오로지 선생께서 정사를 善하게 하면, 곧 백성도 善하여지는 것입니다.

군자의 덕은 바람과 같고, 소인의 덕은 풀과 같습니다.
풀 위로 바람이 불면 풀은 반드시 쏠리기 마련입니다."

12-20 子張問:

"士, 何如斯可謂之達矣?"

子曰:"何哉, 爾所謂達者?"

子張對曰:"在邦必聞, 在家必聞."

子曰:
"是聞也; 非達也.
夫達也者, 質直而好義;
察言而觀色, 慮以下人:
在邦必達; 在家必達.

夫聞也者,
色取仁而行違,
居之不疑:
在邦必聞; 在家必聞."

- 觀色관색: 얼굴빛을 살피는 것.
- 居之不疑거지불의: 겉으로 보기에 仁에 머무르고 있는 듯이 보이는데, 여기에 아무런 의심이 들지 않는다.

※여기에서는 공자가 소문과 통달의 구별에 관해서 논하고 있다. 외적으로 소문난 사람을 고관직에 앉히면 정사政事를 망친다. 마땅히 지도자는 내적으로 덕을 쌓은 통달한 사람이어야 한다.

12-20 자장:

"지식인士들은 어떻게 해야 통달通達할 수 있습니까?"
공자: "통달이 무슨 뜻인가?"

자장: "나라에서도 명성이 나고, 집안에서도 명성이 나는 것입니다."

공자:
"그건 소문所聞 나는 것이지, 통달이라고 말하지 않는다. 통달한 사람은:
성질이 정직正直하고, 예의禮義를 좋아하고,
다른 사람의 말을 새겨들으며 신색神色 안색을 살펴보고,
아랫사람의 사정을 고려하여 일을 시킨다.
이런 사람은 나라에서도 관리로서 반드시 통달하여 귀한 존재가 되고,
집안에서도 반드시 통달하여 귀한 존재가 된다.

그러나 소문난 사람은:
겉보기에는 仁한 듯이 보이나 실제로는 반대이고,
仁에 머무르고 있는 듯이 보이나 교묘해서 의혹의심조차 들지 않는다.
그래서 나라에도 헛소문이 나고, 집안에서도 헛소문이 나는 것이다."

12-21 樊遲從游于舞雩之下,
   曰:
   "敢問崇德, 修慝, 辨惑?"

   子曰:
   "善哉問! 先事后得, 非崇德與!
   攻其惡, 无攻人之惡, 非修慝與!
   一朝之忿, 忘其身以及其親, 非惑與!"

- 樊遲번지: 공자의 제자.
- 修慝수특: 사특邪慝한 생각을 씻어내다. *慝특: 간특하다. 숨기다.
- 忿분: 분노忿怒

12-21 번지樊遲가 무우舞雩의 제단 아래에서 공자를 따라 노닐다가 물었다.

번지: "어떻게 하면; 덕德을 숭상하고, 특慝사특한 생각 을 다스리며,
미혹迷惑 을 분별할 수 있습니까?"

공자: "좋은 질문이구나! 일을 먼저하고, 이득을 뒤로 미루면,
덕을 숭상하는 것이 아니겠느냐?
자신의 사특한 점을 다스리고, 남의 사특한 점을 비평하지 않는다면,
자신의 악한 생각을 다스릴 수 있지 않겠느냐?
분노를 일시에 터뜨려 자신을 망치고,
친인親人들에게까지 영향을 끼친다면, 미혹된 것이 아니겠느냐?"

12-22 樊遲,

問仁. 子曰:"愛人."

問知. 子曰:"知人."

樊遲未達,

子曰:"擧直錯諸枉, 能使枉者直."

樊遲退, 見子夏, 曰:

"鄕也吾見于夫子而問知,

子曰:擧直錯諸枉, 能使枉者直. 何谓也?"

子夏曰:

"富哉言乎!

舜有天下, 選于衆, 擧皋陶, 不仁者遠矣!

湯有天下, 選于衆, 擧伊尹, 不仁者遠矣!"

- 擧直錯諸枉거직착저왕: *2-19참조
- 鄕향: 조금 전. '向'과 같다.
- 皋陶고요: 순임금의 신하. 대신大臣.
- 伊尹이윤: 탕임금의 현상賢相.

12-22 번지가 仁에 대하여 물으니,
　　　공자: "사람을 사랑하는 것이다[愛人]"
　　　知에 대하여 물으니,
　　　공자: "사람을 아는 것이다[知人]"

　　　번지가 잘 알아듣지 못하자, 공자가:
　　　"정직한 사람을 사악한 사람위에 앉히면,
　　　사악한 사람을 정직한 사람으로 변화시킬 수 있을 것이다."

　　　번지가 물러나와 자하를 보고 물었다.
　　　"조금 전 내가 선생님에게 知에 대해서 물었는데,
　　　선생님께서는「정직한 사람을 사악한 사람위에 앉히면,
　　　사악한 사람을 정직한 사람으로 변화시킬 수 있다.」라고 말씀하셨다.
　　　어찌 그런가?"

　　　자하: "그 말씀에는 아주 풍부한 뜻이 담겨져 있어! 순임금이 천하를
　　　다스리고 있을 때에, 많은 사람 중에서 고요皐陶를 등용하여 앉히자,
　　　불인不仁한 자들이 멀리 사라졌소. 탕임금이 천하를 다스릴 적에,
　　　여러 사람 중에서 이윤伊尹을 등용하여 앉히자,
　　　불인한 자들이 사라졌었소."

12-23 子貢問友. 子曰:

"忠告而善道之. 不可, 則止; 毋自辱焉!"

12-24 曾子曰:

"君子以文會友; 以友輔仁."

12-23 자공이 말이 통하지 않는 '벗友'에 대하여 물었다.

공자: "부드러운 말로 권고하여 잘 인도하되; 그래도 통하지 않으면 관계를 끊어라. 스스로 모욕을 끌어들이지 말라."

12-24 증자:

"군자는 학문을 통하여 벗을 사귀고, 벗을 통하여 仁을 배양한다."

이 편에는 3가지 중요한 문제를 다루고 있다.

첫 번째: 정명正名에 관한 문제다.3장

사물事物의 이름을 정확히 정하고, 그 이름에 걸맞게 질서를 바로잡아야한다. 그리고 이름에 따른 명분을 바르게 세워야한다. 12편 11장에서 공자가 강조한 〈君君・臣臣・父父・子子〉는 바로 정명에 관한 글이다.

요즘에는 〈男男・女女・老老・少少〉의 正名이 절실히 필요하다고 본다. 남자는 남자다워야 하고, 여자는 여자다워야 하는데, 남자와 여자의 구별이 사라지고; 노인은 노인다워야 하는데, 노인답지 못한 노인이 늘어나고 있다. 본성을 바르게 살려내야 사회 혼란을 막을 수 있다.

두 번째: '화동和同담론'의 문제다. "군자는 서로 화해和諧하나 맹종하지 않고和而不同; 소인은 맹종하나 서로 화해하지 않는다.同而不和"고 하였다.23장 이는 개인의 인륜관계뿐만이 아니라, 사유思惟의 원칙이다.

세 번째: 수신修身의 원칙이다. "군자는 태연하면서도 교만하지 않고; 소인은 교만하면서도 태연하지 않다."26장 또 "강건剛健・과단果斷・질박質朴・근신謹愼, 이 4종의 품성을 갖춘 사람은 인자仁者에 가깝다."27장고 했다. "지식인은 서로 간절히 비평하고 격려해주며 화목하게 지내야한다. 붕우朋友 사이에는 간절히 서로 비평도하고 격려해 주어야한다."28장

제13편 자로(子路)

諧和가 통일의 원리입니다

[화이부동 和而不同 13-23]

13-1 　子路問政. 子曰:"先之; 勞之."
　　　請益. 曰:"无倦."

13-2 　仲弓爲季氏宰, 問政.
　　　子曰:"先有司; 赦小過; 擧賢才."

　　　曰:"焉知賢才而擧之?"
　　　曰:"擧爾所知. 爾所不知, 人其舍諸!"

13-1 자로가 정사政事에 관하여 물으니, 공자가 말씀하셨다.
"윗사람이 솔선率先하라; 실천하라." 설명을 더 요청하자:
"게을리 하지 말라."

13-2 중궁仲弓. 옹이 계씨季氏의 가신家臣이 되어, 정사政事에 대하여 물었다.
공자: "아래의 관원官員에게 솔선하고;
그들이 범한 작은 착오를 사면해주고; 현명한 인재를 등용하라."

중궁: "어떻게 현명한 인재를 알아보고 등용합니까?"
공자: "네가 아는 사람 중에서 찾아라.
네가 모르는 사람이야 남이 그를 버려두었겠느냐?"

13-3 子路曰:"衛君待子而爲政; 子將奚先?"

子曰:"必也正名乎!"
子路曰:"有是哉, 子之迂也! 奚其正?"

子曰:"野哉, 由也!
君子于其所不知, 蓋闕如也.

名不正, 則言不順;
言不順, 則事不成;
事不成, 則禮樂不興;
禮樂不興, 則刑罰不中;
刑罰不中, 則民无所錯手足.

故君子名之必可言也; 言之必可行也.

君子于其言, 无所苟而已矣!"

- 奚先해선: 무엇을 먼저 하는가?
- 正名정명: 사물事物의 이름을 정확히 정하다. 사물의 이름에 걸맞게 질서를 바로잡다. 이름에 따른 명분을 바르게 세우다. 12편 안연 11장에서 공자가 강조한〈君君・臣臣・父父・子子〉는 바로 正名에 관한 글이다.
  요즘에는〈男男・女女・老老・少少〉의 正名이 절실히 필요하다고 본다. 남자는 남자다워야 하고, 여자는 여자다워야 하는데, 남자와 여자의 구별이 사라지고 있다. 노인은 노인다워야 하는데, 노인답지 못한 노인이 늘어나고 있다. 본성을 바르게 살려내야 사회 혼란을 막을 수 있다.

13-3 자로: "위나라 군주가 선생님에게 국정의 책임을 맡긴다면,
선생님은 무슨 일을 먼저 하시겠습니까?"

공자: "반드시 '정명正名'에 관한 일을 먼저 하지."
자로: "그런 일이 있습니까? 선생님은 좀 고리타분합니다. 어떻게 名을
正하게 합니까?"

공자: "말이 야野하구나, 자로야! 군자는 자신이 알지 못하는 일에 대해
서는, 마땅히 의문으로 남겨두는 태도가 필요해.
만일 名이 正하지 못하면, 언어의 개념이 불순不順하고;
언어의 개념이 불순하면, 하고자 하는 일을 이룰 수 없는 것이야;
일을 이루지 못하면, 예악禮樂의 제도가 흥성興盛하지 못하지;
예악의 제도가 흥성하지 못하면, 형법제도의 시행이 어려워지는 것이야;
그렇게 되면 백성들은 어떻게 해야 할지를 모르게 된다.

군자는 명분이 분명해야 말을 할 수 있는 까닭이 생기는 것이고,
말을 하는 까닭이 있어야 실행할 수 있는 것이다. 그러므로 군자가 하는
말은 뜻이 불구不苟 분명해야지, 구차苟且 모호해서는 안 되는 것이야!"

- 迂우: 물정에 어둡다. 고리타분하다. 진부하다. '迂腐우부'의 뜻.
- 野야: 야하다. 세련되지 못하고 거칠다.
- 闕如궐여: 비어 두는 것. 말을 하지 않고 의문으로 남겨두는 것.
- 无所錯手足무소착수족: 손발을 두어야할 곳이 없다手足无措. 어떻게 해야 할지를 모르다. 무엇을
  따라야할지를 모르다无所適從.
- 苟구: 떳떳하지 못하다. 경솔하다. 구차苟且하다.

13-4　樊遲請学稼.
　　　子曰:"吾不如老農."
　　　請学爲圃,
　　　曰:"吾不如老圃."

　　　樊遲出. 子曰:
　　　"小人哉, 樊須也!
　　　上好禮, 則民莫敢不敬;
　　　上好義, 則民莫敢不服;
　　　上好信, 則民莫敢不用情.

　　　夫如是, 則四方之民,
　　　襁負其子而至矣; 焉用稼!"

13-5　子曰:
　　　"誦詩三百, 授之以政, 不達;
　　　使于四方, 不能專對:
　　　雖多, 亦奚以爲!"

- 樊遲번지: 이름은 樊須번수. 농사꾼.
- 稼가: 농사 짓다. 심다.
- 圃포: 밭. 채소 밭.

13-4 　번지樊遲가 농사짓는 법을 가르쳐달라고 하자,
　　　공자가 "나는 늙은 농부만 못해"라고 하고;
　　　번지가 다시 채소 기르는 법을 가르쳐달라고 하자,
　　　공자가 "나는 늙은 채소 농사꾼만 못하지"라고 말씀하셨다.

　　　번지가 나가자, 공자가 말하길:
　　　"번지번수는 소인이야!
　　　윗사람이 예절禮節이 바르면, 백성은 존경하지 않을 수가 없고;
　　　윗사람이 의리義理를 지키면, 백성은 따르지 않을 수가 없고;
　　　윗사람이 신뢰信賴를 좋아하면, 백성은 진정眞情으로 행하지 않을 수 없다.

　　　이렇게만 되면, 사방의 백성들이 아이를 포대기에 업고 모여들 텐데,
　　　농사를 배워 어디에 쓰겠느냐!"
　　　〈*대인은 덕목을 닦는데 힘쓰고, 농사는 농사꾼이 배워야할 일이라는 말이다.〉

13-5 　공자:
　　　"《시경》의 시 3백수를 외우고 있음에도, 그에게 정사政事를 맡기면
　　　일처리를 제대로 하지 못하고; 4방의 나라에 사신으로 가면 독자적으로
　　　판단하여 응대하지 못한다면, 그 많은 시를 암송한 것이 무슨 소용이
　　　있겠느냐!"

• 襁강: 포대기
• 專對전대: 스스로 판단해서 대응하다.

13-6 子曰:
"其身正, 不令而行;
其身不正, 雖令不從."

13-7 子曰:
"魯衛之政, 兄弟也!"

13-8 子謂, 衛公子荊:
"善居室.
始有, 曰: '苟合矣!'
少有, 曰: '苟完矣!'
富有, 曰: '苟美矣!'"

• 衛公子荊위공자형: 위나라 헌공獻公의 아들, 이름은 형荊. 대부大夫.
• 善居室선거실: 집안을 잘 다스리다.
• 始有시유: 처음 재산이 생길 때.

13-6 공자:

"자신이 단정端正하면, 명령을 내리지 않아도 시행되고;

자신이 단정하지 않으면, 설령 명령을 내린다 해도 따르지 않는다."

13-7 공자:

"노나라와 위나라의 정치는 쇠퇴한 모습이 형제 같구나!"

13-8 공자가 위나라 공자 형荊에 대하여 말씀하셨다.

"그는 집안의 재산을 잘 관리하였다.

처음 재산이 조금 모아지자, '쓸 만큼 모았다.'고 하였고;

더 모아지자, '거의 갖추었다.'고 하였으며;

좀 더 모아지자, '충분히 갖추었다.'고 하였다."

- 苟구: 대충. 거의.
- ※ 항상 지족상락知足常樂하는 형荊의 성품에 대하여 말하고 있다.

13-9　子適衛, 冉有僕.
　　　子曰:"庶矣哉!"

　　　冉有曰:"旣庶矣, 又何加焉?"
　　　曰:"富之!"

　　　曰:"旣富矣, 又何加焉?"
　　　曰:"敎之!"

13-10　子曰:
　　　"苟有用我者,
　　　期月而已可也; 三年有成."

13-11　子曰:
　　　"「善人爲邦百年, 亦可以勝殘去殺矣.」
　　　誠哉, 是言也!"

- 適적: 가다.
- 僕복: 마부.

13-9 공자가 위나라에 가는데, 염유염구가 수레를 몰았다.
공자: "백성이 많구나!"

염유: "이미 백성이 많아졌는데, 또 무엇을 해야 합니까?"
공자: "그들을 부유하게 해주어야지."

염유: "그들이 부유해지면, 다음에 또 무엇을 해야 합니까?"
공자: "가르쳐야지."

13-10 공자:

"만일 누가 나를 기용起用한다면,
1년이면 변화된 모습을 볼 수 있고; 3년이면 목적한 바를 성취할 수 있다."

13-11 공자: "〈선한 사람이 나라를 다스리고 100년이 지나야,
나라에서 악행 惡行과 살육 殺戮 하는 풍토를 없앨 수 있다.〉라고 한 것은
정말 옳은 말이다!"

- 庶서: 많다.
- 期月기월: 정한 달이 다시 돌아오는 기간만 1년.

13-12　子曰:
"如有王者, 必世而后仁."

13-13　子曰:
"苟正其身矣, 于從政乎何有!
不能正其身, 如正人何!"

13-14　冉子退朝.
子曰:"何晏也?"
對曰:"有政."
子曰:"其事也! 如有政, 雖不吾以, 吾其與聞之!"

- 世세: 30년을 1세라 한다. 100년을 단위로 하는 시대 구분은 '世紀세기'라 부르는데, 매 세기의 처음 20년을 '세기 초'라 하고, 마지막 10년은 '세기 말'이라 부른다.〈예: 2019년은 '21세기 초'〉
- 晏안: 늦다. 晚만.
- 政정: 국정國政. 공무公務.

13-12 공자:

"성왕聖王이 정치를 하고 30년이 지나야, 인정仁政을 실현할 수 있다."

13-13 공자:

"군주 자신이 단정端正하다면, 국정國政에 무슨 어려움이 있겠느냐!
군주 자신이 단정하지 못하다면, 어찌 백성을 단정하게 할 수 있겠느냐!"

13-14 염유冉有 염자가 퇴근하니, 공자가 "어째서 늦었느냐?"라고 묻자,
"정무政務가 있었습니다."라고 답하였다.
공자가 "그의 집안일이었겠지. 만약 정무이었다면, 비록 내가 임용되지
않고 있으나관청 밖에 있어도, 들어서 알 수 있었을 것이다."

- 事사: 가사家事. 사무私務. 계씨네 집안 일.
- 以이: 임용.
- 與聞여문: 듣게 되다.
- ※늦게 퇴근한 이유가, 정무政務 때문이 아니라, 사사로운 계씨네 집안일을 처리하다가 늦었을 것
  이라는 말이다.

13-15 定公問:"一言而可以興邦, 有諸?"

孔子對曰:
"言, 不可以若是; 其'幾'也!
人之言曰:「爲君難; 爲臣不易.」
如知爲君之難也, 不'幾'乎一言而興邦乎!"

曰:"一言而喪邦, 有諸?"

孔子對曰:
"言, 不可以若是; 其'幾'也!
人之言曰:「予无樂乎爲君, 唯其言而莫予違也!」
如其善而莫之違也, 不亦善乎!
如不善而莫之違也, 不'幾'乎一言而喪邦乎!"

- 定公정공: 노나라 군주.
- 幾기: 기대. 희망. 기망期望.
- 喪邦상방: 나라를 망치다.

13-15 　정공이 묻고 공자가 답한다.
　　　정공: "〈한 마디 말〉로써, 나라를 흥성케 하는 뜻을 표현할 수가 있습니까?"

　　　공자: "〈한 마디 말〉로써, 기대하는 큰 뜻에 맞도록 표현하지는 못합니다. 어떤 사람이 「군주노릇하기도 어렵고, 신하노릇하기도 쉽지 않다」고 하였습니다. 만일 '군주노릇하기가 어렵다'는 것을 안다면, 이 말이 나라를 흥성케 하는 〈한 마디 말〉에 해당되지 않겠습니까?"

　　　정공: "〈한 마디 말〉로써, 나라를 망치게 하는 뜻을 표현할 수가 있습니까?"

　　　공자: "〈한 마디 말〉로써, 기대하는 큰 뜻에 맞도록 표현하지는 못합니다. 어떤 사람이 「군주노릇 하는 데에는 즐거움이 없고, 즐거운 것은 오로지 내가 말하기만 하면 아무도 감히 어기지 않을 뿐」이라고 말하였습니다.
만일 그 말이 너무 훌륭하여 어기는 사람이 아무도 없다면, 아주 좋은 일이 아니겠습니까? 그런데 그 말이 옳지 못한데도 어기는 사람이 아무도 없다면, 이 말이 나라를 망치게 하는 〈한 마디 말〉에 해당되지 않겠습니까!"

13-16 葉公問政.
子曰:"近者說; 遠者來."

13-17 子夏爲莒父宰, 問政.

子曰:
"无欲速; 无見小利.
欲速, 則不達; 見小利, 則大事不成."

13-18 葉公語孔子曰:
"吾黨有直躬者, 其父攘羊而子證之."

孔子曰:
"吾黨之直者異于是.
父爲子隱; 子爲父隱: 直在其中矣!"

• 葉公섭공: 초나라 대부.
• 莒父거보: 노나라 지명. 지금의 산동성 거현莒縣.
• 直躬者직궁자: 고지식한 사람.
• 攘양: 훔치다.

13-16 섭공이 정사政事에 대하여 물으니, 공자가 말씀하셨다.
"나라 안 백성은 즐겁게 살도록 하고;
나라 밖 백성은 스스로 찾아오게 하는 것입니다."

13-17 자하가 거부萬父 지방의 총관總管이 되어,
공자에게 정사政事에 대하여 물었다.

공자: "속성速成을 추구하지 말고; 소리小利를 탐하지 말라. 빨리빨리 서두르면 목적을 달성하지 못하고; 작은 이익에 매달리면 대사大事를 그르친다."

13-18 섭공: "우리 마을에 고지식한 사람이 있는데,
그의 아버지가 양을 훔치자 자식이 그 일을 고발했습니다."

공자: "우리 마을의 정직한 사람은 그와 다릅니다.
아버지는 자식을 위해 그런 일을 숨기고;
자식은 아버지를 위해 그런 일을 숨기지만,
정직한 품성은 그러한 가운데 있습니다."

• 證증: 고발하다.
※ 윤리와 법률 사이에서 야기되는 문제다. 공자는 위법한 일에 대하여, 법치보다는 부자사이의 윤리를 더 중요시한 말이다. 지금도 친족 간에는 '상대적 친고죄'를 인정하고 있다.

13-19 樊遲問仁. 子曰:
"居處恭; 執事敬; 與人忠:
雖之夷狄, 不可棄也."

13-20 子貢問曰:
"何如斯可謂之士矣?"

子曰:
"行己有恥; 使于四方, 不辱君命: 可謂士矣!"

曰:"敢問其次."
曰:"宗族稱孝焉; 鄕黨稱弟焉."

曰:"敢問其次."
曰:"言必信; 行必果: 硜硜然小人哉! 抑亦可以爲次矣."

曰:"今之從政者何如?"
子曰:"噫! 斗筲之人, 何足算也!"

- 士사: 지식인. 선비.
- 弟제: 연장자나 어른들을 공경하다. '悌제'와 같다.
- 硜硜然갱갱연: 생각이 좁고 고집 센 모습. '硜硜'은 돌맹이가 부딪칠 때 나는 소리

13-19 번지가 공자에게 仁에 대하여 물었다.
공자: "일상생활에선 공손하고; 일할 때에는 성심으로 하고;
남과 교제하는 때에는 충실해야한다. 비록 다른 나라에 가는 경우에도,
이러한 품성은 잊지 말아야한다."

13-20 자공: "어떻게 해야 선비士로 불립니까?"

공자: "자기의 행위에 대하여 염치廉恥를 알고;
외국에 출장가면 군주의 명령에 욕되지 않게 하면,
선비라 할 수 있을 것이다."

자공: "그 다음 등급은요?"
공자: "친족들이 부모에 효순孝順한다고 칭찬하고;
마을 사람들이 어른들을 존중한다고 말하는 것이다."

자공: "그 다음의 등급은요?"
공자: "한 말에 반드시 신의를 지키고; 행동에 과단성이 있으면,
비록 고집 센 소인이지만, 그러나 그 다음 등급은 되는 사람이야."

자공: "오늘날 정사에 종사하는 관리들은 어떻습니까?"
공자: "아아! 생각이 천박한 사람들이야. 어디 논할 대상이 되느냐?"

- 抑억: 그러나.
- 斗筲之人두소지인: 식견이 좁고 생각하는 용량이 작은 사람. '斗筲'는 용량을 재는 그릇.

13-21 子曰:

"不得中行而與之, 必也狂狷乎!
狂者進取, 狷者有所不爲也."

13-22 子曰:

"南人有言曰:人而无恒, 不可以作巫醫. 善夫!"
「不恒其德, 或承之羞.」
子曰:"不占而已矣."

13-23 子曰:

"君子和而不同; 小人同而不和."

- 中行중행: 중용의 도리를 행하는 사람.
- 狂狷광견: '광狂'은 뜻이 극히 높고 적극적인 행동으로 거리낌이 없으나 반드시 실천으로 옮겨지는 것은 아니다. '견狷'은 뜻이 결백하고 제분수를 지키며 안주하려고 하여 소극적이다. 따라서 지나치게 진취적인 광자狂者나, 일을 벌이러하지 않는 소극적인 견자狷者는 옆에서 잘 조언만 해주면 좋은 친구가 될 수 있다.

13-21 공자:

"만일 중도中道를 걷는 사람과 사귈 수 없다면,

반드시 광자狂者나 견자狷者와 사귈 것이다.

광자는 지나치게 진취적이고,

견자는 소극적이나 불의와 타협하지는 않는다."

13-22 "남방 사람들에게「사람이 항심恒心이 없으면, 무의巫醫노릇도 못한다!」는
말이 있다. 좋은 말이다."

《역경 • 항괘》에도 "자기의 덕행을 꾸준히 견지하지 않으면 모욕을 당할
것이다."라고 하였다.

공자: "이 말은 항심이 없는 사람은 점을 쳐볼 필요도 없다는 뜻이다."

13-23 공자:

"군자는 화해和諧를 강구하고 지배하려들지 않으며和而不同;

소인은 지배하려들고 화해를 강구하지 않는다.同而不和"

- 巫醫무의: 복서卜筮로 점치고 병을 치료해주는 사람.
- 화이부동和而不同은 제후국간의 평화공존을 위한 제후국 연방제. 동이불화同而不和는 강자가 약자를 굴복시켜 흡수하려는 제국주의론.

13-24　子貢問曰:"鄕人皆好之; 何如?"
　　　子曰:"未可也."

　　　"鄕人皆惡之; 何如?"
　　　子曰:"未可也. 不如鄕人之善者好之, 其不善者惡之!"

13-25　子曰:
　　　"君子易事而難說也:
　　　說之不以其道, 不說也;
　　　及其使人也, 器之.

　　　小人難事而易說也.
　　　說之雖不以道, 說之;
　　　及其使人也, 求備焉."

- 器之기지: 그릇의 용량에 따라 쓰다.
- 求備구비: 능력을 모두 갖추어 있기를 바란다.

13-24 자공: "마을 사람 모두가 그를 좋아한다면 어떻습니까?"
공자: "좋지 않아."

자공: "마을 사람 모두가 그를 싫어한다면 어떻습니까?"
공자: "좋지 않아. 마을 사람들 중 선한 사람은 그를 좋아하고,
불선不善한 사람은 그를 싫어함만 못해."

13-25 공자:
"군자는 섬기기는 쉬우나 기쁘게 해주기는 어렵다. 정당한 방법으로
그를 기쁘게 해주지 않는다면, 그는 기뻐하지 않는다.
그는 인재를 뽑아 쓰는데, 능력의 그릇 크기에 따라 일하게 한다.

소인은 섬기기는 어려우나 기쁘게 해주기는 쉽다.
비록 부당한 방법으로 그를 기쁘게 해주어도, 그는 기뻐한다.
그는 사람을 뽑아 쓰는데, 능력이 완비되어있기를 바란다."

13-26 子曰:
"君子泰而不驕;
小人驕而不泰."

13-27 子曰:
"剛・毅・木・訥: 近仁."

13-28 子路問曰:"何如斯可謂之士矣?"
子曰:"切切, 偲偲, 怡怡如也, 可謂士矣.
朋友切切, 偲偲, 兄弟怡怡."

13-29 子曰:
"善人教民七年, 亦可以卽戎矣!"

13-30 子曰:
"以不教民戰, 是謂棄之!"

- 毅의: 과단성. 의지가 강함.
- 木목: 質朴질박. 순수함.
- 訥눌: 근신謹愼. 언행을 조심함.
- 切切偲偲절절시시: 간절히 서로 비평하고 격려해줌.

13-26 공자:

"군자는 태연하면서도 교만하지 않고;
소인은 교만하면서도 태연하지 않다."

13-27 공자:

"강건剛健 • 과단果斷 • 질박質朴 • 근신謹愼, 이 4종의 품성을 갖춘 사람은
인자仁者에 가깝다."

13-28 자로: "어떻게 해야 '지식인士'이라 할 수 있습니까?"

공자: "서로 간절히 비평하고 격려해주며 화목하게 지내면 지식인이라
할 수 있다. 붕우朋友 사이에는 간절히 서로 비평도하고 격려해주며,
형제 사이엔 화목해야 한다."

13-29 공자:

"선인善人이 백성을 7년 동안 가르치면, 전쟁에 임하게 할 수 있다."

13-30 공자:

"백성을 가르치지 않고 전쟁을 하면, 그들을 버리는 것이다!"

- 朋友붕우: '절절시시'할 수 있고 이념이 통하는 고상한 벗. 오래 사귄 사람을 '친구'라고 부르는
  데, 친구가운데 붕우는 드물다.
- 怡怡이이: 화목한 모양.
- 善人의 '人'은 지도층 인사, 敎民의 '民'은 민중백성.
- 戎융: 군사軍事. 병兵.

1. "나라정치가 밝은 때에는 정직하게 말을 하고, 정직하게 행동하며; 나라 정치가 어두운 때에는 정직하게 행동하고, 말을 조심하여야한다."3장

2. "이익을 보면 대의大義를 먼저 생각하고見利思義; 위난危難이 닥치면 목숨을 바칠 줄 알며見危授命; 오래 동안 서로 떨어져 있어도, 지난날 살아오면서 말한 약속을 잊지 않으려고 한다면, 그런 사람은 성인成人. 소인小人으로 볼 수 있을 것이다."12장

3. "군주의 언행에 대하여 속이지 말고, 면전에서 직간直諫하라."22장

4. "옛날의 학자學者들은 자신의 내적 수양을 위해 공부하였는데, 지금의 학자들은 남에게 보여주기 위해 공부한다."24장

제14편

헌문
(憲問)

14-1 憲問恥.

子曰:"邦有道, 穀; 邦无道, 穀, 恥也!"

"克·伐·怨·欲, 不行焉, 可以爲仁矣?"
子曰:"可以爲難矣! 仁, 則吾不知也."

14-2 子曰:

"士而懷居, 不足以爲士矣!"

14-3 子曰:

"邦有道, 危言危行; 邦无道, 危行言孫."

- 憲헌: 공자의 제자. 성은 원原, 이름은 헌憲, 자는 자사子思. 6편 옹야 5장에는 '원사原思'로 나온다. 원헌의 자가 子思이지만, 공자의 손자인 '子思'와는 다른 인물일 것이다.
- 穀곡: 양식. 봉록俸祿.
- 克극: 싸워서 이기는 것.

14-1 원헌原憲이 수치羞恥와 인仁에 대하여 물었다.
　　공자: "나라정치가 밝은 때에는 관리로서 봉록을 받지만;
　　나라정치가 어두운 때에도 여전히 관리로서 봉록을 받는다면,
　　수치스런 일이야!"

　　원헌: "싸워 이기려 들고, 공을 자랑하고, 원한을 품고,
　　욕심을 부리는 짓을 하지 않으면, 仁하다고 할 수 있습니까?"
　　공자: "그렇게 하기란 어려운 일인데, 그게 仁한 것인지는 나도 모르겠다."

14-2 공자:
　　"지식인士이면서도 편히 지낼 것만을 생각한다면,
　　지식인이라고 할 수 없지!"

14-3 공자:
　　"나라정치가 밝은 때에는 정직하게 말을 하고, 정직하게 행동하며;
　　나라정치가 어두운 때에는 정직하게 행동하고, 말을 조심하여야 한다."

- 伐벌: 공을 자랑하는 것.
- 危위: 정직. '正'과 같다.
- 孫손: 겸손. '遜손'과 같다.

14-4 子曰:
"有德者必有言; 有言者不必有德.
仁者必有勇; 勇者不必有仁."

14-5 南宮适問于孔子曰:
"羿善射; 奡盪舟: 俱不得其死然.
禹・稷躬稼, 而有天下!"

夫子不答.
南宮适出, 子曰: "君子哉若人! 尚德哉若人!"

14-6 子曰:
"君子而不仁者有矣夫!
未有小人而仁者也!"

- 南宮适남궁괄: 남용南容. 〈참조: 5편 2장〉
- 羿예: 하夏나라 때 활을 잘 쏜 동이족의 수령.
- 奡오: 하나라 때 제후. 배를 땅에서도 밀고 다닐 정도로 힘이 세고, 수상작전에 능하다.
- 盪舟탕주: 손으로 배를 밀다.

14-4 공자:

"德이 있는 사람은 반드시 할 말이 있지만;
할 말이 있는 사람이 반드시 德이 있는 것은 아니다.

仁한 사람은 반드시 용감하지만;
용감한 사람이 반드시 仁한 것은 아니다."

14-5 남궁괄이 공자에게 물었다.
"예羿는 활을 잘 쏘았고, 오奡는 수중작전에 뛰어났는데,
모두 제명에 죽지를 못했습니다.
우禹와 직稷은 몸소 농사를 지었으나, 천하를 다스렸습니다."

공자가 답을 하지 않으셨다. 남궁괄이 나가자 공자가 말씀하시기를:
"저 사람 정말 군자로구나! 저렇게 德을 숭상하다니."

14-6 공자:
"군자로서 편애하는 경우[不仁]는 있을 수 있어!
소인으로서 편애하지 않는 경우[仁]는 있어본 적이 없지!"

- 禹우: 하나라 시조.
- 稷직: 주나라 시조.
- 躬稼궁가: 몸소 농사를 짓다.

14-7 子曰:
"愛之能勿勞乎?
忠焉能无誨乎?"

14-8 子曰:
"爲命:
裨諶草創之; 世叔討論之; 行人子羽修飾之;
東里子産潤色之."

14-9 或問子産.
子曰: "惠人也."
問子西.
曰: "彼哉彼哉!"
問管仲.
曰: "人也奪伯氏騈邑三百; 飯疏食, 沒齒, 无怨言."

14-10 子曰:
"貧而无怨, 難; 富而无驕, 易."

- 誨회: 가르치다. 충고하다.
- 沒齒몰치: 평생

14-7 공자:

"사랑한다고 하여, 그를 고달프지 않게 할 수 있겠느냐?
충실하다고 하여, 그에게 충고하지 않을 수 있겠느냐?"

14-8 공자:

"정鄭나라에서 외교문서를 작성할 때에는, 대부 비심裨諶이 기초하였고,
대부 세숙世叔과 토론한 다음, 외교관 자우子羽가 수정하였으며,
끝으로 동리東里에 사는 문장가 대부 자산子産이 윤색潤色하였다."

14-9 어떤 사람이 자산에 대하여 물으니,

공자가: "남에게 자애를 베푸는 사람이야."

어떤 사람이 자서子西에 대하여 물으니, 공자가: "그 사람은 그래"

어떤 사람이 관중에 대하여 물으니, 공자가: "재능 있는 사람이야.
백씨의 병읍騈邑 3백호를 빼앗아, 백씨는 거친 음식을 먹고 지냈으나,
평생 원망하는 말이 없었다." 라고 말씀하셨다.

14-10 공자:

"빈곤하면서도 원망하지 않기는 어렵지만; 부유하면서도 교만하지
않기는 쉽다."

• 管仲관중: 제나라 환공의 재상. 진실로 군주와 백성을 위해 대의大義를 지켰다.〈14-17 참조〉

14-11 子曰:

"孟公綽, 爲趙魏老則優; 不可以爲滕薛大夫."

14-12 子路問成人.

子曰:

"若臧武仲之知,

公綽之不欲,

卞莊子之勇,

冉求之藝,

文之以禮樂, 亦可以爲成人矣!"

曰:

"今之成人者何必然.

見利思義, 見危授命,

久要不忘平生之言, 亦可以爲成人矣!"

- 孟公綽맹공작: 노나라 대부. 맹손씨 가족.
- 老노: 춘추시대에는 대부의 가신家臣을 '老'라 칭했다.
- 滕등·薛설: 이 두 나라는 서주 초에 분봉된 제후국으로 노나라 부근에 있던 작은 나라.

※ 맹공작은 성품이 어질고 착하나 소심하고 학식이 깊지 않다. 위에서 시키는 일은 성실히 수행할 수 있으므로 큰 나라의 가신으로서는 적합하다. 그러나 스스로 판단하여 복잡한 일을 처리하는 작은 나라의 군주로서는 부적합한 인물이라는 말이다.

14-11 공자:

"맹공작孟公綽은 조趙·위魏와 같은 큰 나라에서의 가신家臣으로서는
능력 있는 인물이나; 등滕·설薛과 같은 작은 나라의 대부大夫로서는
일할 수 없다."

14-12 자로가 성인成人에 대하여 물으니, 공자께서 말씀하셨다.
"만일 장무중臧武仲의 지혜[智], 맹공작孟公綽의 착한 마음[仁],
변장자卞莊子의 용감[勇] 그리고 염구冉求의 재예才藝를 갖추고
여기에다가 예악禮樂의 문채를 보탠다면;
그러한 품성을 지닌 사람이 성인成人이야!"

이에 덧붙여 말씀하셨다.
"그러나 오늘날 성인成人들이 어찌 그런 덕목을 모두 갖출 수 있겠느냐?
이익을 보면 대의大義를 먼저 생각하고;
위난危難이 닥치면 목숨을 바칠 줄 알며;
오래 동안 서로 떨어져 있어도,
지난날 살아오면서 말한 약속을 잊지 않으려고 한다면,
그런 사람을 성인成人으로 볼 수 있을 것이야!"

- 成人성인: 전인全人.
- 臧武仲장무중 · 孟公綽맹공작 · 卞莊子변장자: 모두 노나라 대부들이다.
- 久구: 아주 오래 동안 서로 떨어져 있다.
- 要不忘요불망: 잊지 않기를 바란다.
- 平生之言평생지언: 일생 동안 약속을 한 말

14-13　子問公叔文子于公明賈曰:
　　　"信乎, 夫子不言, 不笑, 不取乎?"

　　　公明賈對曰:
　　　"以告者, 過也.
　　　夫子時然后言, 人不厭其言;
　　　樂, 然后笑, 人不厭其笑;
　　　義, 然后取, 人不厭其取."

　　　子曰:"其然? 豈其然乎!"

14-14　子曰:
　　　"臧武仲, 以防求爲后于魯;
　　　雖曰'不要君', 吾不信也."

- 公叔文子공숙문자: 위나라 제공諸公 최고위급 대신인 문자文子.
- 公明賈공명가: 위나라 대부.
- 夫子부자: 그분공숙문자
- 防방: 장무중의 봉지였던 마을의 이름.

14-13 공자가 공명가公明賈에게 공숙문자公叔文子에 대하여 물었다.

공자: "정말입니까? 그분은 말을 하지도 않고, 웃지도 않으며, 취하지도 않습니까?"

공명가: "선생에게 말을 잘못 전했습니다.
그분은 말을 꼭 해야 할 때에 말을 하는데, 사람들은 그의 말을 싫어하지 않고;
즐거운 때에 웃는데, 사람들은 그의 웃음을 싫어하지 않으며;
꼭 취하여야할 때 취하는데, 사람들은 그가 취하는 것을 싫어하지 않습니다."

공자: "그렇습니까? 어찌 그럴 수가 있습니까!"

14-14 공자:
"장무중은 노나라 군주에게, 그의 봉지封地였던 방防이라는 마을에 그의 후사後嗣를 세워줄 것을 요구하였는데;
비록 군주에게 강요한 것은 아닐지라도, 나는 그 말을 믿지 못하겠다."

- 爲后위후: 후사後嗣 후계자를 세우다.
- 要요: 강요하다.
※ 앞에서 장무중을 지혜롭다고 말하였으나, 여기에서는 지혜롭지 못한 그의 행동에 의문을 제기하고 있다.

14-15 子曰:
"晋文公譎而不正; 齊桓公正而不譎."

14-16 子路曰: "桓公殺公子糾:
召忽死之; 管仲不死. 曰: 未仁乎? "
子曰: "桓公九合諸侯, 不以兵車; 管仲之力也.
如其仁! 如其仁!"

14-17 子貢曰: "管仲非仁者與?
桓公殺公子糾: 不能死; 又相之."

子曰: "管仲相桓公, 霸諸侯, 一匡天下:
民到于今受其賜.

微管仲, 吾其披髮左衽矣!
豈若匹夫匹婦之爲諒也,
自經于溝瀆而莫之知也!"

- 晋文公진문공: 제후들의 맹주盟主로 군림한 진나라 군주.
- 譎휼: 속임수. 사술詐術을 쓰다. 이를 '譎詐휼사'라 한다.
- 齊桓公제환공: 제나라 군주. 진문공과 대조적인 성격을 지녔다.
- 公子糾공자규: 제환공의 형. 환공이 왕위 쟁탈전에서 규糾를 죽였다.
- 召忽소홀: 소홀과 관중은 규糾의 가신家臣이었다. 규가 피살되자, 소홀은 자살하였으나 관중은 환공에게 귀복歸服하였다.
- 兵車병차: 고대의 전차戰車부대. 무력

14-15 공자:

"진나라 문공은 사술詐術을 쓰고 부정직하나;
제나라 환공은 정직하고 사술을 쓰지 않는다."

14-16 자로: "제나라 환공이 공자公子 규糾를 죽였을 때,
소홀은 그를 위해 죽었으나 관중은 죽지 않았습니다.
불인不仁한 행위라고 해야 되겠지요?"
공자: "환공이 여러 차례 제후들과 회합한 후, 무력으로 정벌을 하지
않은 것은 관중의 공로였어. 그게 바로 仁이지, 仁한 행위야!"

14-17 자공: "관중은 인자仁者가 아니잖습니까? 환공이 공자 규를 죽였는데도,
따라 죽지 못하고, 거꾸로 그의 재상노릇을 하였습니다."
공자: "관중이 환공의 재상이 되어, 제후들의 패주霸主가 되게 하였고,
천하를 크게 바로 잡았기에, 백성들이 지금까지 그의 은혜를 입고 있는
것이다.
관중이 아니었다면, 나도 머리를 풀어헤치고 옷섶을 왼편으로 여미는
야만인이 되었을 것이야!
어찌 필부필부匹夫匹婦의 신의를 위하여,
산골짜기에서 자살하여 아무도 그를 알지 못하게 되는 것과 같겠느냐!"

- 一匡天下일광천하: 한 번 천하를 바로잡다.
- 微미: ~아니었다면.
- 匹夫匹婦필부필부: 평범한 남자와 여자.
- 諒량: 작은 신의[小信]. 하찮은 의리를 지키는 일.〈15-37 참조〉
- 自經자경: 목매어 자살하다.
- 溝瀆구독: 도랑. 산골짜기.

14-18 公叔文子之臣, 大夫僎, 與文子同升諸公.
子聞之, 曰:
"可以爲'文'矣!"

14-19 子言衛靈公之无道也, 康子曰:
"夫如是, 奚而不喪?"

孔子曰:
"仲叔圉治賓客;
祝鮀治宗廟; 王孫賈治軍旅:
夫如是, 奚其喪!"

14-20 子曰:
"其言之不怍, 則爲之也難."

- 公叔공숙: 公의 칭호. 公은 춘추시대 다섯 작위 중 최상위 계급. 이들 제공諸公 다음의 작위는 제후諸侯. 文子의 관위官位는 제공앞 13장 참조. 문자가 자기의 후임으로 선僎을 가신대부에서 국가대신으로 추천하여 승진시켰다는 말이다. 보통은 이들을 통틀어 제후諸侯라고 불렀다.
- 升승: 승진昇進하다. '昇'과 같다.
- 衛靈公위령공: 위나라 군주.

14-18　공숙公叔 문자文子는 그의 가신대부家臣大夫인 선僎을, 문자文子와 같은 국가대신國家大臣인 제공諸公으로 추천하여 승진시켰다.
공자가 그 말을 듣고 칭찬하셨다. "그를 '문文'이라고 부를만하구나!"

14-19　공자가 위령공의 무도无道함을 말하자, 계강자가 묻길:
"그렇다면 어째서 나라가 망하지 않습니까?"

공자가 답하셨다.
"중숙어가 외빈을 접대하고; 축타가 종묘를 관리하며;
왕손자가 군사를 관장하고 있으니: 어찌 나라가 망하겠습니까!"

14-20　공자:
"호언장담豪言壯談한 말에 대하여 부끄러워할 줄 모른다면,
자기가 말한 것을 실천하기가 어려울 것이다."

• 奚而해이: 어째서. 왜.
• 仲叔圉중숙어: 위나라 대부
※ 군주가 무도해도, 참모들이 유능하기 때문에 나라가 망하지 않고 있다는 말이다.
• 怍작: 부끄러워하다.

14-21   陳成子弑簡公.
　　孔子沐浴而朝, 告于哀公曰:
　　"陳恒弑其君, 請討之."

　　公曰:"告夫三子!"
　　孔子曰:"以吾從大夫之后, 不敢不告也: 君曰'告夫三子'者."

　　之三子告; 不可.
　　孔子曰:"以吾從大夫之后, 不敢不告也."

14-22   子路問事君. 子曰:
　　"勿欺也, 而犯之!"

- 陳成子진성자: 제齊나라 대부, 이름은 항恒. 노나라 애공哀公 14년B.C.481, 공자 71세에 간공簡公을 죽였다.
- 三子삼자: 노나라의 3家 세도집안〈맹손孟孫, 숙손叔孫, 계손季孫〉

14-21 제나라 대부 진성자가 군주 간공을 시해하였다.

공자가 목욕을 하고 입조 入朝 하여 애공에게 "제나라 대부 진항 陳恒 진성자이 자기의 군주를 시해했습니다. 출병하여 그들을 토벌해야합니다."라고, 말씀드렸다.

애공이 "가서 3명의 대부들께 말하시오."라고 하자, 공자가 "저는 전에 대부의 직무를 수행한 적이 있었기 때문에, 보고 드리지 않을 수 없었습니다. 그런데 군주께서는 제가 가서 3명의 대부들께 보고하라고 하시는군요."

공자가 3명의 대부에게 가서 보고를 드렸으나, 그들이 출병을 반대하자, 공자가 말하길: " 저는 전에 대부의 직무를 수행한 적이 있었기 때문에, 보고 드리지 않을 수 없었습니다."

14-22 자로가 군주를 섬기는 방법에 대하여 묻자, 공자가 말씀하셨다.

"도리에 어긋나는 군주의 언행에 대하여 속이지 말고, 면전에서 직간 直諫 하라!"

※ 나라에 중요한 문제가 발생하면, 아무리 듣기 싫은 말이라도 거짓 없이 상사에게 보고 드리는 것이, 신하로서의 의무이자 도리라는 말이다.
• 犯범: 면전에서 규간規諫 하는 것. *규간規諫: 윗사람의 잘못을 지적하여 고치도록 말함.

14-23 子曰:

"君子上達; 小人下達."

14-24 子曰:

"古之學者爲己; 今之學者爲人."

14-25 蘧伯玉使人于孔子; 孔子與之坐而問焉,
曰:"夫子何爲?"
對曰:"夫子欲寡其過而未能也!"
使者出, 子曰:"使乎! 使乎!"

14-26 子曰:"不在其位, 不謀其政."
曾子曰:"君子思不出其位."

- 上達상달: 고명한 이념〈天・公・明・仁義・道德〉을 추구하다.
- 下達하달: 〈私・暗・財・利〉를 추구하다.
- 蘧伯玉거백옥: 위나라 대부. 공자가전에 그의 집에 묵은 일이 있었다.

14-23 공자:

"군자는 고명한 이념을 추구하고, 소인은 눈앞 이익을 추구한다."

14-24 공자:

"옛날의 학자學者들은 자신의 내적 수양을 위해 공부하였는데;
지금의 학자들은 남에게 보여주기 위해 공부한다."

14-25 거백옥이 공자에게 사자使者를 보내 문안드리니;
공자가 그와 함께 앉아서, "선생님은 어찌 지내시는지요?"라고 물었다.
"선생님께서는 착오錯誤를 줄이고 싶어 하시나, 잘 안 되는 것 같습니다."
라고, 사자가 대답하고 나가자, 공자께서 말씀하셨다.
"좋은 사자야, 좋은 사자!"

14-26 공자: "어떤 직위에 있지 아니하면,
그 직위에서 이뤄지는 정사政事에 관여하지 않는다."
증자: "군자의 정사에 관한 생각은, 자기의 직무 범위를 벗어나지 않는다."

- 14-26의 구는 태백편8-14에 나온 글

14-27 子曰:
"君子恥其言而過其行."

14-28 子曰:"君子道者三; 我无能焉.
仁者不憂;
知者不惑;
勇者不懼."

子貢曰:"夫子自道也."

14-29 子貢方人, 子曰:
"賜也賢乎哉! 夫我則不暇."

14-30 子曰:
"不患人之不己知;
患其不能也."

- 28장은 9-29에 나온 글과 중복된 글이다.
- 方人방인: 남을 비방하다.
- 30장의 글은 1-16, 4-14, 15-19에 나온 글이다.

14-27 공자:

"군자는 자기가 한 말이 실행한 것보다 과장된 점에 대하여 부끄러워한다."

14-28 공자: "군자의 道에는 다음 3가지가 있는데, 나는 이를 실행하지 못하고 있다.

인자仁者는 우려憂慮하지 않고;

지자知者는 미혹迷惑되지 않으며;

용자勇者는 두려워하지 않는다."

자공: "이는 바로 선생님이 자신에 대하여 하신 말씀입니다."

14-29 자공이 남을 비방하자, 공자가 말하길:

"자공, 너는 현량賢良한가! 나는 그럴 여유가 없는데."

14-30 공자:

"사람들이 나를 알아주지 않는 것을 걱정하지 말고;

내가 무능함을 걱정하라."

14-31 子曰:

"不逆詐;

不億不信;

抑亦先覺者: 是賢乎!"

14-32 微生畝謂孔子曰:

"丘, 何爲是栖栖者與! 无乃爲佞乎?"

孔子曰: "非敢爲佞也; 疾固也!"

14-33 子曰:

"驥, 不稱其力, 稱其德也."

14-34 或曰: "以德報怨: 何如?"

子曰: "何以報德! 以直報怨; 以德報德."

- 逆역: 예견하다. 예측하다.
- 抑亦억역: 또한
- 微生畝미생무: 연상의 노나라 은사隱士로 추정.
- 栖栖서서: 서성이는 모습. 눈코 뜰 새 없이 바삐 서성이는 모습忙忙碌碌].
- 无乃무내: …이 아닌가?

14-31 공자:

"남이 사기詐欺를 치는 것에 대하여 예견하지 않고;
남이 불성실한 것에 대하여 추측하지 않으면서도,
그런 일을 먼저 알아차린다면 현명한 사람이야!"

14-32 미생무가 공자에 대하여 말하길:
"공구는 어찌하여 온종일 눈코 뜰 새 없이 바삐 서성이나요?
말재주를 부리려는 게 아니오?"
공자가 말하길: "결코 말재주를 부리는 것이 아니라, 꽉 막힌 고집불통
의 사람을 싫어하는 것입니다."

14-33 공자:

"천리마를 찬양하는 것은, 그의 힘이 아니라, 그의 덕성을 찬양하는 것이다."

14-34 어떤 사람이 말하길: "德으로써 원한을 갚으면 어떻습니까?"
공자: "德에는 무엇으로 갚으려는가?
정직함으로써 원한을 갚고; 德으로써는 德을 갚는 것이야."

- 佞녕: 말재주가 있다. 재치가 있다.
- 疾질: 증오하다.
- 固고: 꽉 막힌 사람. *고집불통: 완고불화頑固不化. 사면병死面餠
- 驥기: 천리마. 뛰어난 인물

14-35 子曰:"莫我知也夫!"

子貢曰:"何爲其莫知子也?"

子曰:"不怨天; 不尤人; 下学而上達: 知我者其天乎!"

14-36 公伯寮愬子路于季孫.

子服景伯以告; 曰:

"夫子固有惑志于公伯寮,

吾力猶能肆諸市朝."

子曰:

"道之將行也與, 命也;

道之將廢也與, 命也.

公伯寮其如命何!"

- 莫我知막아지: 나를 이해해주는 사람이 없다. 뜻이 서로 통하는 사람을 동지同志라 한다. 동지 중에서도 이념이 서로 통하고 속마음을 이해해주는 벗을 상우尙友・붕우朋友 또는 지음知音 이 라고 부른다. 공자는 지음의 벗이 세상에 없음을 한탄한 말이다.
- 下學而上達하학이상달: 일상생활 속에서의 인간상호관계를 깨달은 다음에, 점점 위로 올라가 심오한 하늘의 뜻에 이르기까지 통달하다. 자사子思는 이러한 공자의 사상을 깊게 연구하고 발전시켜, 〈아래로는 격물치지格物致知로부터 위로는 치국평천하治國平天下〉에 이르는 8조목 이론을 완성하였다. 자사가 할아버지 공자의 사상을 학문적으로 계승하고 정리하여 완성시킨 책이《대학》이다. ※참조:《대학・오행》128쪽~140쪽

14-35 공자: "나의 뜻을 이해해주는 사람이 없구나!"
자공: "어째서 선생님의 뜻을 이해해주는 사람이 없다고 하십니까?"
공자: "하늘을 원망하지도 않고, 남을 탓하지도 않는다.
나는 일상생활 속의 인간상호관계로부터 심오한 하늘의 큰 뜻에 이르기
까지 통달하였다. 이러한 나의 이상을 알아주는 이는 하늘뿐이야!"

14-36 공백료가 계손씨季孫氏에게 자로를 모함하였다.
자복경백이 이 사실을 공자에게 말씀드리길:
"계손씨는 틀림없이 공백료의 헐뜯는 말에 미혹되어 있습니다.
자로의 생사가 위험하니, 제가 공백료를 죽여 그의 시체를 장터에 내걸
겠습니다."

공자:
"나의 주장이 실행되는 것도 하늘이 결정하는 것이고;
실행되지 못하는 것도 하늘이 결정하는 것이다.
공백료가 하늘의 뜻[天命]을 어찌 하겠느냐?"

- 公伯寮공백료: 공자의 제자. 계손季孫의 가신家臣.
- 愬소: 모함하다. 고발하다. '訴소'와 같다.
- 子腹景伯자복경백: 노나라 대부.
- 固고: 틀림없이.
- 肆사: 사람을 죽여서 시체를 내거는 것.
- 諸제: 그것〈공백료를 가리키는 대명사〉

※공자는 살인으로써 살인을 막는 일에 동의하지 않고, 천명天命에 맡기라는 뜻이다.

14-37 子曰:

"賢者辟世;

其次辟地;

其次辟色;

其次辟言."

子曰:"作者七人矣."

14-38 子路宿于石門.

晨門曰:"奚自?"

子路曰:"自孔氏."

曰:"是知其不可而爲之者與?"

- 辟피: 피하다. '避피'와 같다.
- 作者七人작자칠인: 장저長沮, 걸익桀溺, 장인丈人, 석문石門, 하궤荷蕢, 의봉인儀封人, 초광접여楚狂接輿.

14-37 공자:

"현명한 사람은 비정상인 사회를 피하여 은거하고;
  그 다음 사람은 비정상인 지방을 피하여 다른 곳으로 옮겨가고;
  그 다음 사람은 비정상인 사람을 피하여 만나지 않고;
  그 다음 사람은 비정상인 말을 피하여 듣지 않는다."

공자께서 또 말씀하시길: "그렇게 실행한 사람이 7명이 있었다."

14-38 자로가 석문石門에서 하룻밤을 묵었다.

다음 날 아침에 성문城門에 나가니, 문지기가 물었다.

"어디에서 오셨소?"

자로가 "공자 문중에서 왔소이다."라고 답하였다.

문지기가 말하길: "실행할 수 없음을 알면서도,

계속 밀어붙이는 사람 말인가요?"

- 石門석문: 노나라 도성都城 밖 외문外門.
- 奚自해자: 어디에서 왔느냐?

14-39　子擊磬于衛.
有荷簣而過孔氏之門者, 曰: "有心哉擊磬乎!"

既而曰:
"鄙哉, 硜硜乎! 莫己知也, 斯已而已矣!
「深則厲, 淺則揭.」"

子曰:
"果哉! 末之難矣!"

14-40　子張曰:
"書云:「高宗諒陰, 三年不言.」
何謂也?"

子曰:
"何必高宗; 古之人皆然!
君薨, 百官總己以聽於冢宰, 三年."

- 磬경: 타악기
- 荷하: 어깨에 둘러메다.
- 簣궤: 광주리. 삼태기.
- 硜硜갱갱: 깽깽거리는 소리.〈13-20 참조〉
- 深則厲심즉려, 淺則揭천즉게: 수심이 깊으면 옷 입은 채 건너가고, 얕으면 바지 걷어 올리고 건너간다.《시경·패풍》에 나오는 구절이다.
- 末말: 없다. 아니다.

14-39 공자가 위나라에서 타악기 경磬을 치고 있었는데, 어떤 사람이 광주리를 지고 공자가 머무르는 집 대문을 지나가면서 하는 말이:
"경을 치는 사람 마음속에 무슨 일이 있구나."

조금 있다가 말하길:
"징징거리는 소리 듣기 거북하구나! 자기를 이해해 주는 사람이 없으면 그만 두어야지.
「수심이 깊으면 옷 입은 채 건너가고; 얕으면 바지 걷어 올리고 건너간다.」고 하였네."
공자가 그 말을 듣고서 말씀하시길:
"맞는 말이로구나! 그렇게 하는 것은 어려울 게 없는 일이지!"

14-40 자장:
"《상서尚書》에 '고종은 묘막墓幕에서 복상服喪하면서,
3년간 말을 하지 않았다.'고 하였는데, 무슨 뜻입니까?"
공자:
"고종뿐이겠느냐? 옛날 사람들은 모두 그랬다. 군주가 돌아가시면, 모든 관리들은 3년간 총재冢宰 총리의 지휘를 받아 직무를 수행하였다."

- 高宗고종: 상商 왕 무정武丁.
- 諒陰양음: 부모의 무덤 곁에 지어 놓고 복상 중에 머무는 묘막墓幕.
- 薨훙: 제후가 죽다.
- 總己총기: 자기의 직책을 수행하다.
- 冢宰총재: 후세의 '재상'과 같다. *군주가 복상 중에는, 총재冢宰가 군주가 말할 필요가 없도록 백관百官을 지휘하여 국정을 수행하였다.

14-41 子曰:
"上好禮, 則民易使也."

14-42 子路問君子.
子曰:"修己以敬."

曰:"如斯而已乎?"
曰:"修己以安人."

曰:"如斯而已乎?"
曰:"修己以安百姓. 修己以安百姓, 堯舜其猶病諸!"

14-43 原壤夷俟. 子曰:
"幼而不孫弟;
長而无述焉;
老而不死: 是爲賊!"以杖叩其脛.

- 人: 사대부士大夫이상의 귀족.
- 百姓백성: 평민농업・공업・상업 등 생산업 종사들. 평민 아래의 노예들을 '民'이라 불렀다.
- 病병: 우려. 걱정.
- 原壤원양: 공자의 옛 친구.
- 夷俟이사: 두 다리를 쭉 뻗고 앉아서 기다리는 모습. '俟'는 기다리다.

14-41 공자:

"윗사람이 예법禮法을 준수하면, 백성을 부리기가 쉬워진다."

14-42 자로가 군자에 대하여 물었다.

공자: "수신修身하고 공경한 태도를 지녀야한다."

자로: "그렇게만 하면 됩니까?"
공자: "수신하고 귀족들이 편안토록 하여야한다."

자로: "그렇게만 하면 됩니까?"
공자: "수신하고 백성이 편안토록 해주어야한다. 수신하고 백성이 편안케 해주는 일은, 요•순 임금도 실천하기가 어려운 일이었다."

14-43 원양이 두 다리를 쭉 뻗고 앉아서 공자를 기다리고 있었다.

공자: "어려서는 겸손과 어른 공경함을 모르고; 커서는 성취한 것이 없으며; 노인이 되어서는 죽지 않고 있으니, 넌 해로운 사람이야!"
그리고 지팡이로 그의 정강이를 때렸다.

- 孫弟손제: 겸손과 공경함. '遜悌손제'와 같다.
- 无述무술: 성취한 것이 없다.
- 賊적: 해로운 존재.
- 脛경: 정강이

14-44　闕黨童子將命.
或問之曰:"益者與?"

子曰:
"吾見其居于位也;
見其與先生竝行也;
非求益者也; 欲速成者也."

- 闕黨궐당: 공자가 살던 마을 이름. '궐리闕里'라고도 부른다.
- 居于位거우위: 어른 자리에 앉다.

14-44　궐당闕黨마을의 한 어린이가 와서 공자에게 말을 전했다.
어떤 사람이 공자에게 묻길: "노력하여 발전하려는 아이입니까?"

공자: "내가 보기에 저 아이는 어른들 자리에 잘 앉고,
또 어른들과 나란히 걷기를 잘합니다.
서서히 발전하려는 아이가 아니라,
빨리 한 자리를 차지하려는 아이 같습니다."

1. 군자와 소인의 변辨: 도덕적 품성을 기준으로 구분한다.
    ○ 군자는 궁할 때에도 절조를 지키나,
       소인은 궁할 때면 함부로 행동한다.2장
    ○ 군자는 언행에 충신忠信이 있으나, 소인은 그렇지 못하다.6장
    ○ 군자는 자신에게 엄격하고 남에게 관대하나,
       소인은 그 반대로 대한다.15장
    ○ 군자는 모여: 의義를 말하고, 소인은 잡담으로 보낸다.17장
    ○ 군자는 자신에게서 원인을 찾고, 소인은 남에게서 원인을 찾는다.21장
    ○ 군자는 파벌을 짓지 아니하나, 소인은 편을 가르고 다툰다.22장
    ○ 군자는 道를 추구하고, 소인은 먹을 것을 추구한다.32장
    ○ 군자는 큰일에 매달리고, 소인은 작은 일에 매달린다.34장
2. 밤새껏 자지 않고 사색하는 것보다, 책을 보고 공부하는 것이 낫다.31장
3. 군자는 정도正道를 추구하고, 작은 신의에 얽매이지 않는다貞而不諒. 37장
4. 교육에는 신분상 어떤 차별도 두지 않는다.39장
5. 도道 이념가 통하지 않는 사람하고는, 의논하지 않는다.道不同. 不相爲謀. 40장

제15편 위령공 (衛靈公)

15-1　衛靈公問陳于孔子. 孔子對曰:
　　　"俎豆之事, 則嘗聞之矣;
　　　軍旅之事, 未之学也." 明日遂行.

15-2　在陳, 絶糧; 從者病, 莫能興.
　　　子路慍, 見曰: "君子亦有窮乎?"
　　　子曰: "君子固窮; 小人窮, 斯濫矣!"

15-3　子曰: "賜也, 如以予爲多学而識之者與?"
　　　對曰: "然! 非與?"
　　　曰: "非也! 予一以貫之."

15-4　子曰:
　　　"由, 知德者鮮矣!"

- 陳진: '陣진'과 같다. 군사용어인 '陣法진법'의 뜻.
- 俎豆之事조두지사: 제사에 관한 예의禮儀. '俎豆'는 제기祭器.
- 慍見온현: 화가 나서 찾아보다.
- 固고: 한결같다.

15-1 위령공이 공자에게 진법陣法에 대하여 물으니, 공자께서 대답하셨다.
"예의禮儀에 관해서는 일찍이 들어 알지만;
군사에 관한 일은 배우지 못했습니다."
공자는 다음 날 위나라를 떠났다.

15-2 공자가 진陳나라에 있을 때, 양식이 떨어져 굶주리니 따르던 사람들이
모두 병이 나서 일어나지를 못하였다. 자로가 화가 나서 공자를
찾아뵙고 "군자도 궁해질 때가 있습니까?"라고 말하자,
공자께서 말씀하셨다.
"군자는 궁할 때에도 절조를 지키나; 소인은 궁할 때면 함부로 행동하지."

15-3 공자: "사賜. 자공야! 너는 내가 많은 것을 학습하였고
또 그것들을 모두 기억하고 있다고 생각하느냐?"
자공: "맞습니다. 그렇지 않습니까?"
공자: "맞지 않아! 나는 하나의 도리만 알고 그것으로써,
다른 것들을 유추해서 꿰뚫어 보는 것이다."

15-4 공자:
"유由. 자로야, 德을 이해하는 사람은 드물구나!"

• 濫람: 함부로 하다.
※ 앞 4편 15장에서 '하나의 도리, 곧 충서忠恕'라고 하였다.

15-5 子曰:
"无爲而治者, 其舜也與!
夫何爲哉?
恭己正南面而已矣!"

15-6 子張問行. 子曰:
"言忠信; 行篤敬: 雖蠻貊之邦行矣!

言不忠信; 行不篤敬: 雖州里行乎哉!

立, 則見其參于前也; 在輿, 則見其倚于衡也: 夫然后行."
子張書諸紳.

- **蠻貊만맥**: 蠻은 남쪽 소수민족, 貊은 북쪽 소수민족.
- **州里주리**: 자기가 사는 마을.
- ※ 군주가 훌륭한 인재를 등용하여, 적재적소適材適所에서 일할 수 있도록 제도를 만들고 실행하는 것은 유위이치有爲而治다. 순임금은 이러한 유위有爲의 과정을 거친 다음, 최종 단계인 무위이치无爲而治에 이르렀고, 그래서 태평성대를 누리고 있다는 말이다.

15-5 공자:

"무위無爲로써 천하를 다스린 분은 아마 순임금뿐이었어!
그가 한 일이 무언데?
그는 공손히 남쪽을 향해 앉아있었을 뿐이었지!"

15-6 자장이 보편적으로 통하는 언행言行에 대하여 물으니,
공자께서 말씀하셨습니다.
"언어言語에 충성과 신의가 있고; 행위行爲에 독실함과 공경스러움이 있
으면: 비록 야만의 나라에 가더라도 그런 언행言行은 통하는 것이야!

그런데 만일 언어에 충성과 신의가 없고; 행위가 독실하고 공경스럽지
못하다면: 비록 우리 마을에서라도 그런 언행이 통하겠느냐!

서있는 때에도, 그런 원칙이 눈앞에 보이는 듯이 하고; 수레에 타고
있는 때에도, 그런 원칙이 수레 앞 횡목위에 나타나 있는 듯이 한다면;
그런 언행은 바로 통할 수 있을 것이다."
자장은 이 말씀을 관복의 띠에 적어두었다.

- 輿여: 수레.
- 衡형: 수레 앞 횡목.
- 紳신: 큰 띠.

15-7　子曰:
"直哉史魚!
邦有道, 如矢; 邦无道, 如矢.

君子哉蘧伯玉!
邦有道, 則仕; 邦无道, 則可卷而懷之."

15-8　子曰:
"可與言而不與之言, 失人;
不可與言而與之言, 失言.
知者, 不失人, 亦不失言."

15-9　子曰:
"志士·仁人, 无求生以害仁;
有殺身以成仁."

• 史魚사어: 위나라 대부.
• 蘧伯玉거백옥: 위나라 대부헌문 25장
※ 맹자는 '살신성인殺身成仁'을 '사생취의捨生取義'라 하였다. 仁보다 義를 중요시하였다.

15-7 공자:

"사어史魚는 정말 정직하구나!
나라정치가 밝은 때에도, 화살처럼 곧았고; 나라정치가 어두운 때에도,
화살처럼 곧았다.

거백옥蘧伯玉은 정말 군자이구나!
나라정치가 밝은 때에는 관리를 하고;
나라정치가 어두운 때에는 은거하며 지낸다."

15-8 공자:

"서로 말이 통할 수 있는 사이인데도, 말하지 않으면 사람을 잃고[失人];
서로 말이 통하지 않는 사이인데도 말을 하면 말을 잃는다[失言].
지혜로운 사람은 실인失人도, 실언失言도 하지 않는다."

15-9 공자:

"지사志士와 인인仁人은 살기위해서 仁을 해치는 일이 없고;
자신을 죽여서라도 仁을 성취한다[殺身成仁]."

15-10 子貢問爲仁. 子曰:
"工欲善其事, 必先利其器.
居是邦也,
事其大夫之賢者; 友其士之仁者."

15-11 顔淵問爲邦. 子曰:
"行夏之時; 乘殷之輅;
服周之冕; 樂則韶舞.

放鄭聲; 遠佞人;
鄭聲淫; 佞人殆."

15-12 子曰:
"人无遠慮, 必有近憂."

15-13 子曰:
"已矣乎!
吾未見好德如好色者也!"

- 殷之輅은지로: 상商나라 수레.
- 冕면: 면류관. 예관.
- 《韶소》: 순임금의 음악.
- 《舞무》: 주나라 무왕武王 때의 음악. 《武무》로도 쓴다.

15-10 자공이 仁의 실행에 대하여 묻자, 공자께서 말씀하셨다.
"공장工匠 기술공이 자기 일을 잘하려면, 반드시 먼저 공구손질을 하듯이;
어느 나라에 살든지 그곳 대부 중에서 현자賢者를 찾아 섬기고,
그곳 지식인 중에서 인자仁者를 찾아 벗으로 삼아야한다."

15-11 안연이 치국治國에 대해서 묻자, 공자께서 말씀하셨다.
"하나라의 역법을 쓰고, 은나라의 수레를 타고,
주나라의 예관禮冠을 쓰며, 음악은《소韶》와《무舞》로 하여야한다.
정나라 음악은 금지하고, 간신배들을 멀리한다.
정나라 음악은 음탕하고, 간신배들은 위태롭기 때문이다."

15-12 공자:
"사람이 원려遠慮가 없으면, 반드시 근우近憂가 생겨난다."

15-13 공자:
"말세야! 여색女色을 좋아하듯이, 德을 좋아하는 사람을 볼 수 없으니!"

- 佞人영인: 간신배. 간사한 사람.
- 遠慮원려: 멀리 보는 식견. 큰 꿈. 깊은 사려. 명분.
- 近憂근우: 눈앞의 걱정. 작은 일들. 사욕.

15-14 子曰:

"臧文仲, 其竊位者與!

　知柳下惠之賢, 而不與立也."

15-15 子曰:

"躬自厚而薄責于人, 則遠怨矣!"

15-16 子曰:

"不曰'如之何, 如之何'者,

吾末'如之何'也已矣!"

15-17 子曰:

"群居終日,

言不及義; 好行小慧: 難矣哉!"

15-18 子曰:

"君子,

義以爲質, 禮以行之;

孫以出之, 信以成之: 君子哉!"

- 躬自厚궁자후: 자신에게 엄격하다.〈~責야: 자신에게 책임을 무겁게 지우다.〉
- 如何여지하, 如之何者여지하자: 앞의 구는 '왜 그런 현상이 나타나는가.'라는 의문의 생각을 말한 것이고, 뒤의 구는 '그렇다면 어찌하면 되는가.'라는 실천하는 방법을 말한다. 어떤 일에 대해서든 의문을 제기하지 않는 사람학생은, 공자도 구제할 방법이 없다고 했다. 먼저 의문을 제

15-14 공자:

"노나라 대부 장문중臧文仲은 관직을 도적질한자여!
유하혜柳下惠가 현인賢人임을 알면서도,
그를 관직에 추천하지도 않았으니."

15-15 공자:

"자신에게 엄격히 책하고, 남에게 관대히 책하면, 원한을 사지 않을 것이야!"

15-16 공자:

"「왜 그런가? 어찌하면 되는가?」라고 의문을 제기하지 않는 사람학생이
라면, 나도 그런 사람학생을 어떻게 대하여야할지 방법을 모른다."

15-17 공자:

"여럿이 만나 종일 지내면서, 義를 말하지 않고;
기껏 소인들이 즐기는 잡담으로 보낸다면: 난처한 일이야!"

15-18 공자:

"군자는, 義를 근본으로 삼고, 禮로써 실행하고;
아울러 겸손謙遜한 말로써 표현하며, 신의信義로써 완성해야:
군자인 것이야!"

기하고, 그 의문을 풀기위해 궁리하는 것이 '學問'의 뜻이다. 의문을 제기하지 않는 사람, 의문
을 풀어가려는 의지가 없는 사람은 학자로서의 소양이 부족한 사람이다.
• 小慧소혜: 사적 이익이나 쾌락. 소인의 지혜

15-19 子曰:
"君子, 病无能焉; 不病人之不己知也."

15-20 子曰:
"君子, 疾沒世而名不稱焉."

15-21 子曰:
"君子, 求諸己; 小人求諸人."

15-22 子曰:
"君子, 矜而不爭; 群而不黨."

15-23 子曰:
"君子, 不以言舉人; 不以人廢言."

15-19 공자:

"군자가 걱정하는 것은 자기의 무능함이지;

남이 자기를 이해해주지 않는 것을 걱정하는 것은 아니다."

15-20 공자:

"군자가 가장 걱정하는 것은, 죽은 후에 이름이 불리어지지 않는 것이다."

15-21 공자:

"군자는, 자신에게서 원인을 찾고; 소인은 남에게서 원인을 찾는다."

15-22 공자:

"군자는, 긍지를 지니나 다투지 아니하고;

여러 사람과 어울려도 편당을 짓지 않는다."

15-23 공자:

"군자는, 말로만 듣고 사람을 추천하지 않으며;

사람의 겉모습을 보고 그의 말을 무시하지 않는다."

15-24 子貢問曰:
"有一言而可以終身行之者乎?"
子曰:"其'恕'乎! 己所不欲, 勿施于人."

15-25 子曰:
"吾之于人也, 誰毀誰譽?
如有所譽者, 其有所試矣!
斯民也, 三代之所以直道而行也."

15-26 子曰:
"吾猶及: 史之闕文也;
有馬者, 借人乘之. 今亡矣夫!"

- 恕서: 상대의 입장에서 이해하는 것. *참조: 4편이인 15장. 12편안연 2장
※ 나는 함부로 지금의 백성들을 비난하거나 칭찬하지 못한다. 왜냐하면 그들은 하·상·주 3대를 통하여 모두 올바른 도리로써 다스려 온 정직한 백성들이기 때문이다.

15-24 자공: "실천을 위해 평생 명심해야할 한 마디 말이 있습니까?"
공자: "그건 '서恕'이지! 자기가 하기 싫어하는 것을 남에게 시키지 않는 것이야."

15-25 공자:
"내가 다른 사람에 대해서, 누구를 비난하거나 누구를 칭찬한 적이 있는가?
만일 내가 누구를 칭찬한 적이 있었다면,
그것은 분명히 여러 차례 고찰해 본 바가 있기 때문이었지!
지금의 백성들을 보면, 하夏 • 상商 • 주周 3대를 통하여 모두 올바른
도리로써 다스려 온 백성들이다."

15-26 공자:
"나는 그래도, 옛날에는 사관史官이 사서史書를 기록하면서
의문이 있는 곳을 비워놓고 적는 태도〈闕文〉;
그리고 말을 가진 사람이 말을 남이 탈 수 있게 빌려주는 모습을 볼 수
있었다. 그런데 지금은 그런 풍습이 사라졌어!"

- 猶及유급: 그래도 볼 수 있었다.
- 闕文궐문: 문장가운데 빠진 글자나 글귀.

15-27 子曰:
"巧言亂德.
小不忍則亂大謀."

15-28 子曰:
"衆惡之, 必察焉!
衆好之, 必察焉!"

15-29 子曰:
"人能弘道; 非道弘人."

15-30 子曰:
"過而不改, 是謂過矣!"

15-31 子曰:
"吾嘗終日不食, 終夜不寢,
以思, 无益; 不如学也!"

※그를 싫어하거나 좋아하는 사람들이 어떤 사람들인가가 중요하다는 말이다. 편견을 지닌 무리들인지 아니면 정직한 사람들인지에 따라 그 사람에 대한 평가가 달라지기 때문이다.

15-27 공자:

"교묘한 말은 德을 어지럽힌다.
작은 일을 참지 못하면 큰일을 그르친다."

15-28 공자:

"많은 사람이 그를 싫어해도, 반드시 살펴보아야 하고;
많은 사람이 그를 좋아해도, 반드시 살펴보아야 한다."

15-29 공자:

"사람이 道를 선양宣揚하는 것이지, 道가 사람을 선양하는 것은 아니다."

15-30 공자:

"착오를 범하고도 고치지 않는 것, 그것이 바로 착오다."

15-31 공자:

"나는 일찍이 종일 먹지 않고, 밤새껏 자지 않으며 사색해 보았으나,
유익한 게 없었다. 이는 공부하느니만 못했다."

15-32　子曰:
"君子謀道不謀食.
耕者, 餒在其中矣; 学也, 祿在其中矣.
君子憂道不憂貧."

15-33　子曰:
"知及之, 仁不能守之:
雖得之, 必失之.

知及之, 仁能守之, 不莊以涖之:
則民不敬.

知及之, 仁能守之, 莊以涖之, 動之不以禮:
未善也."

- 餒뇌: 굶주림
- 莊장: 씩씩하다. 장중하다. 바르다. 엄정한 대도大道 ⇒ 義
- 涖리: 어떤 자리에 임하다. '莅리'와 같다.

15-32 공자:

"군자는 道를 추구하지, 먹을 것을 추구하지 않는다.
농사를 지어도 굶주림이 그 안에 들어있지만;
공부를 하면 봉록俸祿이 그 안에 들어있다.
군자가 걱정하는 것은 道이지, 가난이 아니다."

15-33 공자:

"지知 지식가 관직을 얻을 정도로 풍부해도[知],
인仁 인덕이 안에서 받쳐주지 못하면:
이미 쌓아놓은 지식마저 반드시 잃어버릴 것이다[仁].

지식이 풍부하고 인덕이 받쳐준다고 해도,
장중한 태도로써 직무에 임하지 않으면, 백성들이 공경하지 않는다[義].

지식이 풍부하고[知], 인덕이 받쳐주고[仁],
장중한 태도로써 백성을 대한다고 해도[義],
나타내는 모습이 예禮에 맞지 않으면[禮],
선善을 실행하지 못한다[善]."

- 動之동지: 실행하다. 나타내다.
※ 선행善行은 지인의례知仁義禮의 4가지 덕목을 갖춰야 실행될 수 있다는 말이다.

15-34 子曰:

"君子不可小知而可大受也;
小人不可大受而可小知也."

15-35 子曰:

"民之于仁也, 甚于水火.
水火, 吾見蹈而死者矣;
未見蹈仁而死者也!"

15-36 子曰:

"當仁, 不讓于師."

15-37 子曰:

"君子貞而不諒."

15-38 子曰:

"事君, 敬其事而后其食."

- 小知소지: 사소한 일. 무가치한 것. 이런 작은 일을 '계모산피鷄毛蒜皮 닭털과 마늘 껍질'라 한다.
- 蹈도: 뛰어들다. 밟다.
- 貞정: 正. 정도正道. 대신大信.
- 諒량: 소신小信. 하찮은 의리를 지키는 일.

15-34 공자:

"군자는 사소한 일에 매달리지 않고, 큰일을 맡으며;
소인은 큰일을 처리하지 못하고, 사소한 일에 매달린다."

15-35 공자:

"백성들에게 仁은 물・불보다 소중하다.
나는 물・불에 빠져 죽는 사람을 보았는데;
仁에 빠져 죽는 사람은 보질 못하였다."

15-36 공자:

"仁에 대해서는 스승에게도 양보하지 말아야한다."

15-37 공자:

"군자는 정도正道를 추구하고, 작은 신의에 얽매이지 않는다."

15-38 공자:

"군주를 섬김에 있어, 자기의 직무를 성실히 수행한 다음에 녹봉을 받는다."

15-39 子曰:

"有教无類."

15-40 子曰:

"道不同, 不相爲謀."

15-41 子曰:

"辭, 達而已矣!"

15-42 師冕見, 及階; 子曰:"階也."
及席; 子曰:"席也."
皆坐; 子告之曰:"某在斯; 某在斯."
師冕出. 子張問曰:"與師言之, 道與?"
子曰:"然! 固相師之道也."

15-39 공자:

"교육에는 차별이 없다."

15-40 공자:

"도道 이념가 같지 않으면, 함께 의논하지 않는다."

15-41 공자:

"말이란 뜻이 통하면 된다."

15-42 공자:

"장님인 악사樂師 면冕이 찾아왔을 때, 계단에 이르자 공자가 "계단이요"
라고 말하고;
자리에 이르자 공자가 " 자리입니다."라고 말하고;
모두 자리에 앉자 공자가 그에게 "아무개는 여기 있고,
아무개는 저기 있습니다."라고 일러 주었다.
면이 물러가자, 자장이 묻길: "장님 악사와 말할 때의 방법이
이렇습니까?"
공자: "그래. 본래 장님 악사를 돕는 도리인 것이다."

노나라의 세도가 계씨季氏가, 같은 나라 안에 있는 인접 전유顓臾가 다스리고 있는 향당鄕黨을 토벌하려고하자, 공자가 계씨의 가신家臣들에게 한 말이다. 이 구절은 '사회불안요인'에 대한 공자의 진단으로 매우 유명한 글이다.

공자께서는 『사회가 불안한 원인은, 부富.재물의 적음에 있지 아니하고; 부의 분배불균형에 있다.[不患寡而患不均] 그리고 빈곤을 걱정하지 말고, 사회불안을 걱정해야한다[不患貧而患不安]. 부의 균형분배가 이뤄지면; 백성은 빈곤에 상관하지 않게 되고, 화목해져 사회불안이 없어진다. 사회가 안정되면 나라가 무너질 염려도 없어지는 것이다.』라고 말씀하셨다.

공자는 「사회불안 요인을 해결하겠다는 핑계를 대고, 전유를 토벌하려고 소란피우며; 문제해결의 열쇄를 궁문宮門밖에서 찾으려들지 말고, 궁문 안에서[蕭牆之內소장지내] 찾아야한다.」고 강조한다. 문제해결의 답을 맨 먼저 집 안에서 찾아야한다는 말이다.

우리나라의 현실을 비유하는 말이 아닐까. 사회가 혼란에 빠지자 그 원인을 북으로 돌려 안보불안을 조성하려 들지 말고; 청와대 담장 안에서 좌파와 우파로 편을 가르려는 국정농단세력을 찾아 제거하는 게 우선이라는 말이다. 국정수행의 최우선순위를, 나라의 주권을 찾아와 자주독립국가의 체통을 확립하는 일과 남북평화협정을 체결하는 일에 두어야한다.

오랜 옛날 공자께서 지금의 우리나라 상황을 예견한 듯이, 국정을 수행함에 있어 방향착오를 범하지 말라고, 계씨의 실정에 비유하여 충고하는 말씀으로 들린다.

제16편 계씨(季氏)

16-1 ① 季氏將伐顓臾.
冉有·季路見于孔子曰:
"季氏將有事于顓臾."

孔子曰:
"求! 无乃爾是過與?
夫顓臾, 昔者先王以爲東蒙主,
且在邦域之中矣, 是社稷之臣也; 何以伐爲?"

冉有曰:
"夫子欲之; 吾二臣者, 皆不欲也."

16-1 ② 孔子曰:
"求! 周任有言曰:「陳力就列, 不能者止!」

危而不持, 顚而不扶, 則將焉用彼相矣! 且爾言過矣.
虎兕出于柙; 龜玉毁于櫝中: 是誰之過與!"

- 季氏계씨: 노나라 세도가 계강자季康子. 염유와 자로는 그의 가신家臣. 당시 노나라 군주는 애공哀公이었으나, 실권은 계강자가 쥐고 있었다.
- 顓臾전유: 노나라의 부속 소국小國.
- 有事유사: 무력으로 치다. 전쟁을 하다.
- 无乃무내: 혹시어쩌…이 아니냐?
- 夫子부자: 계강자를 가리킴
- 周任주임: 주나라 사관史官
- 陳力진력: 자기의 능력에 의지하여
- 相상: 보좌. 돕다.
- 兕시: 외뿔소.

16-1 ① 계씨季氏 계강자가 전유顓臾를 토벌하려 하자, 염유冉有 염구와 계로季路 자로가 공자를 찾아가 "계씨가 전유를 치려고 준비하고 있습니다."라고 말씀드렸다.

공자:
"염구야! 혹시 네가 잘못한 것이 아니냐?
전유는 옛날에 선왕께서 동몽산東蒙山의 제주祭主로 그곳에 봉했고, 또한 우리 노나라 영역 안에 있으며, 사직을 떠받드는 신하이다. 어째서 그를 정벌하겠다는 거냐?"

염유:
"계씨가 그렇게 하려고 합니다. 우리 두 가신은 원하지 않습니다."

16-1 ② 공자:
"염구야! 주나라 때 사관인 주임周任이 '자기 능력껏 직무를 수행하다가, 능력이 모자라면 그만 두어야한다!'고 말하였다.

위기에 직면했는데도 도와주질 못하고, 넘어지는 데도 부축해주지 못한다면, 그런 신하에게 무슨 일을 맡기겠느냐! 더욱이 네 말도 잘못되었다.
호랑이나 외뿔소가 우리에서 뛰어나왔다거나;
귀중한 물건이 상자 안에서 깨졌다면, 그건 누구의 잘못이겠느냐!"

- 柙합: 나무 우리.
- 櫝독: 함. 궤.

16-1 ③　冉有曰:
"今夫顓臾, 固而近於費;
今不取, 后世必爲子孫憂."

孔子曰:
"求! 君子疾夫舍曰'欲之'而必爲之辭!

丘也聞:
「有國有家者,
不患寡而患不均; 不患貧而患不安.
蓋均无貧; 和无寡; 安无傾.」

- 費비: 계씨의 채읍采邑. 전유와 70리 떨어진 곳에 있었다.
- 疾질: 싫어하다. 혐오하다.

16-1 ③ 염유:

"지금 전유는 성벽이 견고하고, 비읍費邑에 가까우므로;
지금 빼앗지 않으면, 후세 자손에겐 반드시 후환이 될 것입니다."

공자:

"염구야! 군자가 가장 싫어하는 것은, 그런 식으로 '원하는 것[想要]'을
분명히 말하지 않고, 핑계를 대고 숨기는 것이야!
내가 듣기에:「나라를 다스리는 제후들이나 대부들은: 부富,재물 의 적음을
걱정하지 않고, 부의 분배불균형을 걱정하며[不患寡而患不均];
빈곤을 걱정하지 않고, 사회불안을 걱정한다[不患貧而患不安]. 부의 균형분
배가 이뤄지면, 백성은 빈곤에 상관하지 않게 되고, 화목해져 사회불안이
없어진다. 사회가 안정되면 나라가 무너질 염려가 없어진다」고 하였다.

- 舍사: '捨사'와 같다. 개의하지 않다.
- 辭사: 핑계구실. '託詞탁사'의 뜻

16-1 ④ 夫如是,
故遠人不服, 則修文德以來之;
既來之, 則安之.

今由與求也相夫子,
遠人不服而不能來也;
邦分崩離析而不能守也:
而謀動干戈于邦內!

吾恐季孫之憂, 不在顓臾而在蕭牆之內也!"

- 蕭牆소장: 궁전 문 앞을 가리는 작은 담. '소장지내蕭牆之內'는 궁내宮內의 뜻.

16-1 ④   이러하기 때문에,
만일 멀리 있는 사람들이 찾아와 복종하지 않으면,
덕정德政으로써 그들이 찾아오게 하고,
찾아오면 그들이 안심하고 생활할 수 있도록 해주는 것이다.

지금 중유仲由 자로와 염구는 계씨를 보좌하고 있지만,
먼 곳 사람들이 복종치 않아도 찾아오게 하지 못하고;
나라가 무너져 내리려고 하는데도 나라를 지키지 못하면서:
거꾸로 나라의 영역 안에서 무력으로 정벌할 계획이나 세우고 있으니
참으로 한심하구나!

계씨가 걱정해야할 대상은, 궁문宮門밖 전유에게 있는 것이 아니라,
궁문 안에 있는 것이야!"

16-2 孔子曰:
"天下有道, 則禮・樂・征伐自天子出;
天下无道, 則禮・樂・征伐自諸侯出.

自諸侯出, 蓋十世, 希不失矣;
自大夫出, 五世, 希不失矣;
陪臣執國命, 三世, 希不失矣.

天下有道, 則政不在大夫;
天下有道, 則庶人不議."

16-2 공자:

"천하질서가 정상인 때에는, 예악禮樂과 정벌이 천자로부터 나오고;
천하질서가 비정상인 때에는, 예악과 정벌이 제후로부터 나온다.

예악과 정벌이 제후로부터 나오면,
대략 10대에 이르면 정권을 잃지 않는 경우가 드물고;
그것이 대부로부터 나오게 되면,
5대쯤에 이르면 정권을 잃지 않는 경우가 드물고;
가신家臣이 국권을 장악하면 3대쯤에 정권을 잃지 않는 경우가 드물다.

천하질서가 정상이면, 정권이 대부에게 있지 않게 된다.
천하질서가 정상이면 서인庶人이 정치를 논하지 않는다."

16-3 孔子曰:
"祿之去公室, 五世矣;
政逮于大夫, 四世矣.
故夫三桓之子孫, 微矣!"

16-4 孔子曰:
"益者三友; 損者三友.
友直; 友諒; 友多聞: 益矣!
友便辟; 友善柔; 友便佞: 損矣!"

16-3 공자:

"국가의 정치권력이 조정을 떠난 지 이미 5대가 되었고;
권력이 대부 손에 들어간 지 4대가 되었다. 그래서 노나라의 세 집안
세도가들의 자손들도 쇠약해지는 것이다."

16-4 공자:

"좋은 벗 셋이 있고; 안 좋은 벗 셋이 있다."

〈좋은 벗 셋〉

1. 정직한 벗
2. 성실한 벗
3. 견문이 넓은 벗

〈안 좋은 벗 셋〉

1. 허식이 심한 벗
2. 아첨 잘하는 벗
3. 말을 잘 꾸미는 벗

16-5 孔子曰:

"益者三樂; 損者三樂.

樂節禮樂; 樂道人之善; 樂多賢友: 益矣!

樂驕樂; 樂佚游; 樂宴樂: 損矣!"

16-6 孔子曰:

"侍于君子有三愆:

言未及之而言謂之躁;

言及之而不言謂之隱;

未見顏色而言謂之瞽."

- 驕樂교락: 교만하고 사치하고 음란한 생활. 교사음일驕奢淫逸.
- 愆건: 잘못. 실수.

16-5 공자:

"좋은 것 셋이 있고; 안 좋은 것 셋이 있다."

⟨좋은 것 세 가지⟩

1. 예절로써 자기생활을 조절하며 즐거워하는 것
2. 다른 사람의 장점을 선양宣揚하며 즐거워하는 것
3. 현량을 붕우朋友로 삼으며 즐거워하는 것

⟨안 좋은 것 세 가지⟩

1. 교사음일驕奢淫逸을 즐기는 것
2. 무도无道하게 놀러 다니기를 즐기는 것
3. 술자리를 즐기는 것

16-6 공자:

"군자를 모심에 있어, 잘 저지르는 실수는 다음의 삼건三愆이다."

1. 자기가 말할 분위기가 아닌데도, 앞질러 말하는 것: 조躁
2. 자기가 말할 분위기인데도 말하지 않는 것: 은隱
3. 상대의 눈빛얼굴빛을 보지 않고 말하는 것: 고瞽

- 隱은: 속임. 은만隱瞞.
- 瞽고: 소경의 눈. 할안정瞎眼睛

제16편 계씨 ● 373

16-7 孔子曰:

"君子有三戒:

少之時, 血氣未定, 戒之在色;

及其壯也, 血氣方剛, 戒之在鬪;

及其老也, 血氣既衰, 戒之在得."

16-8 孔子曰:

"君子有三畏:

畏天命; 畏大人; 畏聖人之言.

小人, 不知天命而不畏也; 狎大人; 侮聖人之言."

16-9 孔子曰:

"生而知之者, 上也;

学而知之者, 次也;

困而学之, 又其次也;

困而不学, 民, 斯爲下矣!"

16-7 공자:

"군자는 다음의 삼계三戒를 지켜야한다."

  1. 젊어서는 혈기가 아직 온정穩定되어 있지 않으므로,
     여색女色을 조심하라: 색色

  2. 장년이 되면 혈기가 강성하므로, 싸움을 조심하라: 투鬪

  3. 노년이 되면 혈기가 쇠약하므로, 욕심慾心을 부리지마라: 득得

16-8 공자:

"군자는 천명天命 • 대인大人 • 성인聖人을 두려워하며,

그들의 말씀 삼외三畏를 명심한다.

그러나 소인은 천명을 모르고 겁 없이 행동하고;

대인에게 함부로 대들며; 성인의 말씀을 무시한다."

16-9 공자:

"지식知識에 대하여:

나면서부터 아는 사람은 상등이고;

학습을 통해서 아는 사람은 그 다음 등급이고;

곤경을 겪고 아는 사람은 그 다음 등급이며;

곤경을 겪고도 알지 못하는 사람은 최하등이다."

16-10 孔子曰:
"君子有九思:
視思明;
聽思聰;
色思溫;
貌思恭;
言思忠;
事思敬;
疑思問;
忿思難;
見得思義."

16-11 孔子曰:
"見善如不及; 見不善如探湯:
吾見其人矣; 吾聞其語矣.

隱居以求其志; 行義以達其道:
吾聞其語矣; 吾未見其人也."

- 九思구사: 아홉 가지의 고려해야 하는 점.
- 探湯탐탕: 끓는 물에 손을 넣어보다.

16-10 공자:

"군자에게는 구사九思가 있다.
　보는 것[視]은 명백한지를 고려하고;
　듣는 것[聽]은 청초한지를 고려하고;
　안색[色]은 온화한지를 고려하고;
　용모[貌]는 단정한지를 고려하고;
　언어[言]는 충성스러운지를 고려하고;
　일[事]은 근신謹愼한지를 고려하고;
　의문[疑]은 어떻게 질문할지를 고려하고;
　분노[忿]는 나타낸 다음의 후환이 일어날지를 고려하고;
　이득[見得] 앞에서는 의롭게 취득할 수 있는지를 고려하여야한다."

16-11 공자:

"나는「선善한 일을 보면, 따라잡지 못하듯이 쫓고;
불선不善한 일을 보면, 탐탕에 놀란 듯이 피한다.」는 사람을 보았고,
또 그런 말을 듣기도 하였다.

나는「은거隱居하며 자기의 의지를 지키고;
의義를 행함으로써 자기의 의지를 실현한다.」는 말을 듣기는 하였으나,
그런 사람을 보지는 못하였다."

16-12 齊景公有馬千駟; 死之日, 民无得而稱焉.
伯夷叔齊, 餓于首陽之下; 民到于今稱之.
其斯之謂與?

16-13 陳亢問于伯魚曰: "子亦有異聞乎? "

對曰:
『未也. 嘗獨立; 鯉趨而過庭. 曰: '学詩乎? '
對曰: '未也.' '不学詩, 无以言.' 鯉退而学詩.

他日, 又獨立; 鯉趨而過庭.
曰: '学禮乎? '
對曰: '未也.' '不学禮, 无以立.' 鯉退而学禮. 聞斯二者.』

陈亢退而喜曰:
"問一得三: 聞詩; 聞禮; 又聞君子之遠其子也."

- 駟사: 네 마리의 말이 끄는 수레.
- 陳亢진항: 공자의 제자. 자는 자금子禽. *참조: 1편 학이 10장.
- 伯魚백어: 공자의 아들. 이름은 리鯉.

16-12 제나라 경공景公은 수레가 천 량輛이나 있었는데, 그가 죽은 때에 그의 德을 칭송한 백성은 없었다. 백이伯夷와 숙제叔齊는 수양산 아래에서 굶주렸으나, 백성들은 지금까지도 그를 칭송하고 있다. 이게 바로 德을 중시해야한다는 말인가?

16-13 진항陳亢이 묻고 백어伯魚 공자의 아들가 답한다.
"당신은 선생님한테서 특별 지도를 받은 일이 있겠지요?"

"없습니다. 일찍이 홀로 서 계실 때, 내가 부친 앞을 빠른 걸음으로 지나가는데, '《시경》을 공부하느냐?'고 물으셨지. 내가 '아니요.'라고 대답하니, '《시경》을 공부하지 않으면, 좋은 대화를 나누질 못한다.'고 말씀하시기에, 돌아와 바로 《시경》을 공부했어요.

그리고 어느 날, 부친께서 홀로 그곳에 서 계실 때, 제가 마당을 지나가는데, '禮를 공부하느냐?'라고 물으셨어. '아닙니다.'라고 대답하니, '禮를 공부하지 않으면, 자신의 德을 실행하지 못하느니라.'라고 말씀하셨어. 그래서 돌아와 바로 禮를 공부했지요.
내가 들은 것은 이 두 가지요."

진항은 물러나온 다음에 기뻐하며 말하길: "한 가지를 물었다가, 세 가지를 얻었다. 《시경》과 禮를 공부해야 된다는 것, 그리고 군자는 자기 자식을 편애偏愛하지 않는다는 것을 배웠다."

- 嘗상: 일찍이. 맛보다.
- 趨추: 빨리 가다..

16-14　邦君之妻:

　　　君稱之曰"夫人";

　　　夫人自稱曰"小童";

　　　邦人稱之曰"君夫人",

　　　稱諸異邦曰"寡小君";

　　　異邦人稱之亦曰"君夫人".

16-14 군주의 처를, 군주는 '부인夫人'이라고 부르고,
부인이 자신을 칭할 때는 '소동小童'이라 말하고;
나라사람들이 그를 칭할 때는 '군부인君夫人'이라 하고,
다른 나라사람에게는 '과소군寡小君'이라고 말하며;
다른 나라사람은 그를 '군부인君夫人'이라고 칭한다.

이 편은 노나라의 토호세력인 계씨季氏의 가신 양화陽貨가 공자를 만나려고 하였으나, 공자가 만나주질 않고 회피한다는 이야기로부터 시작한다. 왜 그럴까? 당시 계씨季氏의 가신들끼리 세력다툼이 심했기 때문에, 이들의 파벌싸움에 말려들지 않으려고 한 것이다.

공자는 이런 혼란한 세상에도 누군가에게 채용되어 정치를 해보고 싶은 욕망이 있었다. 고향에서 제자들을 가르치고 있지만, 항상 정치가의 꿈을 지니고 있었다. 그러나 그의 꿈은 실현되질 못했다. "호로병박이 한 곳에 대롱대롱 매달려 있듯이, 공자가 밖에 나가 일하지 않고 집안에서만 제자들을 가르치면서 살 수는 없지 않느냐"는 공자의 절박한 심정을 표현한 말이 있다.

그리고 옛날 사람들은 직언하고 청렴결백하며 솔직했는데; 지금 사람들은 방탕하고 교활하며 간사해졌다는 이야기도 나온다.

시골 마을에는 유식한체하며, 사람들을 선동하여 사회불안을 조장하는 위선자도 있었다. 그런 사람을 '향원鄕原'이라 불렀다. 향원은 도덕을 해치는 모사꾼이었다. 당시 사회는 무척 혼란스러웠다.

제17편

양화
(陽貨)

17-1　陽貨欲見孔子; 孔子不見.
　　　歸孔子豚; 孔子時其亡也而往拜之. 遇諸途.

　　　謂孔子曰:"來! 予與爾言."
　　　曰:"懷其寶而迷其邦: 可謂仁乎?"
　　　曰:"不可."

　　　"好從事而亟失時: 可謂知乎?"
　　　曰:"不可!"

　　　"日月逝矣; 歲不我與!"
　　　孔子曰:"諾. 吾將仕矣!"

- 陽貨양화: 계씨의 가신家臣 대부. '陽虎양호'라고도 부른다. 당시 가신들끼리 권력 다툼이 심했다. 양화는 권력싸움에서 밀려난 후 진晉나라로 도망갔다.
- 歸귀: 선물을 보내다. '饋궤'와 통함.
- 時其亡시기무: 그가 없는 때를 엿보다. '時'는 '伺사'와 같다.

17-1 양화陽貨가 공자를 만나고자 하였으나, 공자를 만나지 못하자, 공자에게 돼지고기 선물을 보냈다. 공자는 그가 없는 기회를 엿보아 사례를 하러 가다가 길에서 우연히 그를 만났다. 양화가 공자를 불러 말하였다.

양화: "여기 오시네. 내가 당신에게 할 말이 있어요." 이어서 말하길:
"자기 마음속에 치국治國을 위한 계책計策을 지니고도,
나라가 혼란스러운 때에 가만히 있다면, 이를 仁하다고 할 수 있나요?"
공자: "仁하지 않지요."

양화: "정무政務에 종사하길 바라면서도, 여러 차례 그 기회를 놓친다면,
지혜롭다고 할 수 있나요?
공자: "지혜롭지 못하지요."

양화: "세월은 흘러갑니다. 시간은 우릴 기다려주지 않아요!"
공자: "맞아요. 나도 관리가 되고 싶습니다."

- 往拜之왕배지: 대부가 사인士人에게 선물을 주면, 사인은 마땅히 직접 찾아가 감사하다는 인사를 하는 것이 예절이다. 양화는 공자를 만나려고 했으나, 공자가 회피하자, 양화가 삶은 돼지고기를 보낸 것이다.
- 亟기: 자주. 여러 차례
- 仕사: 벼슬하다. 봉사하다.

17-2 子曰:
"性, 相近也; 習, 相遠也."

17-3 子曰:
"唯上智與下愚不移."

17-4 子之武城, 聞弦歌之聲.
夫子莞爾而笑曰: "割鷄, 焉用宰牛刀!"

子游對曰: "昔者偃也聞諸夫子曰:「君子学道則愛人; 小人学道則易使也.」"
子曰: "二三子, 偃之言是也. 前言戲之耳!"

- 武城무성: 노나라의 작은 마을.
- 莞爾而笑완이이소: 빙그레 웃다. 미소. *莞爾완이는 빙긋 웃는 모습.
- 子游자유: 공자의 제자. 이름은 偃언

17-2 공자:

"사람들 본성은 서로 비슷한 것, 오로지 후천적으로 물든 습성 때문에 서로 멀어진 것이다."

17-3 공자:

"오직 최상등의 지자智者와 최하등의 우자愚者는 바뀌지지 않는다."

17-4 공자가 무성武城 마을에 도착하여, 현악에 맞추어 부르는 노래 소리를 들었다. 공자가 미소를 지으며 "닭 잡는 데, 어찌 소 잡는 칼을 쓰는가?"라고 말씀하셨다.

자유: "예전에 제가 선생님께 들었는데, 「군자가 道를 배우면 사람을 사랑하고; 소인이 道를 배우면 부리기 쉽다.」고 말씀하셨습니다."
공자: "제자들아! 자유의 말이 맞다. 방금 내가 한 말은 농담이니라."

17-5 公山弗擾以費畔; 召, 子欲往.
子路不說, 曰:"末之也已; 何必公山氏之之也!"
子曰:"夫召我者, 而豈徒哉! 如有用我者, 吾其爲東周乎."

17-6 子張問仁于孔子.
孔子曰:"能行五者于天下, 爲仁矣!"

"請問之."
曰:"恭・寬・信・敏・惠.
恭則不侮;
寬則得衆;
信則人任焉;
敏則有功;
惠則足以使人."

- 公山弗擾공산불요: 계씨의 가신家臣.
- 畔반: 반란. '叛반'자와 통한다.
- 徒도: 공연히. 부질없이.

17-5 공산불요^{公山弗擾}가 비費읍을 거점으로 반란을 도모하면서 공자를 초청하자, 공자가 가려고 하셨다. 자로^{子路}가 즐거워하지 않으며 말하길:
"갈 곳이 없으면 그만두시지, 하필이면 공산불요에게로 가시려합니까?"
공자: "나를 초청하는 사람이, 설마 부질없이 그러겠느냐?
만일 나를 써 주는 사람이 있다면, 나는 가서 그 나라를 동쪽의 주나라로 만들 것이다."

17-6 자장^{子張}이 공자에게 仁에 대하여 물었다.
공자: "천하에서 오항^{五項}을 실행할 수 있다면, 仁하다 할 것이다."

자장: "다섯 가지 항목이 무엇입니까?"
공자: "공손 · 관대 · 신용 · 민첩 · 자혜이다.
공손하면 모욕을 당하지 않고;
관대하면 대중의 마음을 얻고;
신용이 있으면 다른 사람의 신임을 얻고;
민첩하면 공적이 있게 되고;
자혜로우면 다른 사람을 부릴 수 있게 된다."

17-7　佛肸召; 子欲往.

子路曰:"昔者由也聞諸夫子曰:「親于其身爲不善者, 君子不入也.」佛肸以中牟畔; 子之往也如之何?"

子曰:"然, 有是言也.
不曰'堅'乎?'磨而不磷!'; 不曰'白'乎?'涅而不緇!'.
吾豈匏瓜也哉! 焉能系而不食!"

- 佛肸필힐: 진晉나라 대부. 중모中牟마을의 읍재邑宰. 반란을 일으켰다.
- 磷린: 엷은 돌. '薄박'과 같다.
- 涅열. 날: 검게 물들이다.
- 緇치: 검은 색. 검은 비단.
- 匏瓜포과: 호로병 모양의 박.

※공자는 누군가에게 채용되어 정치를 해보고 싶은 욕망이 있었다. 고향에서 제자들을 가르치고 있지만, 항상 정치가의 꿈을 지니고 있었다. 그러나 그의 꿈은 실현되질 못했다. 그러던

17-7 필힐佛肹이 초청하여, 공자가 가려고 하자, 자로가 물었다.

자로: "전에 저는 선생님께서 '친히 불선不善한 짓을 하는 자들 틈에, 군자는 들어가지 않는 법'이라고 하신 말씀을 들은 적이 있습니다. 필힐은 중모中牟 마을을 거점으로 반란을 일으켰는데, 선생님이 가시려니 어찌된 일입니까?"

공자: "그래, 그렇게 말한 적이 있다. 그 때 '갈아도 얇아지지 않는 것이 진짜 단단한 것'이라는 말도 했다. 또 '검은 물을 들여도 검어지지 않는 것이 진짜 흰 것'이라는 말도 했다. 그렇지만 내가 무슨 호로병박이란 말이냐? 어찌 먹히지 않고 한 곳에만 매달려 있어야하느냐?"

차에 필힐이라는 자가 공자의 명망을 이용하려고 초청한 것이다. 필힐은 진나라에서 반란을 일으킨 대부다. 공자가 아무리 궁해도, 진나라 반신叛臣 밑에 들어가 일한다는 것은 제자들 보기에도 민망스런 일이다. 공자 판단력이 흐려져 바보처럼 행동하려는 것을 보고, 자로가 물은 것이다. 호로병박이 한 곳에 대롱대롱 매달려 있듯이, 공자가 밖에 나가 일하지 않고 집안에서만 제자들을 가르치면서 살 수는 없지 않느냐는 공자의 절박한 심정을 표현한 말이다. 공자도 평범한 사람들처럼 한 때 어리석은 생각을 한 것이다.

17-8 子曰:"由也,女聞六言六蔽矣乎?"
対曰:"未也."
"居,吾語女:
好仁不好学,其蔽也愚;
好知不好学,其蔽也蕩;
好信不好学,其蔽也賊;
好直不好学,其蔽也絞;
好勇不好学,其蔽也亂;
好剛不好学,其蔽也狂."

- 蕩탕: 방종.
- 賊적: 상해傷害, 손해損害.
- 絞교: 과격.

17-8 공자: "자로야! 너는 6종의 품덕品德과 그에 따른 6종의 폐단을 들은 적이 있느냐?"

자로: "듣지 못했습니다."

공자: "앉아라. 내 너에게 알려주마.
 1. 仁을 좋아하면서도 학습을 게을리 하면, 그 폐단은 우매해진다.
 2. 知를 좋아하면서도 학습을 게을리 하면, 그 폐단은 방종해진다.
 3. 信을 좋아하면서도 학습을 게을리 하면, 그 폐단은 손해를 본다.
 4. 정직正直함을 좋아하면서도 학습을 게을리 하면, 과격해진다.
 5. 용감勇敢함을 좋아하면서도 학습을 게을리 하면, 위난危難을 겪는다.
 6. 강강剛强함을 좋아하면서도 학습을 게을리 하면, 오만傲慢해진다."

- 亂난: 위난危難.
- 狂광: 광망狂妄. 오만.

17-9　子曰:

"小子, 何莫学夫《詩》?

《詩》:

可以興; 可以觀; 可以群; 可以怨.

邇之事父; 遠之事君.

多識于鳥獸草木之名."

17-10　子謂伯魚曰:

"女爲周南·召南矣乎?

人而不爲周南·召南,

其猶正牆面而立也與!"

17-11　子曰:

"禮云禮云, 玉帛云乎哉!

樂云樂云, 鐘鼓云乎哉!"

17-12　子曰:

"色厲而內荏,

譬諸小人, 其猶穿窬之盜也與!"

- 《周南주남》·《召南소남》:《시경》《국풍》에 나오는 처음 두 편.
- ※ 禮나 樂은 형식적인 것보다 그 안에 담겨진 전통과 도덕을 중요시해야한다는 말이다.
- 色厲색려: 표정이 엄하다.

17-9 공자:

"학생들, 왜 《시경詩經》을 공부하지 않느냐? 시詩를 통하여 사람들의 정감과 사회풍속을 관찰해볼 수 있으며, 사람들 사이의 어울림과 마음 속의 원한을 느껴볼 수 있다. 시는 가까이 부모님에게 효순 하는 일과 멀리 군주를 섬기는 일 그리고 새·짐승·초목의 이름들도 많이 알게 해준다."

17-10 공자가 아들 백어伯魚에게 말씀하셨다.

"너는 《주남周南》과 《소남召南》을 공부하였느냐?
사람으로서 《주남》과 《소남》을 공부하지 않으면,
이는 마치 벽 앞에 서서, 앞을 보지 못하는 것과 같으니라."

17-11 공자:

"예禮가 옥백玉帛 옥과 비단만을 뜻하겠느냐?
악樂이 종고鐘鼓 종과 북만을 뜻하겠느냐?"

17-12 공자:

"얼굴빛은 엄한데도, 마음이 유약한 사람은,
마치 벽에 구멍을 뚫고 도적질하는 소인과 같다."

- 荏임: 부드럽다.
- 穿窬천유: 벽에 구멍을 뚫다.

17-13 子曰:

"鄕原, 德之賊也!"

17-14 子曰:

"道聽而途說, 德之棄也!"

17-15 子曰:

"鄙夫, 可與事君也與哉!

其未得之也, 患得之;

旣得之, 患失之.

苟患失之, 无所不至矣!"

- 鄕原 향원 : 마을에서 인기를 모으는 위선자. 말과 행동이 다른 사람. 《맹자》〈진심하〉에도 나온다.
- 无所不至무소부지 : 이르지 못하는 것이 없다. 무슨 수단이든 못하는 짓이 없다.

17-13 공자:

"마을의 향원鄕原은, 덕을 해치는 사람이다."

17-14 공자:

"길에서 들은 말을 전파하는 것은, 德을 폐기하는 행위다."

17-15 공자:

"비루한 사람, 설마 그런 사람과 함께 군주를 섬기라는 말인가? 그런 사람은 관직을 얻지 못한 때에는, 그것을 얻지 못할까봐 걱정하고; 얻은 다음에는, 그것을 잃을까봐 두려워한다. 만일 그것을 잃으리라는 두려움이 들면, 그런 사람은 무슨 수단이든 못하는 짓이 없을 것이다!"

17-16 子曰:

"古者民有三疾; 今也或是之亡也!

古之狂也肆, 今之狂也蕩;

古之矜也廉, 今之矜也忿戾;

古之愚也直, 今之愚也詐而已矣!"

17-17 子曰:

"巧言令色, 鮮矣仁."

17-18 子曰:

"惡紫之奪朱也;

惡鄭聲之亂雅樂也;

惡利口之覆家邦者."

- 疾질: 성벽性癖. 굳어진 기질.
- 狂광: 열광熱狂.
- 肆사: 거리낌 없이.
- 矜긍: 자긍自矜.

17-16 공자:

"옛날 사람에게는 세 가지 성벽性癖이 있었는데,
지금은 그런 기질이 없어진 것 같다.
옛날에 열광적인 사람은 거리낌 없이 직언을 했는데,
지금은 예의를 벗어나 방탕하고;
옛날에 자긍심이 강한 사람은 청렴결백했는데, 지금은 난폭하고 교활하며;
옛날에 우매한 사람은 솔직했는데, 지금은 간사할 따름이다."

17-17 공자:

"말을 교묘히 하고, 얼굴빛이 어색한 자 중에는 仁한 사람이 드물다."

17-18 공자:

"나는 간색인 자색紫色으로 정색인 홍색紅色이 대체되는 것을 싫어하고;
정나라의 음탕한 음악이 정통 아악의 맑은 음을 어지럽히는 것을 싫어하고;
간교한 말로써 나라의 운명이 뒤집히는 것을 싫어한다."

- 廉렴: 청렴결백.
- 忿戾분려: 난폭하고 무례함.
- 詐사: 간사奸詐하다.
- ※참조: 1편 학이 3장.

17-19　子曰:"予欲无言."
　　　子貢曰:"子如不言, 則小子何述焉?"

　　　子曰:
　　　"天何言哉!
　　　四時行焉; 百物生焉.
　　　天何言哉!"

17-20　孺悲欲見孔子; 孔子辭以疾.
　　　將命者出戶, 取瑟而歌, 使之聞之.

- 孺悲유비: 노나라 사람.
- 將命者장명자: 말 심부름 하는 사람.

17-19 공자: "나는 무언無言으로 지내고 싶다."

자공: "선생님께서 말씀을 하지 않으시면, 저희 학생들은 후대에 무엇을 전술하겠습니까?"

공자: "하늘이 무슨 말씀을 하시더냐! 4계절이 변함없이 운행되고, 만물이 변함없이 자라는데, 하늘이 무슨 말씀을 하시더냐!"

17-20 유비孺悲가 공자를 뵙고 싶어 찾아왔으나,
공자는 병을 핑계로 거절하였다.
말을 전하는 사람이 방문을 나가자마자,
공자가 현악을 타면서 노래를 불러 그가 듣도록 하였다.

17-21　宰我問:

"三年之喪, 期已久矣!

君子三年不爲禮, 禮必壞; 三年不爲樂, 樂必崩.

舊穀旣沒; 新穀旣升; 鑽燧改火: 期可已矣!"

子曰: "食夫稻; 衣夫錦: 于女安乎?"

曰: "安."

"女安則爲之! 夫君子之居喪, 食旨不甘; 聞樂不樂; 居處不安: 故不爲也. 今女安, 則爲之!"

宰我出. 子曰:

"予之不仁也! 子生三年, 然后免於父母之懷;

夫三年之喪, 天下之通喪也.

予也有三年之愛于其父母乎?"

- 鑽燧찬수: '鑽찬'은 불씨를 만들기 위해 나무에 구멍을 뚫는 것이고, '燧수'는 나무에 구멍을 뚫는데 쓰는 나무.

17-21 재아宰我: "3년 부모 상喪은 너무 깁니다. 군자가 3년의 기간 중 예의를 실행하지 않으면, 예의가 피폐해지고; 3년간 음악을 연습하지 않으면, 악곡을 잃어버립니다. 묵은 곡식은 다 먹어버리고, 새 곡식이 등장하며; 불씨도 철마다 나무를 바꾸어 불을 붙이는데, 1년이 되면 한 바퀴 돌아오니 상을 1년으로 끝내도 될 것입니다."

공자: "상을 1년만 지낸 다음, 쌀밥 먹고 비단 옷을 입어도, 네 마음이 편안하겠느냐?"
재아: "편안할 겁니다."

공자: "마음이 편안할 거라면, 그렇게 하라. 군자는 상중에 밥을 먹어도 밥맛을 모르고, 음악을 들어도 즐거움을 느끼지 못하며, 지내는데 편안함을 느끼지 못하기 때문에 그렇게 하지 않는 것이다. 지금 네가 편안하다면 그렇게 하여라."

재아가 나간 다음에 공자가 말씀하셨다.
"재아는 정말 불인不仁하구나!" 자식은 태어나서 3년이 지나야 부모의 품을 떠날 수 있다. 3년 상이란 천하에 통용되고 있는 상례喪禮이다. 재아도 설마 태어나서 3년간 부모 품에서 자랐겠지?"

17-22 子曰:
"飽食終日, 无所用心: 難矣哉!
不有博弈者乎? 爲之猶賢乎已!"

17-23 子路曰:"君子尚勇乎?"

子曰:
"君子, 義以爲上!
君子有勇而无義爲亂;
小人有勇而无義爲盜."

17-22 공자:

"종일 배불리 먹기만 하고 마음 쓰는 일이 없다면,
숨쉬기가 어려운 사람이로구나! 장기나 바둑이라는 게 있지 않으냐?
그거라도 하는 것이 안 하는 것보다는 낫다."

17-23 자로: "군자는 용勇을 숭상합니까?"

공자: "군자는 의義를 더 높게 친다.
군자라는 사람이 勇은 있는데 義가 없으면, 난리를 일으키고;
소인이 勇은 있고 義가 없으면, 도적질을 하게 된다."

17-24　子貢曰:"君子亦有惡乎?"

　　　子曰:"有惡.
　　　惡稱人之惡者;
　　　惡居下流而訕上者;
　　　惡勇而無禮者;
　　　惡果敢而窒者."

　　　曰:"賜也亦有惡乎?"
　　　"惡徼以爲知者,
　　　惡不孫以爲勇者,
　　　惡訐以爲直者."

17-25　子曰:"唯女子與小人爲難養也.
　　　近之則不孫, 遠之則怨."

17-26　子曰:
　　　"年四十而見惡焉, 其終也已."

- 訕산: 헐뜯다. 비방하다.
- 窒질: 막히다. 통하지 않다. 〈*窒息질식: 숨이 막히다.〉
- 徼요: 훔치다. 표절하다.

17-24 자공: "군자도 싫어하는 사람이 있습니까?"

공자: "다음과 같은 사람을 싫어하지."
1. 남의 단점을 끄집어내어 전파하는 사람
2. 낮은 자리에 있으면서, 윗사람을 비방하는 사람
3. 용감하나 무례無禮한 사람
4. 과감하나 불통不通인 사람

그리고 공자가 자공에게 물으셨다.
공자: "사賜. 자공야! 너도 싫어하는 사람이 있느냐?"
자공: "저도 다음과 같은 사람을 싫어합니다."
1. 다른 사람의 성과를 표절剽竊해서, 자기가 지식인인 체하는 사람
2. 겸손하지 않으면서 용감한 체하는 사람
3. 남의 약점을 잡아내어 정직한 체하는 사람

17-25 "오로지 여자와 소인은 함께 지내기가 어렵다.
친근하게 해주면, 무례해지고; 멀리하면, 원망한다."

17-26 공자:

"40세가 되어서도 남의 미움을 받으면, 그는 희망이 없는 사람이다."

- 訐알: 들추어내다. 비방하다.
- 養양: 다루다. 함께 지내다.
- 見惡견오: 미움을 받다. 見은 '被'.

미자微子는 상商나라 마지막 주왕紂王의 서형庶兄이다. 주왕의 무도함을 여러 번 간하다가 듣지 않자, 다른 나라로 도망하여 살다가 상나라가 망한 후 주周나라에 투항하였다. 후에 제후로 봉해졌는데, 그게 송宋나라다. 기자조선을 세웠다는 기자箕子 이름도 나온다.

이 편에는 접여接輿, 장저長沮, 걸익桀溺, 제초기를 매고 가는 노인이 등장하여, 쓸데없는 일을 하고 다닌다고 공자와 제자를 비웃는다. 그렇지만 공자는 덕치의 실행을 위한 정치개혁을 포기하지 않겠다고 말한다.

"새와 짐승이 같은 무리로 어울려 살 수는 없는 것이야. 내가 이 세상 사람들과 함께 살지 않고, 누구와 어울릴 수 있다는 말인가? 천하에 도리가 통한다면, 내가 정치개혁에 참여할 필요가 없을 것이다."6장

제18편

미자 (微子)

18-1 微子去之;
　　 箕子爲之奴;
　　 比干諫而死.
　　 孔子曰: "殷有三仁焉."

18-2 柳下惠爲士師; 三黜.
　　 人曰: "子未可以去乎?"

　　 曰:
　　 "直道而事人, 焉往而不三黜!
　　 枉道而事人, 何必去父母之邦!"

18-3 齊景公待孔子,
　　 曰: "若季氏, 則吾不能; 以季孟之間待之."
　　 曰: "吾老矣! 不能用也."
　　 孔子行.

- 微子미자: 상商나라 마지막 주왕紂王의 서형庶兄. 주왕의 무도함을 여러 번 간하다가 듣지 않자, 다른 나라로 도망하여 살다가 상이 망한 후 주周나라에 투항, 후에 제후로 봉해졌는데, 그게 송宋이다.
- 箕子기자: 상나라 주왕의 숙부. 주왕의 무도함을 여러 번 간하다가 투옥되고 노예가 되었다. 상이 망한 후에 주의 무왕에 의해 석방되었다. 후에 동쪽으로 가서 '기자조선箕子朝鮮'을 세운 것으로 알려진 인물이다.
- 比干비간: 주왕의 숙부. 주왕의 무도함을 여러 번 간하다가 죽었다.
- 柳下惠유하혜: 노나라 현인.

18-1 미자微子는 자기 나라를 버리고 떠났고,
기자箕子는 노예로 전락 되었으며, 비간比干은 간하다가 죽었다.
공자가 "은나라에는 세 분의 仁한 사람이 있었다."고 말씀하셨다.

18-2 유하혜柳下惠는 노나라에서 법관法官으로 일하다가 세 번이나
면직되었다. 어떤 사람이 "선생은 노나라를 떠나버리지 않나요?"라고
묻자, 유하혜가 대답하였다.
"정직한 도리로써 군주를 섬기다보면, 어디를 가든 여러 차례
면직당하지 않겠어요? 사도邪道로써 군주를 모시려고 한다면,
반드시 부모의 나라를 떠나야할 필요가 어디에 있습니까?"

18-3 제齊나라 경공景公이 공자를 채용하여 어떻게 대우해줘야 할지에
대하여, "계씨와 같이 대우해줄 수는 없지. 계씨와 맹씨의 중간 수준으로
그를 대우해주지."라고 말하였다.
그가 또 "나는 이미 늙었어. 그를 뽑아 쓸 수가 없겠어."라고 말했다.
공자께서 제나라를 떠났다.

- 士師사사: 형벌을 관장하는 관직. 법관法官.
- 黜출: 면직. 쫓겨나다.
- 枉道왕도: 잘못된 도. 사도邪道.

※ 앞 구절은 경공이 공자를 관리로 채용하려고 마음먹은 때의 글이고, 뒤의 구절은 경공이 뽑아 쓰지 않겠다고 단념한 뒤의 글이다. 후대에 편집하면서 경공이 다른 시기에 한 말을 하나로 묶은 것으로 본다.

공자가 젊은 시절 취직자리를 찾아 수없이 제후국을 돌아다녔지만, 모두 실패하였다. 이 글은 그 실패한 일화 중 한토막이다.

18-4 齊人歸女樂.
　　 季桓子受之; 三日不朝.
　　 孔子行.

18-5 楚狂接輿歌而過孔子, 曰:
　　 "鳳兮鳳兮, 何德之衰!
　　 往者不可諫; 來者猶可追.
　　 已而, 已而! 今之從政者殆而!"

　　 孔子下, 欲與之言; 趨而避之, 不得與之言.

- 歸귀: 선물하다. 물건을 보내다. '饋궤'와 같다.
- 女樂여악: 노래 부르며 춤추는 여자 연예인.
- 季桓子계환자: 노나라 상경上卿으로 실권자.
- 不朝부조: 조회를 열지 않다. 정사政事를 보지 않다.

※ 공자가 54세에 처음으로 노나라에 사구司寇라는 관리로 채용되어 일한 적이 있다. 사구는 도둑들을 잡아 사회질서를 유지하는 치안업무 책임자이다. 공자가 사구가 된 다음에 노나라 사

18-4 제나라 사람이 여자 연예인을 노나라에 선물로 보냈고,
계환자季桓子가 접수하고서는 3일이나 조회朝會를 열지 않았다.
이에 공자가 노나라를 떠났다.

18-5 초나라 광인狂人 접여接輿가 공자가 탄 수레 앞을 지나가면서,
노래를 불렀다.
"봉새여, 봉새여! 당신의 덕행德行이 어찌 그리 쇠약해졌나?
지나간 일은 만회할 수가 없지만 미래의 일은 바르게 실행할 수가 있지.
아서라, 그만 두어라!
지금 정치하는 자들은 모두 위험한자들이야!"

공자가 수레에서 내려, 그와 대화를 하고 싶었는데,
그가 빨리 피해버려 얘기를 나누질 못했다.

회는 질서를 회복하였다. 노나라가 강성해지자, 이웃의 제나라가 불안해졌다. 그래서 공자를 제거할 계책을 꾸몄다. 그 계책의 일환으로 미녀 연예인 80명과 수레 30사駟를 노나라 군주 정공定公에게 보낸 것이다. 이때가 정공 14년공자 56세이었다. 실권자인 계환자가 미녀들에게 빠진 것이다. 이에 실망한 공자가 단 한번 주어진 관리직을 버리고 떠났다. 다시 실업자가 된 것이다. *참조:《사기 • 공자세가》

18-6　長沮・桀溺耦而耕.
　　　孔子過之, 使子路問津焉.

　　　長沮曰:"夫執輿者爲誰?"
　　　子路曰:"爲孔丘."

　　　曰:"是魯孔丘與?"
　　　曰:"是也."
　　　曰:"是知津矣!"

　　　問于桀溺.
　　　桀溺曰:"子爲誰?"
　　　曰:"爲仲由."

- 長沮장저 와 桀溺걸익: 초나라 두 은사.
- 耦而耕우이경: 짝을 지어 밭을 갈다.
- 執輿者집여자: 수레의 말고삐를 잡고 있는 사람
- 仲由중유; 子路자로의 이름.

18-6 장저와 걸익이 짝을 지어 밭을 갈고 있었다. 공자가 지나가다가, 자로를 시켜 나루터 있는 곳을 물어보라고 하였다.

장저: "말고삐를 잡고 있는 사람이 누구요?"
자로: "공구요."

장저: "노나라의 공구인가요?"
자로: "그렇습니다."
장저: "그는 나루터 있는 곳을 압니다."

자로가 걸익에게 물었다.
걸익: "선생은 뉘시오?"
자로: "중유라는 사람이요."

曰:"是魯孔丘之徒與?"
對曰:"然."

曰:"滔滔者天下皆是也; 而誰以易之!
且而與其從避人之士也, 豈若從避世之士哉!"
耰而不輟.

子路行以告, 夫子憮然曰:
"鳥獸不可與同群; 吾非斯人之徒與而誰與!
天下有道, 丘不與易也."

- 滔滔도도: 물이 그득 퍼져 흐르는 모양. 도도히 흐르다.
- 耰우: 뿌린 씨앗을 흙으로 덮다.

걸익: "노나라 공구의 제자인가요?"
자로: "맞습니다."

걸익: "강물이 도도히 흘러가듯, 세상이 모두 그렇게 흘러가는데,
누가 그 흐름을 바꾸겠소?
더욱이 사람을 피해 다니는 지사志士를 따라다니는 것보다는,
차라리 세상을 피해 사는 은자를 따라 은거하고,
나타나지 않는 게 좋을 것이오!"
말이 끝나고, 뿌린 씨앗에 흙 덮는 일을 계속하였다.

자로가 돌아와 이 일을 말씀드리자, 공자께서 실망한 듯이 말씀하셨다.

"새와 짐승이 같은 무리로 어울려 살 수는 없는 것이야.
내가 이 세상 사람들과 함께 살지 않고,
누구와 어울릴 수 있다는 말인가?
천하에 도리가 통한다면, 내가 정치개혁에 참여할 필요가 없을 것이다."

- 輟철: 멈추다.
- 憮然무연: 실망한 듯이.

18-7 子路從而后; 遇丈人, 以杖荷蓧.

子路問曰:"子見夫子乎?"
丈人曰:"四體不勤; 五穀不分: 孰爲夫子!" 植其杖而芸.

子路拱而立, 止子路宿, 殺鷄爲黍而食之, 見其二子焉.
明日, 子路行以告, 子曰:"隱者也." 使子路反見之, 至則行矣.

子路曰:
"不仕无義. 長幼之節, 不可廢也;
君臣之義, 如之何其廢之!
欲潔其身, 而亂大倫!
君子之仕也, 行其義也.
道之不行, 已知之矣.

- 丈人장인: 남자 노인.
- 荷蓧하조: 제초除草 기구를 짊어지다.
- 芸운: 풀 뽑다. 김매다.
- 黍서;기장. 노란 빛깔의 알이 작은 곡물.

18-7   자로가 공자의 주유열국에 따라가다가 뒤처졌는데, 우연히 지팡이에
제초 기구를 메어달고 가는 노인을 만났다. 자로가 노인에게 물었다.

자로: "노인께서는 선생님을 보셨습니까?"
노인: "팔다리도 불편하고, 오곡도 구분 못하는데, 누가 선생님이란 말이요?"
지팡이를 밭에 꽂아놓고, 김매기를 시작하였다.

자로가 두 손을 모으고 서있자, 노인은 자로를 집에 묵게 하고,
닭을 잡고 기장쌀로 밥을 지어 먹게 해주었다.
또 그의 두 아들을 불러 자로를 만나게 하였다.
다음 날 자로가 공자에게 이 사실을 말씀드리자,
공자가 "은자로구나."라고 말씀하시며, 자로로 하여금 다시 가서
찾아뵙도록 하였다. 가보니, 노인은 이미 집을 나가고 없었다.

자로: "관리로서 일하지 않는 것은 불의^{不義}입니다.
노인이 아들을 인사드리게 한 일을 보면 어른과 젊은이[長幼] 사이의 예절도
소홀히 할 수 없는 일이지만;
군주와 신하[君臣] 사이의 예절은 왜 소홀히 하십니까?
자기 자신만 청렴하게 지내려는 것은, 큰 윤리를 어지럽히는 일입니다.
군자가 나와 관리를 하는 것은 군신^{君臣}사이의 義를 실행하는 일입니다.
대도^{大道}가 실행되지 못하고 있음은, 이미 다 알고 있는 일입니다."

〈* 자로의 이 말은 노인의 아들에게 전한 것으로 본다.〉

18-8　逸民: 伯夷・叔齊・虞仲・夷逸・朱張・柳下惠・少連.

子曰:
"不降其志; 不辱其身: 伯夷・叔齊與!
謂: 柳下惠・少連, 降志辱身矣. 言中倫; 行中慮:
其斯而已矣!
謂: 虞仲・夷逸, 隐居放言. 身中清; 廢中權. 我則異于是,
无可无不可."

- 逸民일민: 관직을 버리고 숨어사는 사람.
- 伯夷백이 등 7인: 모두 고대의 고상한 사람들

18-8 은자隱者로서는 백이 • 숙제 • 우중 • 이일 • 주장 • 유하혜 • 소련이 있다.

공자가 "자기 뜻을 굽히지 않고, 자기 몸을 욕되게 하지 않은 사람은 백이와 숙제이지!"라고 말씀하셨다.
유하혜와 소련에 대해서 "뜻을 굽히고 몸을 욕되게 하였으나, 말이 논리에 들어맞고 행위가 심사숙고를 거쳐 실행하였다. 그들은 이렇게 하였다."고 말씀하셨다.
우중과 이일에 대해서는 "은거隱居를 하면서도 말을 함부로 하고, 몸가짐은 청렴결백하였으며, 적당한 때에 관직을 버리고 산으로 들어왔다. 나는 이들과 다르다. 꼭 그렇게 해야 하는 것도 아니고, 그렇게 해서는 안 된다는 것도 아니다."

- 中倫중륜: 논리에 들어맞다.
- 放言방언: 말을 함부로 하다

18-9　太師摯適齊; 亞飯干適楚;
　　　三飯繚適蔡; 四飯缺適秦;
　　　鼓方叔入于河; 播鼗武入于漢;
　　　少師陽・擊磬襄入于海.

18-10　周公謂魯公曰:
　　　"君子不施其親;
　　　不使大臣怨乎不以;
　　　故舊无大故, 則不棄也;
　　　无求備于一人."

18-11　周有八士: 伯達・伯适・仲突・仲忽・叔夜・叔夏・季隨・季騧.

※太師태사: 악관樂官의 책임자. 摯격은 이름. 여기에 나오는 이름의 앞 글자는 악관의 직무와 관련된 뜻이고, 뒤의 글자는 이름이다. 노魯나라 애공 때, 정치가 혼란에 빠지자 악관들이 모두 뿔뿔이 흩어지는 모습을 얘기한 것이다.

18-9 태사太師 지摯는 제나라로 가고, 아반간亞飯干은 초나라로 가고,
삼반료三飯繚는 채나라로 가고, 사반결四飯缺은 진나라로 가고,
고방숙鼓方叔은 황하지역으로 가고, 파도무播鼗武는 한수漢水지역으로
가고, 소사양少師陽과 격경양擊磬襄은 바닷가로 갔다.

18-10 주공周公이 노공에게 말하였다.
"군자는 자기 친족을 소홀히 대하지 않고,
대신들이 그들을 임용하지 않는다고 원망하지 않고,
오래 동안 알아온 사람은 그들에게 중대한 잘못이 없다면 버리지 않으며,
한 사람이 모든 능력을 다 갖추기를 바라지 않는다."

18-11 주나라에 있는 8명의 지식인은: 백달伯達 • 백괄伯适 • 중돌仲突 •
중홀仲忽 • 숙야叔夜 • 숙하叔夏 • 계수季隨 • 계와季騧였다.

이 편에는 자장子張, 자하子夏, 자유子游, 증자曾子, 자공子貢 등 공자제자들의 인의관仁義觀을 모아 놓았고, 제1편 1장에서 언급한 학습에 관한 문제를 설명하고 있다.

학습은 치도致道 도를 깨달음 와 관리가 되는 것에 목적을 두고7장. 13장; 학습방법은 간절히 의문을 제기하고 당면한 일에서부터 의문을 풀어가며 切問而近思6장; 학습태도는 날마다 모르는 것을 배우고 달마다 배운 것을 잊지 말아야한다5장.

한 대부가 조정에서 "자공이 공자보다도 현명하다."고 말하였는데, 이 말을 전해들은 자공이 말하길: "이는 궁전의 담장 같은 것이야. 나의 담은 단지 어깨 높이어서, 한 눈으로 집안을 들여다볼 수 있습니다. 그러나 선생님의 담은 높이가 수 길이나 되어, 그 문을 찾아서 들어가지 못한다면, 종묘의 아름다움과 각 방들의 화려함을 볼 수가 없습니다. 그 문을 찾아 들어간 사람은 드물지요." 공자 학문이 얼마나 광대廣大하고 심원深遠한지를 설명하는 말이다23장.

제19편 자장(子張)

19-1 子張曰:
"士, 見危致命; 見得思義;
祭思敬; 喪思哀: 其可已矣."

19-2 子張曰:
"執德不弘; 信道不篤:
焉能爲有! 焉能爲亡!"

19-1 자장:

"지식인은,

위난을 당하면 목숨을 바치고;

이득 앞에서는 대의大義를 생각하고;

제사지내는 때에는 공경한지를 생각하며;

상을 당하면 애통함을 생각하는데, 그래야만 된다."

19-2 자장:

"德을 지키면서도 널리 확장하지 못하고; 道를 신봉하면서도 독실하지 못하다면, 이런 사람은 지식인으로서 자격이 있다고 봐야할까? 자격이 없다고 봐야할까?"

19-3 子夏之門人, 問交于子張.
　　子張曰:"子夏云何?"
　　對曰:"子夏曰: 可者與之;
　　其不可者拒之."

　　子張曰:
　　"異乎吾所聞! 君子尊賢而容衆; 嘉善而矜不能.
　　我之大賢與, 于人何所不容!
　　我之不賢與, 人將拒我; 如之何其拒人也!"

19-4 子夏曰:
　　"雖小道, 必有可觀者焉.
　　致遠, 恐泥; 是以君子不爲也."

- 小道소도: 잡다한 기술. 잔재주.
- 致遠恐泥치원공니: 잡다한 기술이나 지식이 많으면, 오히려 큰 뜻을 이루기가 어려울 수가 있다.〈致遠치원: 원대한 경지에 이르다. 泥니: 어렵다.〉

19-3 자하의 문인^{門人}이 자장에게 어떻게 사람을 사귀어야하는지에 대하여 물었다.

자장: "자하께서는 무어라 말씀하시더냐?"

자하의 문인: "자하께서는 '사귈만한 능력이 있는 사람을 사귀고, 그렇지 못한 사람은 거절하라.'고 말씀하셨습니다."

자장: "내가 들은 것과는 다르구나. 군자는 현명한 사람을 존중하나 민중도 포용하며;
훌륭한 사람을 찬미하나 능력이 모자란 사람도 동정하여 걱정해준다.
만일 내가 현명한 사람이라면, 다른 사람이 나를 받아들이지 못할 이유가 있겠느냐? 그런데 내가 능력이 모자란 사람이라면,
다른 사람이 나를 거절할 것인데,
내가 어찌 다른 사람을 거절할 수 있겠느냐?"

19-4 자하:

"설령 작은 재주라 할지라도 배울 만한 부분이 있겠지만, 원대한 목표를 달성하는데 방해가 될 수 있다. 그래서 군자는 그런 작은 재주를 배우지 않는다."

19-5　子夏曰:
"日知其所亡; 月无忘其所能:
可謂好学也已矣."

19-6　子夏曰:
"博学而篤志; 切問而近思:
仁在其中矣."

19-7　子夏曰:
"百工居肆以成其事;
君子学以致其道."

19-8　子夏曰:
"小人之過也必文."

- 肆사: 작업장. 공방. 점포.
- 文문: 꾸미다. 감추다. 무늬.

19-5 자하:

"날마다 모르는 것을 배우고; 달마다 배운 것을 잊지 않는다면, 배우기를 좋아하는 사람이라고 말할 수 있다."

19-6 자하:

"널리 배우고 지향志向을 견고히 하며;
간절히 의문을 제기하고 당면한 일에서부터 의문을 풀어 가면,
仁은 그 안에 있다."

19-7 자하:

"기술공은 작업장에서 일을 완성해가고;
군자는 학습을 통하여 道를 터득해간다."

19-8 자하:

"소인은 착오를 범하면, 반드시 숨기려한다."

19-9 子夏曰:
"君子有三變:
望之儼然; 即之也溫; 聽其言也厲."

19-10 子夏曰:
"君子信而后勞其民;
未信則以爲厲己也.

信而后諫;
未信則以爲謗己也."

19-11 子夏曰:
"大德不踰閑; 小德出入可也."

- 大德대덕: 인의예지仁義禮智의 덕목.
- 小德소덕: 생활 속에서의 예절.
- 踰閑유한: 한계를 넘다. '閑'은 문지방. 踰는 '逾유'와 같다.

19-9 자하:

"군자는 3변 變 변화 하는데: 멀리서 보면 엄숙함을 보여주고;

가까이 대하면 온화함을 느끼게 해주고;

그의 말을 들으면 뜻이 준엄함을 알게 해준다."

19-10 자하:

"군자는 백성의 신임을 얻은 후에 백성을 부리는데;

만일 그들의 신임을 얻지 못한 상태에서 그들을 부리면, 그들은 자신을 박해한다고 여길 것이다.

군주로부터 신임을 얻은 후에 간언諫言하는데; 만일 군주의 신임의 얻지 못한 상태에서 간언하면, 군주는 자신을 비방하는 것으로 여길 것이다."

19-11 자하:

"대덕大德의 큰 한계를 벗어나지 않는다면, 생활 속에서의 사소한 예절과 같은 것은 착오는 있을 수 있는 것이다."

19-12　子游曰:

"子夏之門人小子, 當洒掃, 應對, 進退, 則可矣; 抑末也.
本之則无, 如之何?"

子夏聞之曰:
"噫, 言游過矣!
君子之道, 孰先傳焉? 孰后倦焉?

譬諸草木, 區以別矣.
君子之道, 焉可誣也.

有始有卒者, 其惟聖人乎!"

19-13　子夏曰:

"仕而優則学; 学而優則仕."

- 洒掃쇄소: 물뿌리고 쓰는 일. 洒는 '灑쇄'와 같다.

19-12 자유:

"자하子夏문하의 학생들은 물 뿌려 쓰는 일과 손님 접대하는 일은 그런 대로 괜찮은 셈이지만, 그건 말단의 사소한 일에 불과한 것이다.
학문의 근본을 배운 게 없으니, 어찌 된 일인가?"

자하가 이 말을 듣고, 말하길:
"아아! 자유가 착각하는 구나!
군자의 학문에서, 어느 것을 먼저 가르치고, 어느 것을 뒤에 가르쳐야 하는가? 이는 마치 초목草木을 종류에 따라 구별해서 키우는 것과 같은 것이다. 군자의 학문에서, 어찌 배우는 순서를 왜곡하는가? 시작이 있는 것이고, 끝이 있는 법이지. 일상생활 속에서 일어나는 작은 일을 체험토록 하는 것으로부터 시작하여, 점점 발전하여 도덕의 숭고한 뜻을 깨우치도록 가르치는 유시유종有始有終의 교육은, 성인聖人만이 실행할 수 있는 방법인 것이야!"

19-13 자하:

"관리가 된 다음, 여력이 있으면 학습하고; 학습한 다음, 여력이 있으면 관리를 하는 것이다."

19-14　子游曰:
"喪致乎哀而止."

19-15　子游曰:
"吾友張也, 爲難能也;
然而未仁."

19-16　曾子曰:
"堂堂乎張也; 難與竝爲仁矣."

19-17　曾子曰:
"吾聞諸夫子:
人未有自致者也; 必也親喪乎!"

19-14 자유:

"상사喪事에서는 마음속의 슬픔을 충분히 표현한 것으로 족하다."

19-15 자유:

"나의 친구 자장은 하기 힘든 일을 해내어 대견스럽다[難能可貴].
그러나 아직 인덕仁德에는 이르지 못했다."

19-16 증자:

"자장子張은 기고만장氣高萬丈하구나! 그래서 다른 사람과 함께
인덕仁德을 실행하기가 어려운 것이야."

19-17 증자:

"내가 선생님에게서 들었는데: 「사람은 평상시, 자기 마음속의 감정을
진실하게 나타낼 방법이 없어. 오로지 있다면, 부모 상喪때 뿐이야!」"

19-18 曾子曰:
"吾聞諸夫子:
孟莊子之孝也, 其他可能也,
其不改父之臣, 與父之政,
是難能也."

19-19 孟氏使陽膚爲士師; 問于曾子.

曾子曰:
"上失其道; 民散久矣.
如得其情, 則哀矜而勿喜."

19-20 子貢曰:
"紂之不善,
不如是之甚也!

是以君子惡居下流;
天下之惡皆歸焉."

- 孟莊子맹장자: 노나라의 대부. 이름은 맹속孟速.
- 孟氏맹씨: 노나라 대부 맹손씨孟孫氏.
- 士師사사: 감옥의 관리. 법관.

19-18 증자:

"내가 선생님에게서 들었는데: 「맹장자孟莊子의 효행은:

다른 사람들이 다 할 수 있는 것이지만, 부친의 신료臣僚들과 부친이

시행한 정책을 바꾸지 않은 것은 따라 하기가 어려운 일이다.」"

19-19 맹씨孟氏가 양부陽膚를 감옥의 관리로 삼자,

양부가 증자에게 어떻게 해야 할지를 물으니, 증자가 말하길:

"정치하는 고위직들이 이미 정도正道를 벗어났다. 오래전에 민심民心이

떠났다. 만일 네가 백성들의 이런 실정을 이해한다면,

잡혀온 그들을 동정해야지 거만하게 대하지 말아야한다."

19-20 자공:

"상나라 주왕紂王의 불선不善은, 전해오는 말처럼 그리 심한 것은

아니었다. 그럼에도 가장 포악한 군주인 것처럼 과장되어 알려져 온 것이다.

그런 까닭에 군자는 신상에 오점이 생기는 것을 걱정한다.

만일 너에게 일단 어떤 오점이 생기면,

주왕처럼 천하의 수많은 악명惡名이 모두 너의 신상에 집중될 것이다."

- 居下流거하류: 물이 낮은 곳으로 내려가 웅덩이에 모이듯이, 좋지 않은 소문이 몰려 듦.

19-21 子貢曰:
"君子之過也, 如日月之食焉:

過也, 人皆見之;
更也, 人皆仰之."

19-22 衛公孫朝問于子貢曰:
"仲尼焉学?"

子貢曰:
"文武之道, 未墜于地; 在人!

賢者識其大者;
不賢者識其小者:
莫不有文武之道焉.

夫子焉不学, 而亦何常師之有!"

- 日月之食일월지식: 일식과 월식. 食은 '蝕식'과 같다.
- 未墜于地미추우지: 땅에 떨어지지 않고 있다. 없어지지 않았다.

19-21 자공:

"군자의 과오過誤는, 일식이나 월식과 같다.
과오를 범하면, 사람들이 모두 보게 되고;
과오를 시정하면, 사람들이 모두 우러러 보게 된다."

19-22 위나라 대부 공손조公孫朝가 자공에게 "공자의 학문은 어디에서
배웠습니까?"라고 물으니, 자공이 답하였다.

"주나라 문왕과 무왕의 道는 아직 실전失傳되지 않고,
민간民間에 전해 내려오고 있습니다.
그중에, 현명한 사람은 큰 것을 기억하고 있고;
그렇지 못한 사람은 작은 것을 기억하고 있으니,
문왕과 무왕의 道는 모두 그 안에 있는 것입니다.
선생님께서는 어디 배우지 않는 곳이 있고;
또 어디 고정된 스승이 있었겠습니까?"

- 識지: 기억하다. *標識표지 *識식: 식별하다. 지식.

19-23 叔孫武叔語大夫于朝曰:
"子貢賢于仲尼."

子服景伯以告子貢, 子貢曰:
"譬之宮牆:
賜之牆也及肩, 窺見室家之好;
夫子之牆數仞, 不得其門而入,
不見宗廟之美, 百官之富.

得其門者或寡矣;
夫子之云, 不亦宜乎!"

- 叔孫武叔숙손무숙: 노나라 대부
- 子服景伯자복경백: 노나라 대부.

19-23 숙손무숙叔孫武叔이 조정에서 대부들에게 말하기를:
"자공이 공자보다도 현명하다."고 하였다.
자복경백子腹景伯이 이 말을 자공에게 일러주자, 자공이 말하였다.

"이는 궁전의 담장 같은 것이야. 나의 담은 단지 어깨 높이어서,
한 눈으로 집안을 들여다볼 수 있습니다.
그러나 선생님의 담은 높이가 수 길이나 되어,
그 문을 찾아서 들어가지 못한다면,
종묘의 아름다움과 각 방들의 화려함을 볼 수가 없습니다.

그 문을 찾아들어간 사람은 드물지요.
그 분이 그렇게 말씀하신 것도, 당연한 일이 아니겠습니까!"

- 仞인: 고대 길이를 재는 단위. ※1仞인은 7척尺정도의 길이 〈1척자: 한대는 23.0cm, 지금은 33.3cm.〉
- 官관: 방.

19-24   叔孫武叔毁仲尼, 子貢曰:

"无以爲也! 仲尼, 不可毁也.

他人之賢者, 丘陵也; 猶可逾也.
仲尼, 日月也; 无得而逾焉.

人雖欲自絶,
其何傷于日月乎!
多見其不知量也."

- 不自量부자량: '不自力'와 같다. 자신의 능력을 헤아리지 못하다. 자기 분수를 모르다. 주제파악을 못하다.

19-24 숙손무숙이 공자를 비방하자, 자공이 말하였다.

"이러지 마세요! 공자선생님은 비방할 수가 없는 분입니다.
다른 사람들의 현명하다는 것은 언덕 같은 것이어서,
그냥 넘어갈 수가 있지만;
선생님은 일월日月 같은 분이셔서 넘어갈 수가 없습니다.

사람들이 비록 그분을 없애버리려고 해도,
일월에 대하여 어떻게 상해를 가할 수 있겠습니까? 자기 분수를 모르고
있음을 드러낼 뿐이지요."

19-25 陳子禽謂子貢曰:
"子爲恭也; 仲尼豈賢與子乎?"

子貢曰:
"君子一言以爲知;
 一言以爲不知:
言, 不可不愼也.

夫子之不可及也,
猶天之不可階而升也.

夫子之得邦家者,
所謂立之斯立;
道之斯行;
綏之斯來;
動之斯和:

其生也榮;
其死也哀.
如之何其可及也!"

- 陳子禽진자금: 1편 학이 10장에 나오는 진항陳亢.
- 邦家방가: 제후의 國과 대부의 家.
- 綏수: 편안하게 하다. '安'의 뜻.

19-25 진자금陳子禽이 자공에게 말했다.

진자금: "당신이 겸손해서 그렇지, 설마 공자가 당신보다 현명하겠습니까?"

자공: "군자를 한마디 말로 '명지明智 지혜'로 표현하기도하고,
'불명지不明智'로 표현하기도 합니다.
그래서 말을 신중히 하지 않으면 안 되는 것입니다.

선생님은 우리가 따라갈 방법이 없습니다.
이는 마치 계단을 밟고 하늘로 올라갈 수 없는 거와 같습니다.

만일 선생님께서 제후나 대부가 되어 나라나 지방을 다스리게 된다면:
이른바 백성을 자립하도록 교화시켜서, 곧 그들이 자립하게 되고;
백성을 바른 길로 인도하여주어서, 곧 그들이 바른 길로 나가게 되고;
백성을 편안하게 해주어 곧 그들이 따르게 되며;
백성에게 동력을 불어넣어 곧 그들이 화평을 이루게 합니다.

선생님께서 살아계시는 때에는 영예榮譽가 충만하실 것이고;
돌아가시면 백성 모두가 애도哀悼할 터인데,
어찌 내가 선생님을 따라갈 수가 있겠습니까!"

제20편은 3개장에 불과하다. 많은 부분이 탈락되었을 것이다. 여기에 고대사 때 이야기들이 나온다. 공자는 《예기》〈예운〉편에서 중국 고대사를 대동 大同 사회와 소강 小康 사회로 나눠 보았다.

대동사회는 천하사물을 공용 公用 으로 쓰는 천하위공 天下爲公 의 사회, 국가와 계급이 없고 윤리도덕의 도리 道理 가 통하는 이상사회다. 이때는 전설로 전해오는 황제 黃帝 와 요 堯 그리고 순 舜 이 부락연맹체의 수령으로서 세상을 다스리던 시기다. 특히 요가 역사무대에 나타난 기원전 2333의 부락연맹체를 '당 唐 '이라 불렀다. 그런데 바로 그 때가 우리 단군왕검이 고 조선을 건국한 해라는 점이다. 아마 서거정이 1485년경 《동국통감》을 지으며 중국 고대사를 참고했을 것이다.

공자는 대동사회의 모습을 이렇게 설명하였다.
「어린이는 건강히 자랄 수 있고, 젊은이는 일할 수 있고, 노인은 편히 생을 마칠 수 있으며, 홀아비·과부·독신자·환자들을 사회에서 보살펴주었다. 남자는 직업이 있고, 여자는 적시에 시집을 갔다. 재물은 아껴 쓰고 자기 집에 두지 않았다. 기력 氣力 은 자기 몸에서 나오지 않은 것을 싫어했고, 자신만을 위해 쓰지 않았다. 서로 속이는 일이 없고 절도나 난적 亂賊 이 없었으니, 밖에 문이 있어도 닫을 필요가 없었다.」

기원전 2070년에 우 禹 가 하 夏 를 건국하고 군주로 등장하면서 대동시대를 마감한다. 천하가 한 권력자의 소유가 된 것이다. 그런 후 상 商 B.C.1600~B.C.1046 을 거쳐, 서주 西周 B.C.1046~B.C.770 시대로 진입한다. 이 시기 중에서 하의 우 禹, 상의 탕 湯, 서주의 문왕 文王 ·무왕 武王 ·성왕 成王 ·주공 周公 등 여섯 군자가 덕정 德政 을 펼치던 세상을 '소강 小康 '이라 한다.

제20편

요왈
(堯曰)

소강사회에선 백성이 어느 정도 휴식[小息]을 취하며, 편안한 생활[小安]을 할 수 있었다고 한다. 사람들은 자기 아버지와 자식을 더욱 사랑하고, 재물을 사유 私有 하고, 기력 氣力 은 자신을 위해 썼으며, 권력은 세습하였다. 대동사회보다 못하지만, 그런대로 백성이 집에서 따뜻한 밥 먹으며 자유롭게 살만한 세상이었다고 한다. ※《예기》〈예운〉.《시경》〈대아·民勞〉

하 왕조는 기원전 1600년 걸 桀 왕 때 상나라 탕 湯 왕에 의하여 멸망하고, 상 왕조는 기원전 1046년 주나라 무 武 왕에 의하여 망한다. 주 왕조는 서주 西周 기원전 1046~기원전 770 와 동주 東周 로, 동주는 다시 춘추시대 기원전 770~기원전 475 와 전국시대 기원전 475~기원전 221 로 구분하다. 전국시대는 기원전 221년 진시황의 천하통일로 막을 내린다.

20-1 ①　堯曰:

"咨! 爾舜! 天之曆數在爾躬.

允執其中. 四海困窮, 天祿永終."

20-1 ②　舜, 亦以命禹.

20-1 ③　曰:

『予小子履, 敢用玄牡, 敢昭告于皇皇后帝:

有罪不敢赦; 帝臣不蔽.

簡在帝心.

朕躬有罪, 无以万方;

万方有罪, 罪在朕躬.』

- 咨자: 감탄사
- 曆數역수: 천수天數. 운수運數.
- 允執其中윤집기중: '允'은 성신誠信.「진실로 그 중도中道 • 중용中庸을 지키라.」
- 履리: 상나라 개국군주 탕왕湯王의 이름.
- 皇皇황황: 위대하신
- 后帝후제: 하나님. 천제天帝.
- 簡간: 고찰하다. 살피다. 감찰鑑察.

20-1 ① 〖당唐〗의 요堯왕이 말하기를: "아아! 그대 〖우虞〗순舜이어!
하늘의 운수運數가 그대 몸에 와 있으니,
성실하게 중도中道를 지켜야한다. 만일 천하가 모두 곤궁해지면,
하늘이 준 녹위祿位는 영원히 끝날 것이다."

20-1 ② 순왕도 〖하夏〗우禹에게 왕위를 물려주면서 같은 훈계를 하셨다.

20-1 ③ 〖상商〗 탕왕이 말씀하시기를:
〈하夏나라 걸桀왕을 치고, 하나님께 제사를 올리는 기도문〉

『소자 리履 탕 이름가, 감히 현모玄牡 검은 황소를 제물로 올리며,
위대하신 하나님께 분명히 아뢰는 바입니다:
죄 있는 자에 대하여 감히 사면하지 않았습니다.
하나님 신복도 죄를 덮어두지 않았사오니,
하나님 뜻에 따라 더욱 살펴주시옵소서.
제가 지은 죄에 대하여,
4방의 제후들에게 그 책임을 묻지 말아주시옵소서.
4방 제후들이 지은 죄는, 그 책임이 저에게 있습니다.』

20-1 ④　周有大賚; 善人是富.
　　　『雖有周親, 不如仁人.
　　　百姓有過, 在予一人!』

　　　謹權量; 審法度; 修廢官: 四方之政行焉.
　　　興滅國; 繼絕世; 擧逸民: 天下之民歸心焉.

　　　所重: 民食; 喪祭.

　　　"寬則得衆;
　　　信則民任焉;
　　　敏則有功;
　　　公則說."』

- *賚*뢰: 하사하다. '賜賜'의 뜻.
- *權量*권량: 도량형度量衡.
- *法度*법도: 예악禮樂의 제도.
- *說*열: 기쁘다. '悅열'과 같다.

20-1 ④ 주周나라는 하나님의 은사恩賜를 받아, 선인善人들이 부유해졌다.

〔무왕武王은〕 말하기를:

"설령 친근한 친척이 있어도, 인덕仁德이 있는 사람만은 못한 것이요.
만일 백성에게 어떤 과오가 있다면,
그 책임은 전적으로 나 한 사람에게 있는 것입니다."

신중하게 도량형도량형度量衡을 확정하고, 과거에 제정된 법도法度 제도를
정리하였으며, 폐기된 관직을 회복하여,
천하의 정사政事가 정상적으로 시행되었다.
멸망한 나라를 부흥시켜주고, 단절된 가계家系를 이어주고,
숨어 지낸 현인을 등용하니, 천하의 민중들이 모이기 시작하였다.

소중하게 여긴 것은 민중民衆 • 양식糧食 • 상례喪禮 • 제사祭祀이었다.

"관용을 베풀면[寬容], 민중의 지지를 얻고,
성신으로 대하면[誠信], 민중의 신임을 얻게 되며;
민첩하게 대응하면[敏捷], 공적이 쌓이고,
공정하게 처리하면[公正], 민중이 기뻐하는 것이다."

20-2　子張問于孔子曰:"何如, 斯可以從政矣?"
　　子曰:"尊五美; 屛四惡: 斯可以從政矣."

　　子張曰:"何謂五美?"
　　曰:"君子
　　惠而不費;
　　勞而不怨;
　　欲而不貪;
　　泰而不驕;
　　威而不猛."

• 屛병: 제거하다. 물리치다.

20-2 자장이 공자에게 물었다.

자장: "어떻게 정사政事를 관리하십니까?"

공자: "오미 五美 를 존중하고, 사악 四惡 을 제거하면,
정사를 관리할 수 있다."

자장: "오미란 무엇입니까?"
공자: "오미란 군자가 갖추어야할 다섯 가지 미덕美德으로:
1. 백성에게 은혜를 베풀되, 자신은 낭비하지 않는 것이고;
2. 백성을 부리되, 원망을 사지 않는 것이고;
3. 백성이 바라는 바를 해주되, 자신은 탐욕을 부리지 않는 것이고;
4. 백성에게 온화하게 대해주되, 자신은 교만하지 않는 것이고;
5. 백성에게 위엄은 있되, 사납지 않아야 한다는 것이다."

子張曰:"何謂惠而不費?"

子曰:
"因民之所利而利之: 斯不亦惠而不費乎!
擇可勞而勞之: 又誰怨!
欲仁得仁: 又焉貪!
君子无衆寡・无小大・无敢慢: 斯不亦泰而不驕乎!
君子正其衣冠・尊其瞻視・儼然, 人望而畏之: 斯不亦威而不猛乎!"

자장: "'은혜를 베풀되, 자신은 낭비하지 않는다[惠而不費].'는 무슨 뜻입니까?"

공자:
" 1. 백성이 이득을 보는 방향으로 그들을 인도해주어,
그들이 이득을 보도록 해준다면, 이것이 바로 그들에게 은혜를 베풀고,
자기는 어떠한 낭비도 없는 것이 아니겠느냐!
2. 적합한 때에 맞추어 백성이 노동을 하게 하면, 누가 원망을 하겠느냐!
3. 자기가 인덕仁德을 갖추기를 원해서, 인덕을 갖추게 되는데,
무엇을 더 탐하겠느냐!
4. 군자가 일을 처리하는데, 사람이 많든 적든, 일이 중대하든 경미하든,
항상 태만하지 않는다면, 이것이 곧 백성의 생활에 안정감을 심어주고
자신은 교만하지 않는 것이 되지 않겠느냐!
5. 군자가 의관을 바르게 갖추고, 눈빛을 엄숙히 하여, 사람들이 우러러
본다면, 이것이 위엄은 있되, 사납지 않은 태도가 아니겠느냐! "

子張曰: "何謂四惡?"

子曰:
"不教而殺謂之虐;
不戒視成謂之暴;
慢令致期謂之賊;
猶之與人也, 出納之吝, 謂之有司."

20-3 孔子曰:
"不知命, 无以爲君子;
不知禮, 无以立也;
不知言, 无以知人也."

- 猶之유지: 고르게. '均之균지'.
- 出納之吝출납지린: 주는 것은 아끼고, 받는 것은 많이 받는 것.
- 有司유사: 쫌생이. 짠돌이. 소기小氣.

자장: "사악四惡이란 무엇입니까?"

공자: "네 가지 악행惡行은:
1. 먼저 교육을 행하지 않고, 살육하는 것이고[虐];
2. 먼저 분명하게 설명하지 않고, 일의 성과만을 따지는 것이고[暴];
3. 처음에 완만하게 일을 시키다가,
    갑자기 빨리 완성하라고 재촉하는 것이며[賊];
4. 재물을 고르게 나눠 주어야하는데,
    출납을 인색하게 하는 것이다[有司]."

20-3 공자:
"천명天命을 알지 못하면, 군자가 될 수 없고;
예절禮節을 알지 못하면, 사회에서 자립自立 할 수 없으며;
어떤 사람의 말을 알아듣지 못하면, 그 사람과 친구가 될 수 없다."

부록

I. 공자의 일생
    1. 공자의 생애와 사상
    2. 공자의 제자들
    3. 예악

II. 《논어》라는 책

III. 《논어》의 시대배경
    1. 홍산문화와 요하문명
    2. 배달·단군조선 그리고 상나라 건국
    3. 서주의 봉건제와 춘추시대
    4. 제(齊)나라와 노(魯)나라
    5. 춘추말 열국도
    6. 공자학원 전성시대

IV. 주요 용어

산동성 곡부曲阜 대성전大成殿

Ⅰ. 공자의 일생

명明나라 때 작품
산동박물관 소장

　공자B.C.551~B.C.479의 이름은 구丘, 자는 중니仲尼이다. 춘추 말기의 사상가, 정치가, 교육가로서 유가학파의 창시자이다. 조상은 상商나라 왕실의 동이족 후예로서 송宋나라에 살다가 노魯나라로 옮겼다. 공자는 노나라 곡부曲阜부근의 니산尼山의 언덕丘에서 태어났다. 이름과 자는 이 지명에서 따온 것이다. 3살 때 아버지를 여의고 10살 때 어머니를 여의는 등 집안이 몰락하고 빈곤하게 살았다. 그러나 그는 스스로 힘써 몸과 마음을 가다듬고 학문에 뜻을 두어 30세에 학문의 기반을 확립하고 34세 때 낙양洛陽으로 노담老聃 노자을 찾아가 주周나라 예악禮樂을 배웠다. 50세에는 노나라에서 사구司寇라는 벼슬을 하였다. 그 후 공자는 늙고 쇠약해진 몸으로 여러 나라를 돌아다니며 백성을 어질게 덕德으로 다스리라고 주장하였다. 만년에는 제자를 가르치며 여러 경전을 정리하고 기술하여 문화 전승에 크게 기여하였다.

1. 공자의 생애와 사상

1. 젊은 시절 노나라에서 551-519BCE:
출생부터 33세까지, 공자는 노魯나라에서 살았다

1세 551BCE	노魯나라 추읍鄒邑 창평향昌平鄕 지금의 산동성 곡부시 동남쪽 니산尼山 부근에서 태어났다. 이름은 구丘, 자字는 중니仲尼이다.
3세 549BCE	아버지 숙량흘叔梁紇이 사망하자 어머니 안징재顔徵在와 곡부曲阜 궐리闕里로 거처를 옮겼다.
15세 537BCE	"나는 15세에 학문에 뜻을 두었다 吾十有五而志于學"
17세 535BCE	어머니 안씨가 돌아가시자 양친을 방산防山에 합장하였다.
19세 533BCE	송宋나라의 기관丌官씨와 결혼하였다.
20세 532BCE	아들 공리孔鯉가 태어났다. 자는 백어伯魚이다.
21세 531BCE	노나라의 위리委吏 창고관장, 승전乘田이 되어 양식과 소 등 희생에 쓰는 가축을 관리하였다.
27세 525BCE	노나라에 조회하러온 담郯 나라 제후 담자郯子에게서 고대의 관직 제도에 대해 배웠다.
30세 522BCE	"나는 30세에 자립하였다. 三十而立" 예禮를 아는 사람으로서 이름이 나기 시작하였다 제齊나라 경공景公과 안영晏嬰이 노나라에 와서 공자에게 "예"에 대해 물었다.

2. 짧은 기간 노나라를 떠나다. 518~517BCE:
34-35세, 2년동안 주나라에 가서 예禮를 배우고, 제齊나라에 가서 선비를 구하였다.

34세 518BCE	주周나라에 가서 노자老子에게 예禮에 대해 물었다.
35세 517BCE	삼환三桓씨 계손季孫, 숙손叔孫, 맹손孟孫의 반란으로 군주인 소공昭公과 함께 제나라로 망명하였다. 제나라에서 소韶를 처음 듣고 3개월간 고기 맛을 알지 못할 정도로 깊은 감명을 받았다.

3. 노나라에 돌아와 학문을 연구하다. 516-502BCE:
36-50세, 노나라로 돌아와 관직에서 물러나 시詩, 서書, 예禮, 악樂을 닦았다.

37세 515BCE	공자가 제나라에서 노나라로 돌아왔다.
40세 512BCE	"나이 40세에는 의혹됨이 없다. 四十而不惑"
47세 505BCE	노나라의 권세가인 계씨季氏집안의 신하로서 전권을 쥐고 있던 양호陽虎가 공자를 만나려 했으나 피하고 만나지 않았다.

4. 짧은 기간 동안 벼슬에 나가다. 501-498BCE:
51-54세, 4년 동안 출사出仕하였다.

51세 501BCE	노나라의 군주 정공에게 등용되어 중도재中都宰지방관가 되었다.
52세 500BCE	노나라의 사공司空건설부 장관이 되었으며, 이어서 대사구大司寇사법 장관가 되었다.
54세 498BCE	공자가 타삼도墮三都 정책을 펼쳐 2개의 성을 점령하였으며, 1개의 성은 남겨둔 채 철수하였다. 공산불요가 노나라 정공定公 을 치기 위해 곡부로 쳐들어 왔으나 공자가 막아 내었다.

5. 세상을 주유周遊하다. 497-484BCE:
55-68세, 14년 동안 여러 나라를 두루 돌아 다니다.

55세 497BCE	제나라가 미녀 80명과 말 120필을 노나라로 보내 정사에 혼란을 주자, 공자는 벼슬을 사직하고 제자들과 함께 위衛나라로 떠났다.
56세 496BCE	위나라를 떠나 진晉나라로 가던 중 광匡 현재 하남성 장원현에서 억류되었다가 가까스로 풀려나 다시 위나라로 갔다.
57세 495BCE	위나라 영공靈公을 만나 위나라에서 3년간 벼슬하였다. 영공靈公의 부인 남자南子를 만났다.
59세 493BCE	위나라 영공이 죽고, 공자는 위나라를 떠났다.
60세 492BCE	"60세에는 순화시켜 받아들일 수 있다.六十而耳順" 조曹, 송宋, 정鄭을 거쳐 진陳나라에 이르렀다. 송나라를 지날 대 사마환司馬桓이 공자를 죽이려 하였다.
63세 489BCE	진陳나라에서 채蔡나라로 가던 중 양식이 떨어졌다. 초楚나라 섭공葉公을 만난 뒤 다시 위나라로 갔다.
64세 488BCE	자로子路가 위군衛君이 정치를 맡긴다면 무엇을 먼저 하시겠냐고 물으니 정명正名이라고 답하였다. 67세까지 위나라에 머물렀다.

6. 만년에 노나라에 머물다. 484-479BCE:
68-73세, 노나라에서 살았다.

68세 484BCE	유랑 14년 만에 노나라에 돌아왔다. 벼슬을 하지 않고 시詩, 서書, 예禮, 악樂, 주역周易 등을 정리하며 교육에 힘썼다.
69세 483BCE	외아들 공리孔鯉가 죽었다.
70세 482BCE	"70세에는 마음이 하고 싶은 대로 해도 도리에 어긋남이 없다.從心所欲 不踰矩
71세 481BCE	노나라 역사서『춘추春秋』를 개편하였다. 제자 안연顔淵이 죽자 크게 상심하였다.
72세 480BCE	제자 자로가 위나라의 정변에 관련되어 죽임을 당하자 크게 슬퍼하였다.
73세 479BCE	생을 마쳤다. 노나라 애공哀公이 제문祭文네 공자를 '니보尼父'라고 존칭하였다.

공자는 춘추시대 주나라의 지배질서 몰락 원인을 도덕적 타락이라고 보았다. 사회구성원들이 자기가 맡은 바 역할에 충실하지 않고, 자기 것을 뛰어넘어 탐욕 하니 사회혼란이 생긴다는 것인데, 이를 반상反上이라고 한다. 이에 공자는 하·상·주 3대를 정치적 이상세계로 삼는 복고적 경향을 띠었다. 공자는 사회구성원 각자가 자기의 사회적 신분과 지위에 따라 맡은 바 직분을 충실히 할 것을 강조하였는데, 이것이 정명正名이다. "군주는 군주답고, 신하는 신하답고, 어버이는 어버이답고, 아들은 아들다워야 한다〈君君, 臣臣, 父父, 子子〉."는 것이다.

공자는 인仁과 예禮를 통하여 올바른 도덕적 질서를 확립하고 바람직한 인간상을 확립함으로써 모든 사람이 더불어 잘 사는 사회를 만들 수 있다고 보았다. 仁은 인간의 내면적 도덕성으로서, 흐트러진 도덕성을 회복할 수 있는 근본 방도라고 여겼으며, 이를 실천하기위해 효제충신孝悌忠信을 제시하였다. 禮는 여러 사람들이 질서를 유지하는데 필요한 외적인 사회규범으로서, 흐트러진 사회질서를 바로 세우는 본보기라고 여겼으며, 이를 사회규범인 윤리·도덕을 정치의 최고원리로 확대하여 마침내 정치와 윤리·도덕의 구별을 없애고 조화로운 도덕정치를 이룩하는 것이었다.

2. 공자의 제자들

공자는 중국역사에서 최초로 사학私學을 일으켜 많은 제자를 육성하였다. 공자의 제자는 3천명이 넘었으며 이 가운데 72명의 현인賢人이 있었다. 특히 안회顔回를 포함 10명의 제자가 유명하여 '공문십철孔門十哲'이라고 부른다.

제자들은 몰락한 귀족부터 농민, 상인 등 출신이 매우 다양하였다. 이들의 목표는 교육을 통해 지식을 습득하여 관료가 되는 것이었다. 그러나 공자는 세속적인 목표보다는 교양과 인격을 갖춘 군자君子가 될 것을 주문하였다. 공자는 고전 가운데 정수를 뽑아 제자들을 가르쳤다. 그 교육과정은 시詩 • 서書 • 예禮 • 악樂 등으로 구성되었다.

공자가 기원전 479년에 73세로 세상을 떠난 뒤, 제자들은 2개학파로 갈라졌다. 증자曾子를 중심으로 한 제로학파齊魯學派 와 자하子夏 를 비롯한 삼진학파三晋學派 이다. 제로학파는 정치와 사회현실을 멀리하면서 개인의 도덕과 수양에 주력하며 효孝 를 근본적 가치로 설정하였다. 반면 삼진학파는 예禮를 중시하면서 현실정치에 관심을 두었고 사회질서와 제도개선에 주력하였다.

공문10철(孔門十哲)

1. 안회 顔回 521-481BCE
노魯나라 사람. 자字는 자연子淵이다. 안연顔淵으로도 불린다. 학문과 덕이 높아서 공자가 가장 신임한 제자이다. 공자는 그가 가난한 중에도 학문을 좋아하고 도道를 즐긴다면 칭찬하였다. 젊은 나이에 죽었으므로 공자가 매우 애달파하였다.

2. 민손 閔損 536-487BCE
노魯나라 사람. 자字는 자건子騫이다. 어려서 계모繼母의 모진 학대를 받았지만, 극진히 효도하여 부모를 감동시켰다고 한다. 계모와 배다른 동생들을 잘 보살펴 공자로 부터 "효자로다. 민자건이여!"라는 찬사를 들었다.

3. 염경 冉耕 544추정-? BCE
노魯나라 사람. 자字는 백우伯牛이다. 염백우冉伯牛 또는 염자冉子로도 불린다. 염경이 몹쓸 병에 걸리자 공자가 창문너머로 백우의 손을 잡고 "어찌할 길이 없구나. 이게 바로 운명인가 보다! 아, 이 사람에게 이런 병이 찾아오다니, 이 사람에게 이런 병이 찾아오다니!"라고 말하였다.

4. 염옹 冉雍 522-? BCE
노魯나라 사람. 자字는 중궁仲弓이다. 덕망이 높았고 어질었지만 말재주는 없었다. 공자는 염옹에 대해 "중궁은 남쪽을 보는 자리南面, 곧 책임자 일을 맡을 만하다"고 칭송하였다. 공자의 지원을 받아 관직에 진출하였다.

5. 재여 宰予 521-481BCE
노魯나라 사람. 자字는 자아子我이다. 언변에 능하여 변론술이 뛰어난 것으로 유명하다. 일찍이 제齊나라에서 벼슬하여 제나라의 임치대부臨淄大夫가 외었다. 공자가 3년 상을 지내도록 한 것에 대해 이의를 제기해 공자로 부터 불인不仁하다는 힐난을 들었다.

6. 단목사 端木賜 520-456BCE

위衛나라 사람. 자字는 자공子貢이다. 성인을 알아볼 정도로 지혜롭고 한번만 들어도 그 말뜻을 알았다고 한다. 언변이 출중하고 외교에 탁월하였다. 공자는 단목사를 호련제사에 쓰는 귀한 그릇이라 칭찬하였는데, 많은 재산을 모아 공문孔門번영에 큰 도움을 주었다고 한다. 공자가 죽자 3년 상을 치룬 뒤 다시 무덤 위에다 움막을 짓고 3년을 더 지냈다.

7. 염구 冉求 522-? BCE

노魯나라 사람. 자字는 자유子有이다. 유능한 행정가이자 장군이였으며, 학술도 뛰어 났다. 공자의 추천으로 계씨가의 가신이 되었는데, 공자가 반대하는 중과세 정책을 실행하여 공자의 미움을 받았다.
염구는 오랫동안 권력을 누렸다.

8. 중유 仲由 521-481BCE

노魯나라 사람. 자字는 자로子路 또는 계로季路이다. 성격은 거칠었으나 꾸밈없고 소박한 인품으로 용기가 있어 배운 바를 실천에 옮기는 인물이었다. 공자의 훈계로 입문하였으며, 헌신적으로 공자를 섬겼다. 위나라에서 벼슬을 했는데, 내란이 일어났을 때 스스로 죽는 길을 택하였다. 내란 소식을 들었을 때 공자는 그의 죽음을 예언했다고 한다.

9. 언언 言偃 506-? BCE

오吳나라 사람. 자字는 자유子游이다. 문학에 능하였고 노나라에 속한 무성武城의 재상이 되어 예악禮樂으로 정치를 펼쳤다. 언언의 임지를 방문한 공자는 "닭 잡는데 어찌 소 잡는 칼을 쓰는가?"라며 그의 재주가 적게 쓰임을 안타까워 했다.

10. 복상 卜商 507-? BCE

진晉나라 사람. 자字는 자하子夏이다. 가난하지만 재물에 관심을 두지 않아 만년에 강학을 열어 배우는 사람이 삼백여 명에 이르렀으나 매우 청빈하게 생활했다고 한다. 공자는 자하가 시를 해석하는 것을 듣고 "나를 깨워 주는 사람은 상이로 구나! 비로서 함께 시를 말할 만하다"고 하였다.

3. 예악(禮樂)

　중국 고대사회에서 예禮와 악樂의 기능을 분리해서 말하기란 어렵다. 禮는 제례, 연회 등의 정치행사는 물론 백성들의 인성교육과 관련하여 풍속을 바꾸는 중요한 기능을 하였으며, 음악의 본질을 공자는 仁이라고 이해하였다.

　《논어》〈팔일〉에 공자께서 "사람이 불인不仁하면 禮를 어찌 하겠으며, 사람이 불인하면 음악을 어찌 하겠는가"라고 말씀한 구절이 있다. 공자의 제자인 자공은 "그 사람의 禮를 보면 그 사람의 정치를 알 수 있고, 그 사람의 음악을 들으면 그 사람의 德을 알 수 있다"고 하였다. 음악 속에 덕성이 있다고 본 것이다.

중국의 고대악기를 대표하는 8악기는 재료를 기준으로 구분한 것이다. 흙을 구워만든 훈壎, 포와 나무로 만든 생笙, 가죽으로 만든 고鼓 북, 대나무로 만든 관管, 줄로 만든 현絃, 돌로 만든 경磬, 쇠로 만든 종鍾, 나무로 만든 축柷 등이다.

| 훈壎 | 생笙 | 관管 | 현絃 |
| 경磬 | 종鐘 | 북鼓 | 축柷 |

상商 나라 호문석경虎紋石磬: 1950. 하남성 안양시安陽市 은허殷墟 출토. 길이 84cm

Ⅱ. 《논어》라는 책

《논어》는 특정인이 의식적으로 저술한 책이 아니라, 인간사회에서 살아가면서 지켜야 할 윤리에 관하여, 공자와 제자 그리고 현자들이 한 명언들을, 모아서 정리해놓은 책이다. 이런 모음집에 '공자'라는 이름이 가장 많이 등장하기 때문에,《논어》를 '공자의 말씀 집集'으로 여기는 것이다.〈'論語'의 '論'은 '倫륜'으로 윤리倫理이고, '語'는 '話화'로 언어言語이다.〉

누가 그런 명언들을 모아 정리하였을까?

한漢나라 이전의 책 목록을 수록한 반고班固 32~92의《한서》〈예문지〉에; 노나라 사람에 의해서 전수傳授되었다는 20편의《노魯 논어》, 제나라 사람에 의해서 전수되었다는 22편의《제齊 논어》그리고 공자가 살았던 집을 수리하다가 벽 속에서 나왔다는 21편의《고古 논어》가 있었다고 기록되어 있다. 이들 3종의 책 모두 지금은 전하지 않는다. 그리고 후한後漢 때 정현鄭玄 127~200이 3종의 책을 종합하여 편찬했다는《논어주論語注》는 일부 단편斷片만이 전해온다.

위魏나라 하안何晏 ?~249이 모은《논어집해論語集解》는《노 논어》를 중심으로 여러 가지 자료를 모아 집대성한 것이다. 이 책은《논어》의 전문을 해석한 가장 오래된 주석서로써, 양나라 때 황간皇侃 488~545이 쓴《논어의소論語義疏》를 통하여 세상에 널리 유행하였다.

그리고 남송南宋 때 주희朱熹 1130~1200가;《논어집해》를 참고하여《논어집주論語集注》를 편찬하였다. 주희는〈논어서설論語序說〉에서 "《논어》는 유자와 증자의 문인들에 의하여 이루어진 것이다."라고 하였다.《논어집주》가 나와 온 세상을 휩쓸게 되자, 다른 책들은 자취를 감추었다.《논어집해》와《논어집주》가 현존하는《논어》의 모태가 된 셈이다.

원대 이후에는《논어》가 과거科擧시험의 필수과목으로 채택됨에 따라, 유가의 경전 중에서도《논어》는, 관리가 되고자 공부하는 학생들의 필독서로 등장하였다. 지금 중국의 지식인들 중에는,《논어》와《대학》을 읽어보지 않은 사람은 드물 것이다.

인천 계양구 계양산성 출토 '논어' 목간 각 1면

중국 하북성 정주 팔각랑촌 40호묘 출토 '논어' 죽간

일본 도쿠시마현 관음사 출토 '논어' 습서목간

Ⅲ.《논어》의 시대배경

1. 홍산 문화와 요하문명

홍산紅山은 중국 내몽골자치구 적봉시赤峰市 동북방에 있는 산으로, 붉은 빛을 띠는 암석산이다. 이 산 주변에서 신석기유적과 유물이 많이 발굴되었기 때문에, 이들 문화를, 1954년에 홍산문화紅山文化: B.C.4500~B.C.3000로 명명한 것이다. 홍산문화의 주역은 알타이어를 사용하는 동이족東夷族이다.

홍산문화의 주요 유지遺址는 서랍목륜하西拉沐淪河, 노합하老哈河, 대릉하大凌河의 유역에 있는 적봉赤峰, 능원凌源, 건평建坪, 객좌喀左 등 실크로드선상의 동부지역 교통요지에 널리 분포되어 있다.

〈홍산을 배경으로 2008.11.8. 해뜰무렵 일승〉

홍산문화 유지에서 옥으로 만든 제품이 대량으로 출토되었다. 여기에서 BC3500~3000년경의 청동 도범陶范과 동질기물銅質器物도 나왔다. 이는 당시에 인류사회의 생산력이 혁명적으로 변화했으며, 아울러 요하서부유역이 동석병용銅石竝用시대로 진입했음을 나타낸다. 능원과 건평 사이의 우하량牛河梁유지에서는 대규모의 원형제단[天壇], 여신묘[女廟], 적석총[王陵]이라는 단묘총壇廟冢이 삼위일체로 발굴되었다. 이는 국가단계의 초기문명사회로 진입했음을 뜻한다. 이를 '요하문명遼河文明'이라 부른다. 요하문명은, 한족의 전신인 화하족華夏族 문화로 알려진 황하문명보다 오래되었다.

홍산문화 묘지의 특징은 석재로 축성한 적석총이다. 우하량 유지에서 대량의 적석총이 발견되었다. 특히 제13지점의 적석총을 '금자탑金字塔'이라고 부른다. 금자탑의 맨 아래 기단은 한 변이 60m인 초대형 4각형태다. 우하량 일대의 적석총, 압록강 변 집안集安지역의 고구려 적석총 그리고 서울 한강 변 석촌동의 백제 적석총은 그 형태가 매우 비슷하다. 홍산문화를 일으킨 동이족의 이동경로를 보여준다.

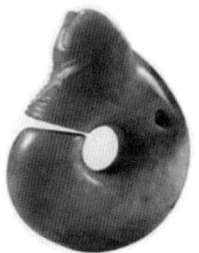

소옥룡小玉龍 : 옥저룡玉猪龍
○시기: B.C.3500년~B.C.3000년
○출토: 1984년. 내몽고 우하량 제2지점 4호묘
○높이: 10.3cm

대옥룡大玉龍: C형 옥조룡 玉雕龍
○시기: B.C.3000 년.
○출토: 1971년. 내몽고 삼성타랍촌三星他拉村
○높이:26.3cm. *묵록색墨綠色

부록 ● 473

2. 배달·단군조선 그리고 상商나라 건국

화석을 연구한 내용에 의하면, B.C.5500년경부터 B.C.3000 사이의 신석기시대의 기후가 가장 따뜻했다고 한다. 그 후부터 계속 온도가 내려가서 단군조선이 건국되기 전, 홍산문화 유지 일대의 기후는 춥고 건조해졌다. 그래서 그곳에 살던 동이족들이 농사짓기에 좋은 땅을 찾아 이동한다. 한 무리는 남쪽과 동쪽으로 이동하여 기자箕子조선으로 알려진 고죽국孤竹國과 단군조선을 건국하고, 다른 무리는 서쪽 황하유역으로 진출하여 상商왕조를 건국한다.

각종 문헌에 따르면, 중국의 왕조역사는 하夏나라로부터 시작한다. 그러나 지금까지 고고학적 발굴조사에 따라 실체를 확인한 것은 상나라다. 상은 황하 하류에서 거주하던 동이부족의 군주 탕湯왕이 B.C.1600에 하夏나라의 걸桀왕을 멸망시키고, 박亳.商丘이라는 지방에 세운 나라이다.

상은 여러 차례 도읍지를 옮겼는데, 마지막 도읍지가 '은殷'이라는 지방이다. 그래서 상을 '은나라'라고 부르기도 한다. 상은 건국한 B.C.1600년으로부터 주周 무왕武王에 의해 멸망한 B.C.1046년까지 500여 년간 존속한 강성대국이었다.

상나라는 신에게 제사지내는 제례祭禮를 매우 중요하게 여겼다. 제례에는 다양한 예기禮器가 사용되었는데, 주로 청동기로 만든 고觚, 작爵 등 주기酒器들이다.

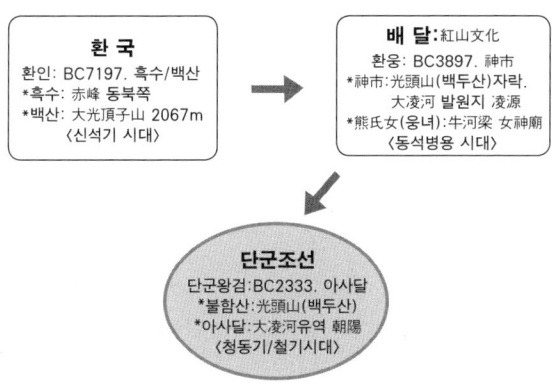

[환국 · 배달 · 단군조선]

1.《환단고기》에 나오는 시대구분:

    환국: BC7197   신석기 시대

    배달: BC3897   동석병용 시대: 홍산문화

    단군(고)조선: BC2333   청동기/철기 시대

2. 중앙아시아에서 이동해온 동이족은 BC3897년에 노합하老哈河 상류유역 적봉赤峰 일대에 부락연맹체 배달을 건립하고 찬란한 홍산紅山문화 유적과 유물을 남겼다. 배달의 수령 치우蚩尤는 청동병기로 무장하고, 한족의 수령 염제炎帝와 황제黃帝가 이끄는 부락연맹체와 탁록涿鹿에서 일전을 벌일 정도로 강성했다. 동이족과 한족 간에 벌어진 최초의 싸움이었다.

3. 단군왕검은 BC2333년 대릉하大凌河 유역에 단군조선을 건국하였다. 그 후 일부세력은 서쪽 황하유역에 진출하여 하夏나라를 멸하고 BC1600년에 상商나라를 건국한다. 다른 동이족 무리는 요하遼河를 건너 동쪽으로 이동하여 부여를 건국한다.

※ 참고: 이종호 · 이형석,《고조선 신화에서 역사로》

사모무대방정 司母戊大方鼎
1939.3. 하남성 안양은허 安陽殷墟 출토 ,商나라 청동문화의 대표작.
크기: 112cm×79.2cm×133cm H . 두께 6cm. 무게 832.84kg 중국국가박물관 소장

소의 어깨뼈에 새겨진 갑골문

아추월亞醜鉞: 상나라 청동도끼
1965년 산동성 소부둔蘇埠屯유지 출토. 크기: 32.7cm x 34.5cm.
앞면 양쪽에 '亞'의 윤곽 안에 '醜'자가 새겨있다. 亞醜는 부족이름. 산동박물관 소장.

[고구려 귀면무늬 와당: 아추월 문양과 닮았다]
좌측사진: 압록강 변 집안시集安市 황성黃城. 국내성 서벽 배수로 출토. 지름 15.8cm. 길림성 집안集安박물관 소장.
우측사진: 지름 15.2cm. 우리나라 국립중앙박물관 소장.

상나라는 갑골문甲骨文이라는 문자를 발명하였다. 갑골문은 중국 최초의 문자로써 한자의 조상이다. 갑골문은 1899년부터 은허殷墟에서 출토된 소의 어깨뼈와 거북의 껍질에 새겨진 글자이다. 글자 수가 모두 4500자 정도인데, 그 중 1700자를 판독하였다.

부록 ● 477

3. 서주의 봉건제와 춘추시대

주나라는 원래 상나라 속국이었다. 주 무왕은 B.C.1046년에 상나라 주^紂왕을 무너뜨리고, 호^鎬, 西安^{부근}라는 지방에 주나라를 건국하였다. 이곳을 호경^{鎬京}이라 부른다. 주나라는 수도에서 가까운 지방은 자식들에게, 먼 지방은 친척이나 그 지방 호족에게 봉지^{封地}를 주어 제후국을 세워 다스리게 하였다. 주나라는 70여개의 제후국을 두었는데, 산동지방에 2개의 큰 제후국이 있었다. 태산과 몽산을 경계로 북쪽의 제^齊나라와 남쪽의 노^魯나라다. 이 노나라가 공자가 태어나고 활동한 나라다.

주나라는 B.C.771년, 평왕^{平王} 때 낙읍^{洛邑 낙양}으로 천도하였다. 천도하기 전의 호경시대를 서주^{西周}라 하고, 천도한 후의 낙읍시대를 동주^{東周}라고 부른다. B.C.770년부터 철기시대로 진입한다. 이때부터 무기와 농기구 혁명이 일어나고 농업생산력이 비약적으로 발전하면서, 주나라 종법 질서의 붕괴로 이어진다. 주나라의 왕실의 힘이 차츰 약해지고, 여러 제후들의 힘이 강해짐에 따라 서로 전쟁을 벌였다. 공자가 《논어》 제16편 계씨^{季氏}에서 말한 '무도^{无道}'의 혼란시기였다.

동주는 다시 두 시기로 나뉘는데, B.C.770부터 B.C.476년까지를 춘추시대, 그 이후 B.C.475년부터 B.C.221년까지를 전국시대라고 부른다. '춘추'란 공자가 직접 자료를 정리하여 편성^{編成}한 노나라의 역사서 〈춘추^{春秋}〉에서 따온 이름이다.

4. 제齊나라와 노魯나라

산동성 북부 치박淄博지방에 위치한 제후국 제나라는 환공桓公 B.C.685~B.C.643이 즉위하여 관중管仲을 재상으로 임명하고 내정을 개혁하고 동주東周 왕실을 지켜주었다.

산동성 남부 곡부曲阜지방에 위치한 제후국 노나라는 서주西周 무왕이 주공周公 단旦 무왕의 동생의 아들 백금伯禽에게 봉지封地를 주어 세운 나라로, 종주국 주나라의 예법을 비교적 잘 보존하였다. 지방 호족인 계손季孫, 맹손孟孫과 숙손叔孫의 3가家가 권력을 독점하고 횡포가 심하여 애공哀公이 월나라의 도움을 받아 계손을 추방하려다가 실패해 월나라로 망명하기도 하였다. 노나라는 공자의 출생지이고 관료생활을 하였으며, 제자들을 가르친 곳이다.

노국고성魯國故城은 곡부曲阜의 수수하洙水河를 따라 축조하였으며, 성벽 바깥에는 수수하의 물길을 끌어와 인공해자를 만들었다. 성안 북부와 서부에는 청동기와 토기를 제작하는 작업공방이 있었고, 중앙부와 중남부에는 대형건물지가 분포하고 있었음이 확인되었다. 공묘孔廟는 B.C. 479년 애공 때 공자가 세상을 떠난 직후 공자의 고택故宅을 개조하여 사당으로 지었으며, 그 후 대규모로 확장하였다. 안쪽 공묘에 대성전大成殿이 있고, 북쪽에 안회顔回의 사당인 안묘顔廟가 있다.

'노희'명 세발솥 魯姬鼎

5. 춘추말 열국도

춘추시대(BC770~BC476) 말 열국도

6. 공자학원 전성시대

　공자학원孔子學院 Confucius Institute은 중국 교육부가 세계 각 나라에 있는 대학교들과 교류해, 중국의 언어와 문화에 대한 이해를 넓히고 체계적이고 전문적인 중국어 교육를 위해 세운 교육기관이다. 현재 세계에 525개소가 설치돼 있으며, 해외 공자학원 1호는 2004년 11월 우리나라 서울 역삼동에 설립된 '공자아카데미'이다. 그야말로 공자학원 전성시대를 맞고 있다.

Ⅳ. 주요 용어

1-1　學而時習之, 不亦說乎. 有朋自遠方來, 不亦樂乎.

1-3　巧言令色, 鮮矣仁.

1-4　吾曰三省: •爲人謀而不忠乎 •與朋友交而不信乎 •傳不習乎.

1-5　道: 敬事而信. 節用而愛人. 使民以時

1-6　行有餘力, 則以学文.

1-7　賢賢, 易色. 與朋友交, 言而有信.

1-8　无友不如己者. 過則勿憚改.

1-9　愼終追遠

1-10　慍•良•恭•儉•讓

1-12　禮之用, 和爲貴.

1-13　信近于義, 言可復也.

1-14　君子食无求飽; 居无求安.

1-15　切磋琢磨. 告諸往而知來者.

1-16　不患人之不己知, 患不知人也.

2-1   爲政以德, 譬如北辰.

2-2   思无邪

2-3   道之以政, 齊之以刑, 民免而无恥. 道之以德, 齊之以禮, 有恥且格.

2-4   吾十有五而志于学. ... 五十而知天命, 六十而耳順, 七十而從心所欲不逾矩.

2-6   父母唯其疾之憂.

2-8   色難.

2-9   不違, 如愚.

2-10 觀其 所以•所由•所安

2-11 温故而知新, 可以爲師矣.

2-12 君子不器

2-13 先行其言, 而后從之.

2-14 君子周而不比; 小人比而不周.

2-15 学而不思則罔; 思而不学則殆.

2-16 攻乎異端, 斯害也已.

2-17 知之爲知之, 不知爲不知, 是知也.

2-18 多聞闕疑, 愼言其餘, 則寡尤.

2-19 擧直錯諸枉, 則民服.

2-20 擧善而教不能, 則勸.

2-22 人而无信, 不知其可也.

2-24　見義不爲, 无勇也.

3-4　禮, 與其奢也, 寧儉; 喪, 與其易也, 寧戚.

3-7　君子无所爭, 必也射乎.

3-8　「巧笑倩兮, 美目盼兮, 素以爲絢兮.」繪事后素. 禮后乎.

3-13　與其媚于奧, 寧媚于竈.

3-16　射不主皮

3-17　告朔

3-21　成事不說, 遂事不諫, 既往不咎.

3-24　天將以夫子爲木鐸

4-1　里仁爲美

4-2　仁者安仁, 知者利仁.

4-3　唯仁者能好人, 能惡人.

4-5　富與貴, 是人之所欲也; 不以其道得之, 不處也.
　　　貧與賤, 是人之所惡也; 不以其道得之, 不去也.

4-8　朝聞道, 夕死可矣!

4-10　无莫也, 義之與比.

4-11　君子懷德, 小人懷土; 君子懷刑, 小人懷惠.

4-12　放于利而行, 多怨.

4-14　不患无位, 患所以立.

4-15 夫之道, 忠恕而已矣.

4-16 君子喻于義, 小人喻于利.

4-17 見不賢而內自省也.

4-23 以約失之者鮮矣.

4-24 君子欲訥于言而敏于行.

4-25 德不孤, 必有鄰.

4-26 事君數, 斯辱矣; 朋友數, 斯疏矣.

5-9 回也聞一以知十, 賜也聞一以知二.

5-10 朽木, 不可雕也; 糞土之墻, 不可圬也.

5-16 有君子之道四

5-20 三思而后行

5-21 其知可及也, 其愚不可及也.<*難得糊塗>

5-25 恥之 巧言, 令色, 足恭, 恩怨而友其人

5-26 老者安之, 朋友信之, 少者懷之.

5-28 不如丘之好学也.

6-4 君子周急不繼富

6-5 鄰里鄉黨

6-11 一簞食, 一瓢飲, 在陋巷.

6-12 今女畫

6-13	女爲君子儒, 无爲小人儒.
6-14	行不由徑
6-17	誰能出不由戶? 何莫由斯道也?
6-18	質勝文則野, 文勝質則史, 文質彬彬, 然后君子.
6-19	人之生也直, 罔之生也幸而免.
6-20	知之者, 不如好之者; 好之者, 不如樂之者.
6-22	敬鬼神而遠之. 先難而后獲, 可謂仁矣.
6-23	知者樂水, 仁者樂山; 知者動, 仁者靜; 知者樂, 仁者壽.
6-25	觚不觚, 觚哉!
6-26	君子可逝也, 不可陷也; 可欺也, 不可罔也.
6-29	中庸之爲德也, 其至矣乎!
6-30	夫仁者, 己欲立而立人, 己欲達而達人. 能近取譬, 可謂仁之方也已.
7-1	述而不作, 信而好古.
7-2	默而識之, 學而不厭, 誨人不倦.
7-3	吾憂: 德之不修, 学之不講, 聞義不能徙, 不善不能改.
7-4	燕居, 申申如也, 夭夭如也.
7-5	甚矣吾衰也!
7-6	志于道, 據于德; 依于仁, 游于藝.
7-8	不憤不啓, 不悱不發; 擧一隅, 不以三隅反; 則不復也.

7-11   暴虎馮河. 臨事而懼, 好謀而成者也.

7-13   子之所慎: 齊•戰•疾.

7-16   飯疏食, 飲水, 曲肱而枕之, 樂亦在其中矣.

7-17   加我數年, 五十以学: 亦加以无大過矣.

7-19   發憤忘食, 樂以忘憂, 不知老之將至云爾.

7-20   我非生而知之者

7-21   不語: 怪•力•亂•神.

7-22   三人行, 必有我師焉.

7-25   四教: 文•行•忠•信.

7-26   亡而爲有, 虛而爲盈, 約而爲泰.

7-27   釣而不綱, 弋不射宿.

7-28   蓋有不知而作之者

7-30   我欲仁, 斯仁至矣.

7-34   若聖與仁, 則吾豈敢.

7-36   奢則不孫, 儉則固

7-37   君子坦蕩蕩, 小人長戚戚.

8-2   勇而无禮則亂; 直而无禮則絞.

8-3   戰戰兢兢: 如臨深淵; 如履薄冰.

8-4   鳥之將死, 其鳴也哀; 人之將死, 其言也善. 籩豆之事, 則有司存.

8-5	以能問于不能; 以多問于寡; 有若無, 實若虛.
8-7	任重而道遠
8-9	民, 可使由之, 不可使知之.
8-10	人而不仁, 疾之已甚: 亂也.
8-13	邦有道, 貧且賤焉, 恥也; 邦无道, 富且貴焉, 恥也.
8-14	不在其位, 不謀其政.
8-16	狂而不直; 侗而不愿; 悾悾而不信:
8-17	学如不及, 猶恐失之.

9-4	絶四: 毋意, 毋必, 毋固, 毋我.
9-6	吾少也賤, 故多能鄙事.
9-8	空空如
9-11	仰之彌高, 鑽之彌堅. 雖欲從之, 末由也已.
9-16	不爲酒困: 何有于我哉!
9-17	逝者如斯夫, 不舍晝夜.
9-18	吾未見好德如好色者也.
9-19	譬如爲山, 未成一簣, 止, 吾止也.
9-22	苗而不秀者有矣夫. 秀而不實者有矣夫!
9-23	后生可畏
9-24	法語之言, 能无從乎？改之爲貴!
9-25	過則勿憚改

9-26 三軍可奪帥也, 匹夫不可奪志也.

9-27 不忮不求, 何用不臧!

9-28 歲寒, 然后知松柏之后彫也!

9-29 知者不惑; 仁者不憂; 勇者不懼.[知•仁•勇]

9-30 可與立, 未可與權.

9-31 未之思也! 夫何遠之有?

10-4   立不中門, 行不履閾.

10-8   不時, 不食. 割不正, 不食. 唯酒无量, 不及亂.

10-10 食不語, 寢不言.

10-11 雖疏食, 菜羹, 必祭.

10-24 寢不尸, 居不容.

10-26 不疾言, 不親指.

11-1   野人

11-4   吾言无所不說

11-6   白圭 *"白圭之玷, 尚可磨也. 斯言之玷, 不可爲也."

11-12 鬼神. '未知生, 焉知死'

11-13 不得其死然.

11-14 夫人不言, 言必有中.

11-16 過猶不及

11-19　回也其庶乎, 屢空! 賜不受命而貨殖焉; 億則屢中!

11-20　不踐迹, 亦不入于室.

11-25　有民人焉

12-1　克己復禮爲仁

12-2　己所不欲, 勿施于人. 在邦无怨; 在家无怨.

12-4　不憂不懼

12-5　死生有命, 富貴在天. 四海之内, 皆兄弟也.

12-6　浸潤之譖, 膚受之愬

12-7　足食, 足兵, 民信. 民无信不立.

12-8　駟不及舌. 虎豹之鞟, 猶犬羊之鞟.

12-10　問崇德辨惑. 愛之欲其生, 惡之欲其死.

12-11　君君, 臣臣, 父父, 子子.

12-16　君子成人之美, 不成人之惡. 小人反是.

12-17　政者正也. 子帥以正, 孰敢不正.

12-18　苟子之不欲 ·雖賞之不竊.

12-19　君子之德風, 小人之德草, 草上之風, 必偃.

12-21　先事後得, 崇德; 攻其惡, 无攻人之惡, 修慝; 一朝之忿, 忘其身以及其親, 惑.

12-22　愛人. 知人

12-24　君子以文會友, 以友輔仁.

13-1 先之, 勞之, 无倦.

13-3 正名. 君子名之必可言也, 言之必可行也.

13-6 其身正, 不令而行.

13-13 苟正其身矣, 于從政乎何有?

13-15 「爲君難; 爲臣不易.」如知爲君之難也, 不 '幾' 乎一言而興邦乎!

13-17 則不達; 見小利, 則大事不成.

13-20 斗筲之人

13-22 人而无恒, 不可以作巫醫.

13-23 君子和而不同; 小人同而不和.

13-25 君子易事而難說也. 小人難事而易說也.

13-26 君子泰而不驕

13-27 剛•毅•木•訥

13-28 朋友切切偲偲

14-2 士而懷居, 不足以爲士矣.

14-3 邦有道, 危言危行; 邦无道, 危行言孫.

14-6 君子而不仁者有矣夫. 未有小人而仁者也.

14-7 愛之, 能勿勞乎?

14-12 成人. 見利思義, 見危授命, 久要不忘平生之言.

14-17 豈若匹夫匹婦之爲諒也, 自經于溝瀆而莫之知也.

14-22 勿欺也, 而犯之.

14-23 君子上達, 小人下達.

14-24 古之学者爲己, 今之学者爲人.

14-26 不在其位, 不謀其政.

14-28 仁者不憂, 知者不惑, 勇者不懼.

14-30 不患人之不己知; 患其不能也.

14-32 非敢爲佞也, 疾固也.

14-33 驥不稱其力, 稱其德也.

14-34 以德報怨. 以直報怨, 以德報德.

14-39 擊磬. 深則厲, 淺則揭.

15-2   君子固窮, 小人窮斯濫矣.

15-6   言忠信, 行篤敬.

15-8   可與言而不與之言, 失人; 不可與言而與之言, 失言.

15-9   有殺身以成仁

15-10 工欲善其事, 必先利其器.

15-12 人无遠慮, 必有近憂.

15-13 吾未見好德如好色者也.

15-15 躬自厚而薄責于人[春風秋霜]

15-16 如之何, 如之何

15-17 群居終日: 言不及義, 好行小慧, 難矣哉

15-21 君子求諸己, 小人求諸人.

15-22 君子矜而不爭, 群而不黨.

15-23 君子不以言舉人, 不以人廢言.

15-24 己所不欲, 勿施于人.

15-27 小不忍則亂大謀.

15-30 過而不改, 是謂過矣.

15-32 君子謀道, 不謀食. 君子憂道, 不憂貧.

15-34 君子不可小知, 而可大受也.

15-37 君子貞而不諒.

15-40 道不同, 不相爲謀.

16-1 君子疾夫舍曰 '欲之', 而必爲之辭. 不患寡而患不均, 不患貧而患不安.

16-2 天下有道, 則庶人不議.

16-4 益者三友; 損者三友.

16-5 益者三樂; 損者三樂.

16-6 侍于君子有三愆

16-7 君子有三戒

16-8 君子有三畏

16-10 君子有九思

16-11　見善如不及, 見不善如探湯.

16-13　問一得三

16-14　夫人. 小童.

17-1　日月逝矣, 歲不我與!

17-4　割鷄焉用宰牛刀.

17-6　恭•寬•信•敏•惠.

17-7　磨而不磷. 涅而不緇.

17-8　六言六蔽

17-13　鄕原

17-15　鄙夫

17-16　古者民有三疾

17-18　惡紫之奪朱也

17-19　四時行焉; 百物生焉. 天何言哉!

17-21　三年之喪

17-23　君子有勇而无義爲亂; 小人有勇而无義爲盜.

17-24　君子有惡

17-25　唯女子與小人爲難養也.

18-1　殷有三仁焉.

18-5　楚狂接輿歌

18-6 滔滔者天下皆是也, 而誰以易之

19-1 見危致命; 見得思義

19-5 日知其所亡, 月无忘其所能

19-8 小人之過也, 必文.

19-9 君子有三變

19-12 有始有卒

19-20 君子惡居下流; 天下之惡皆歸焉.

19-21 君子之過也, 如日月之食焉.

19-23 夫子之牆數仞

19-24 仲尼, 日月也

20-1 允執其中. 万方有罪, 罪在朕躬. 百姓有過, 在予一人

20-2 尊五美, 屏四惡

논 어

| 개정판 | 2020년 01월 01일 |

| 역 주 | 양방웅 |

펴낸이	고봉석
책임편집	윤희경
교정·교열	고우정
편집디자인	이진이

펴낸곳	이서원
주소	경기도 성남시 분당구 중앙공원로 20. 428-2503
전화	02-3444-9522
팩스	02-6499-1025
이메일	books2030@naver.com
출판등록	2006년 6월 2일 제22-2935호

| ISBN | 979-11-89174-19-4 |
| | 978-89-97714-27-8 (세트) |

• 잘못된 책은 바꿔드립니다.   • 책값은 뒤표지에 있습니다.

ⓒ 양방웅

이 책은 저작권법에 따라 보호받는 저작물이므로 무단전재와 무단복제를 금지하며, 이 책 내용의 전부 또는 일부를 이용하려면 반드시 저작권자와 이서원의 서면동의를 받아야 합니다.

이 도서의 국립중앙도서관 출판예정도서목록(CIP)은 서지정보유통지원시스템 홈페이지(http://seoji.nl.go.kr)와 국가자료종합목록 구축시스템(http://kolis-net.nl.go.kr)에서 이용하실 수 있습니다. (CIP제어번호 : CIP2019050519)